『明治漢文教科書集成』補集Ⅱ解説・総索引

木村　淳

不二出版

目次

総説

はじめに……7
一　明治二十年代までの漢文教科書……11
二　明治三十年代における題材・出典の拡大……12
三　知育教材と情育教材の増加……16
四　『新撰漢文講本』と小学校の教科書……19
五　『訂正新定漢文』と小学校の教科書……23
六　「教育勅語」と漢文教材……28
七　「中学校教授要目」制定前後の漢文教科書……30
八　時文教材の役割……33
九　中学校における漢文教育の目的の再考……37
十　明治四十年代の漢文教科書……40
十一　義士の再評価……47
十二　「中学校教授要目」改正後の漢文教科書……52
十三　高等女学校の漢文教科書……57
十四　師範学校の漢文教科書……61
十五　補習科の漢文教科書……65
十六　高等学校の漢文教科書……68
おわりに……71

解　題

1　中等漢文（山本廉）……74
2　中等漢文読本（遊佐誠甫・富永岩太郎）……88
3　中等教科漢文読本（福山義春・服部誠一）……106
4　訂正中学漢文読本（弘文館）……124
5　漢文読本（法貴慶次郎）……137
6　新撰漢文読本（宇野哲人）……157
あとがき……168

参考教科書一覧（続）……169

総索引（補集Ⅰ・Ⅱ）……（1）

総　説

はじめに

本書は、加藤国安編『明治漢文教科書集成』第Ⅰ期～第Ⅲ期（以下『集成』Ⅰ～Ⅲとする）をさらに充実させるものとして刊行された補集Ⅰの続編である。『集成』全体の刊行意図については『集成』Ⅰ解説及び同Ⅲ解説をぜひ参照してほしい。

補集Ⅰ「明治初期の「小学」編」では、明治十年代から三十年代前半の間に刊行された小中学校用の漢文教科書のうち、初学者に対する教材の工夫や指導内容の変遷を考察する上で参考になるものを収録した。解説では明治十年代から二十年代までの漢文教科書の編集方針を整理し、明治三十年代前半に入門用教材が発展して句例という項目が生み出されたことを述べた。さらに明治期全般における文部省による教科書調査の傾向をまとめた。

本補集Ⅱは「模索期の教科書編」と題して、明治三十年代の漢文教科書を取り上げた。明治三十五年（一九〇二）には、初めて中学校各教科の詳細な指導内容を定めた「中等学校教授要目」が制定された。明治二十年代中頃から明治三十年代にかけて、中学校における漢文教育の目的を明らかにし、漢文の教授法を改善する気運が高まった。この要目は、明治三十年代前半の編者達が摸索した結果が反映されたような規定となった。しかし、詳細な内容ではあったが、三十年代後半から見直しが始まり、その方針に対して批判が起きる。こうした三十年代の模索を経て、明治四十年代には『集成』Ⅲ収録の「6　中学読本」や「7　新編漢文読本」等の教科書が編まれることになる。そして明治四十四年（一九一一）の「中等学校教授要目」改正によって、大正期にも継承される漢文教科書の編集方針が固まった。補集Ⅱ収録の教科書も補集Ⅰと同じく、インターネット上で閲覧ができないもので、主に私が入手した教科書から、上記のような明治三十年代における編集上の模索過程の理解を助けるものを選んだ。

補集Ⅱ解説もこれまでの『集成』に同じく、総説と解題より成る。総説は明治三十年代と四十年代の漢文教科書の編集方針と漢文教材の変遷について整理した。解題は補集Ⅱ収録の教科書についてそれぞれの特色を記した。

総説一章から十二章までは明治三十年代から明治四十年代の中学校用漢文教科書の展開について、教則をふまえながらいくつかの教材をもとに述べる。まず一章では明治十年代から二十年代までの編集方針の移り変わりを整理する。二章では明治三十年代に教材の出典の幅が広がった要因について、①漢文読解力の向上をはかる、②漢文の実用性を主張する、③文部省の偏った試案に異議を唱えるという三つの意図が関係していたことを述べる。

三章では、題材や出典の幅が広がることで採録数を増やした洋学系教材と詩教材の役割について整理する。なお洋学系教材とは、西洋人による漢文教材と自然科学に関する古典を指す。

四章と五章では、明治三十年代前半において小学校用教科書をどのように参照して中学校用漢文教材が選択されたのかを検討する。この時期、漢文教科書の題材の幅を広げるために多分野の内容を揃えた小学読本が参照された。まず四章では、『新撰漢文講本入門』（補集Ⅰ―11）を学び終えた後に進む『新撰漢文講本』が、卑近な題材の教材を揃える際に小学校の読書科の教科書をどのようにふまえていたのかを考察する。

小学校教科書を参照することは題材の幅を広げるだけではなく、初学者に対する配慮の一環でもある。小学校での既習内容をふまえた漢文教材を学ばせることで、漢文の文体に慣れさせるという工夫が二十年代末から複数の教科書に見られるようになったのである。そこで五章では、『訂正新定漢文』（補集Ⅰ―14）に、小学校の修身科・日本歴史科の教材をふまえてどのような教材が採録されたのかを整理する。四章と五章によって、明治三十年代前半において漢文教科書の教材選択を決定づける要因の一つに小学校の教科書の存在があったことがわかるであろう。

六章では「教育勅語（教育ニ関スル勅語）」と漢文教材との関係について考察するための手がかりについて述べる。『訂正新定漢文』は「教育勅語」をふまえて編集がなされた修身科の教科書を参照していた。それによって「教育勅語」

の理念が間接的に中学校の漢文教科書にも盛り込まれたとも考えられる。「教育勅語」が具体的に漢文教科書にどのような影響を及ぼしたのかは、まだ不明な点が多く、本解説でも十分に述べることはできないが、補足的に「教育勅語」と漢文教材の関係を考察する際に小学校の教科書が参考になる可能性について述べる。

七章では、「中学校教授要目」制定前後での編集方針の違いを検証する。明治三十年代前半に上記のような試みが繰り返され、「中学校教授要目」が制定されるが、特に教則の規定が教材の変遷をどのように左右したのかという問題について、補集Ⅱ収録の教科書六点をもとに検討する。

八章では時文教材の役割について整理する。「中学校教授要目」は古典の著者名・作品名を掲げているが、あくまでも目安であり、実際の教科書に採録された教材のすべてが記されてはいない。教則の規定とは関わらず、漢文教育の意義を主張するために採録された教材として、時文教材を取り上げる。時文教材の採録には反対意見もあり、その議論を見ることで「中学校教授要目」制定後の漢文教育の目的に関する議論の一端をうかがうことができる。

九章では明治三十年代後半において「中学校教授要目」が見直され、中学校漢文教育の目的が再考された経緯を述べる。流行していた洋学系教材や時文教材の役割が終わり、道徳教育が強化されていく過程をたどってみたい。

十章では、前章で提起された中学校漢文教育のあり方に関する議論を受けて、明治四十年代前半においてどのような教科書が編まれたのかを整理する。

十一章では、明治四十年代の教材の一例として義士を題材とした教材について述べる。補集Ⅰ解説においては、明治十年代に復讐を扱った「烈士喜剣碑」等の赤穂義士関連教材と、革命の記述を含む伯夷叔斉を扱った教材とが、問題視されたことを述べた。ここでは、主に赤穂義士関連教材を扱い、中学校の国語科用教科書を参照して、赤穂義士関連教材が漢文教科書に採録された目的を考察する。あわせて韓愈「伯夷頌」にも触れ、明治四十年代の漢文教材の特色を検討する。

十二章では「中学校教授要目」改正後の教科書を取り上げ、改正のポイントを整理し、明治期の中学校用漢文教科書の変遷についてまとめてみたい。

十三章から十六章は、高等女学校、師範学校・女子師範学校、中学校補習科、高等学校の漢文教科書について、中学校との比較からそれぞれの特色について述べる。『集成』Ⅲ期には女子漢文読本を二点収録し、同解説では女学校・師範学校における漢文教育の概要が述べられた。本解説ではその補足を行い、中学校での漢文教科書編集の技法が、各校種の教科書編集にどのように生かされたのかを簡単に述べてみたい。

補集Ⅱ解説の主眼は漢文教育・漢文教科書について明治期の教育全体の中に位置づけた考察の必要性を述べることにある。各章のテーマについては、調査途中のものや紙幅の都合もあり十分に述べることができない箇所もあるが、ある古典が教材として教科書に採録される理由は決して教則の指示ばかりではなく、複数の要因が考えられること、そして他教科の教科書の変遷と無関係ではないことを理解してもらうことがねらいである。

なお、引用文は常用漢字に改め、必要に応じて読み仮名を施し、圏点は省略した。句読点は現代の用法に改めた箇所がある。漢文の引用は教材を除いてまず拙訳を載せ、次に（　）で原文を示し、訓点は原文に従った。

教科書名の前後等に、巻末の「参考教科書一覧」の番号を付した。〈1〉から〈642〉は補集Ⅰ解説の「参考教科書一覧」、〈643〉から〈780〉は補集Ⅱ解説の「参考教科書一覧（続）」を参照してほしい。ただし、『集成』収録の教科書については参照しやすいように（『集成』Ⅲ―4）のように『集成』の番号を付した箇所がある。

出典が確認できた教材で出典とタイトルが異なる場合、「地球」〔地球輪転説〕のように〔　〕で原題を示した。教材のタイトルが直読できない場合は、書き下し文を（　）で補った。

まず補集Ⅰ解説に述べた明治十年代から二十年代までの教科書の傾向を大まかに確認することから始めたい。

一　明治二十年代までの漢文教科書

明治十一年（一八七八）、明治天皇は各地の教育事情を視察し、明治五年（一八七二）の「学制」以来の欧米の実学主義により知識や技術ばかりを尊び、その弊害が生じていることを痛感した。明治十二年（一八七九）、元田永孚《ながざね》により「教学聖旨」が起草され、仁義忠孝の道徳が根本であり、才芸は末節であることが述べられた。その理念に基づいて教育政策が進められ、明治十三年（一八八〇）の「改正教育令」ではそれまで礼儀作法を教えていた修身科が忠孝の道徳を教える科目となり、小学校の筆頭教科になった。おそらくその一環として明治十四年（一八八一）の「小学校教則綱領」より読書科に漢文の指導が盛り込まれ、同年の「中学校教則大綱」では和漢文科が設置された。

明治十年代は明治以前に刊行された丸本が多く使用され、一方で文部省の教則に基づいて編まれた漢文の文集、つまり近代の漢文教科書が誕生した。この時期は漢文による作文も課されていたので、文体ごとに分類した教科書も多く見られた。教材の内容は唐宋八家文等の名文、日中及び西洋の聖賢・偉人の逸話、日本・中国の地理・名産等を学ぶ教材が主流ではあったが、自然科学に関する教材も採録されていた。

明治十九年（一八八六）には小学校での漢文の学習が削除され、明治二十年（一八八七）以降、明治期の公教育での漢文教育は中学校を中心として展開することになる。漢文を書くことが指導内容から削られ、文体別による編集はもはや行われなくなり、様々な内容を盛り込んだ読本型の教科書が主流となった。教材では明治十年代ではあまり採られなかった詩教材を積極的に収める教科書も現れ、海外事情や自然科学の知識が得られる教材も数を増やす。これは中学校では漢文の読解に力を注ぐべきであるという見解が現れたことにもよる。そして明治二十七年（一八九四）の「尋常中学校ノ学科及其程度」の改正（文部省令第七号）によって、漢文は国語の補助であると位置づけられた。その理由は「漢文教科ノ目的ハ多数ノ書ニ渉リ文思ヲ資クルニ在リテ漢文ヲ摸作スルニ在ラサルヲ認ムレハナリ」（『官報』第三一九九号、内閣官報局、一八九四年三月一日、三頁）と説明されている。つまり中学校の漢文科は国語の理解力や表現力を高めることが目的であると定められたのである。そして指導内容から「書取」が削られることで原文を学ぶ漢文学習の意義を強く打ち出せなくなり、漢文科にとっては衝撃的な改正であった。しかし、すでに一部の教育者達が中学校の漢文は読解を中心にすべきであると説いていたように、いずれはこうした改正が行われていたものと考えられる。

この改正後、明治二十年代末までに編まれた教科書には、『集成』Ⅱ所収の秋山四郎『中学漢文読本』、補集Ⅰ所収の指原安三『漢文読本』、松本豊多『漢文中学読本初歩』、秋山四郎『中学漢文読本初歩』がある。これらには後の時代に続く新しい試みも見られるが、体裁自体は明治十年代から続く教科書に近い。より斬新な教科書は明治三十年以降に数多く編まれることになる。

明治三十年代の編集上の新しい試みのうち、短篇・格言・和漢対照・句例等により漢文の構造を把握させる工夫がなされたことは補集Ⅰ解説に述べた（三八―五三頁）。補集Ⅱでは教材選択における模索について概観する。明治三十年代は新しい時代の漢文教育のあり方が議論され、教材選択についても多くの試みがなされた。続いて明治三十年代前半において教材の出典が広がり、題材が豊富になった要因について整理し、具体的な教材を見ていくことにする。

二　明治三十年代における題材・出典の拡大

出典の幅が広がった理由には、まず読解力を向上させるという編者の意図が挙げられる。村山自彊は味わいがある文章を広く和漢古今の諸名家から求めるべきであると主張した（補集Ⅰ解説、三二頁）。その時はまだ教科書を編んではいなかったが、明治三十年（一八九七）に〈287〉村山『中等教育漢文読本』を出版し、自身の主張を実践する。その「例言」は材料の採り方を次のように説明する。

本書の材料は（中略）忠孝義烈の大節より国体国俗に繋れるものは勿論、制度文物日用の調度に至るまで苟も趣味有り精采有りて学生の心を楽ましめ其志気を鼓舞し平生の素養に裨益を与え本書の目的に適へるものは歴史地理若《も》くは博物に論なく、其他諸般の事実をも汎《ひろ》く選択して採収せり（編者「中等教育漢文読本例言」、〈287〉第一編上、例言二丁表—裏）。

文中にいう「本書の目的」とは「読書理解力」と「作文思想力」の育成、「智徳」の「啓発」を達成することにある（同上、例言一丁表—裏）。そのために材料の範囲を「忠孝義烈の大節」から「制度文物日用の調度」まで、興味を引き、「志気を鼓舞する」ものはすべて採録したとする。

次に、漢文は実用的ではないという誤った観念に対し、漢文が他教科に関連する語彙も学べる極めて実用的な教科であることを主張するために題材の幅が広がった。遊佐誠甫・富永岩太郎合著、黒坂勝美校閲『初学漢文教授法』（集英堂、明治三十一年（一八九八））は、漢文が実用的ではないという意見に対して、日本の文物は漢学が根底にあること、中国の現在の文章を理解するために漢文の知識が必要であることから、漢文が実用的ではないという意見を正さなければならないと主張する。そのためまず教授法を改善し、他教科も含めた既習内容との連携をはかり、漢文の語法について指導の順序を考慮すべきであることを提唱する。そして漢文が様々な文体に応用が利くことを示さなければならないと説く。筆者達はその主張を『中等漢文読本』（補集Ⅱ—2）によって実践した。こうして、漢文が道徳教育ばかりではなく、他教科に関する内容も含み、実用性に富む有益な教科であることを主張するために、総合的教科書が増え始めた。

出典が拡大したもう一つの要因としては『尋常中学校漢文科教授細目』に対する批判が考えられる。「尋常中学校漢文科教授細目」（以下「細目」）については久木幸男氏がすでに論じており（「明治儒教と教育（続）—世紀転換期を中心に—」、『横浜国立大学教育紀要』第29集、一九八九年十月）、詳細は『集成』Ⅰ・Ⅱ解説でも述べられている通りである（一三〇―一三七頁）。ここでは本解説に関連する箇所のみ抜粋したい。

明治三十年（一八九七）九月、文部省は未だ整備されていない中学校教育の統一をはかるため、各界の専門家による尋常中学校教科細目委員会を設け、各教科の教授内容の調査を行った。そして翌年、教科の目的から教授内容や方法等をまとめた『尋常中学校教科細目調査報告』（文部省高等学務局、一八九八年六月）を参考として配布した。

島田重礼・那珂通世による「細目」の「本旨」には、

生徒ヲシテ普通ノ漢文ヲ理会セシメ、又作文ノ資料ニ供センカ為ニ多ク用語ヲ知ラシメ、兼ネテ徳性ノ涵養ヲ資クルニ在リ（文部省高等学務局『尋常中学校教科細目調査報告』、三協［印刷］、一八九八年六月、漢文科一頁）。

と説明がある。漢文の読解、作文に応用できる語彙の学習とあわせて徳性を育むことを漢文科の目的とした。これを実現させるための教材案は次のように組まれている。

第一学年：『皇朝史略』『国史略』『日本政記』『日本外史』
第二学年：国史、日本の近世の名家の文
第三学年：『通鑑擥要』『通鑑輯覧』『通鑑綱目』、明清の諸家の文
第四学年：『通鑑綱目』『資治通鑑』、唐宋の諸家の文
第五学年：唐宋の諸家の文、『資治通鑑』『史記』『孟子』（同上、漢文科一―五頁をもとに整理）

一見して分かるように、『資治通鑑』とその関連書を中心とした歴史書が大半を占める。日本の歴史書から入り、日本の作を学んでから、中国の古典へと進み、中国の作品は近い時代から古い時代へと溯る。この試案に基づいた教

科書の一つが補集Ⅱ―3、福山・服部『中等教科漢文読本』である。他に試案に従った教科書も複数あったが、批判の声も多かった。町田弥平・樋口勘次郎・森岡常蔵・斎藤鹿三郎らの修正案を見ておきたい。「細目」の「本旨」を「漢文科の本旨は、生徒をして普通の漢文を理会する力を得せしめ、国文を読み国文を作る助とするにあり」(「文部省尋常中学校漢文科教授細目修正私案及其説明」、『教育時論』第四九〇号、開発社、一八九八年十一月、八頁)と修正すべきであると提言した。「徳性ノ涵養」を削った理由としては、それは「特《ひと》り漢文科の上のみにてはあらず、諸科皆然らざるはなし、こゝに取り出していふの要を見ざれば除けり」(同上)と説明している。

教材については、「材料は固よりかく一方に偏すべからず。歴史的材料の外、道徳的、地理的、理科博物的等のものをも含み、又生徒日常経験界の事実、既修学科の智識にも相俟《ま》たざるへ《ママ》からず」(同上、一〇頁)と述べる。前述の遊佐誠甫らと同様に他教科、既習内容との連携を説き、教材の幅を広げるように修正すべきであると述べた。このように「細目」も題材の幅を広げ、出典を拡大した要因である。

教科書検定にも豊富な題材を揃えた教材構成が評価されていた。『集成』Ⅱ―8『中等漢文読本』の初版〈123〉には、「本書ハ材料ヲ採ルコト一方ニ偏セズ　体裁布置粗ソノ宜ヲ得誤謬モ亦甚ダ多カラズ　近時編纂ノ中ニ於イテハマヅ上乗ニ属スベシ　林〔引用者注―担当者の姓〕」(巻一・凡例一丁表・下・朱。以下同様に付箋の丁数または頁数・位置・墨の色を示す)と、教材が偏っていないことも高く評価している。「細目」は文部省が作成したものであるが、同省内で漢文教育に関する見解が統一されていたのではなく、「林」という人物は「細目」の方針よりも民間の出版社で流行していた総合的教科書のほうに近い立場にあった。明治三十年代前半は幅広く教材を揃えた教科書が、編者ばかりではなく、文部省の検定担当者にも理想的であると見なされていた。検定制度は検閲という側面からではとらえきれない事象が数多く見られる。明治三十年代前半においては、検定制度も幅広い題材を揃えた教材構成の流行を推し進めた要因であったと考えられる。

明治三十年代に増えた教材の中で、徳育ではなく知育や情育に関わった教材の種類とその役割について次に見ていきたい。

三　知育教材と情育教材の増加

竹村鍛は「細目」には知育・情育への配慮が欠けていることを批難した。

而して今徳育の事のみを掲ぐ。是れ果して当を得たるものなるか。委員諸氏の眼中には智育はなかりしか。情育はなかりしか。委員諸氏は読本なるもの、性質を如何か解せし。吾人は、敢てその解釈を聞かん事を欲す（「尋常中学校漢文科教授細目の大修正を望む」、『教育時論』第四九八号、開発社、一八九九年二月、一一頁）。

漢文教育は明治期全般においては徳育を中心に展開したが、明治三十年代はこの「細目」への批判に限らず、知育・情育にも配慮すべきであるという意見が出された。竹村鍛が編集した教科書〈163〉『新撰漢文講本』を見ると、巻一は、ウェイ（Richard Quarterman Way　漢名、褘理哲）『地球説略』を出典とする「地球」〔地球輪転説〕「日本国」「日本人風俗」〔以上、日本国図説〕から始まり、日本人による日本の地理・歴史に関する平易で短い教材が続く。同系統の教材では川本幸民『気海観瀾広義』から「食物消化」「血液循環」「植物成長」「花」〔以上、三有〕を採録した。こうした西洋人による漢文体の著作や自然科学の古典をもとにした教材群をここでは洋学系教材と呼ぶ。なかでもホブソン（Benjamin Hobson　漢名、合信）『博物新編』は明治十年代より採録が始まり、洋学系教材の中では最も長い期間にわたって採録された（木村淳「明治・大正期の漢文教科書―洋学系教材を中心に―」、中村春作ほか編『続「訓読」論』、勉誠出版、二〇一〇年十一月）。知育に資する教材の一つとして明治三十年代に流行したのが洋学系教材である。内容別に見ていくと、①自然科学に関する内容を説明したもの、②発明家等の伝記、③地理に関する知識を説明したもの、

④日常生活上の知識を説明したものに分類できる。これらは他教科に関連した内容を学び、知識も増やすことが求められて採録された。

情育の分野で注目されたのは詩教材である。その採録傾向については補集Ⅰ解説に李白を例として述べた(二二頁)。李白の詩教材は明治三十年代前半より急激に採録数を増やし、明治三十年代後半以降も一定数が確認できた。その傾向はおおむね詩教材全体にも当てはまる。詩教材の持つ効用が期待されて採録数が増えたのである。

明治三十年に発表されたある評論では、従来の漢文は聖賢の言葉や事跡を紹介し、文章のみを教授して詩は排斥したが、むしろ詩こそ学ばなければいけないとし、その効用を次のように述べる。

吾人は詩か如何に美術的にして高尚美妙なる感情を涵養するに力あるかを思ふときは須らく時々古人の傑作妙篇を授けて生徒の感情を美術的に且勇壮活潑に発達せしむへしといふ(「雑感　五、生徒に詩を授くべし」、『東亜学会雑誌』第一編第一一号、東亜学会、一八九七年十二月、八七頁)。

生徒の感情を豊かにするために詩が大きく貢献すると判断されて、漢詩学習の必要性が説かれるようになった。〈36〉石田羊一郎・牧野謙次郎『新編漢文読本』は詩の効用を次のように述べている。

一、詩賦と文章は本来互いに助け合って用いられるものであり、品性を涵養し、士気を鼓舞し、また多くの字を知るのである。詩も捨て去ることはできないようである(一詩賦文章本相資為用焉而涵養性情鼓舞気概又多識字詩亦似不可廃也)(「例言」、〈36〉第四編上巻、[例言裏])。

詩賦は文字を学ぶ教材としてばかりではなく、精神面の育成にも欠かせないとしている。この教科書は、『三国志』

「諸葛亮対先生（諸葛亮先生に対す）」（蜀書・諸葛亮伝）の後には、杜甫「古柏行」、何景明「昭烈廟」、任蘭枝「武侯祠」等、諸葛亮を題材とした詩を置いている（第四編下）。このように歴史書や名文の教材を一篇から数篇学んだあとに、関連する詩を置くという構成である。他の教科書でも同様の配列が見られる。例えば、李白の詩の中で採録数の多い「蘇台覧古」「越中懐古」は〈94〉啓成社編輯所『帝国漢文読本』巻四では『十八史略』「呉越之争」の後に置かれている。散文と詩とは、それぞれの特質を活かして別の側面から史実への理解を深めることが期待されたのである。詩は名文や史伝教材に関連させるように採録されていたので、李白の詩の中でも歴史を題材とした作品の採録数が多くなったと考えられる。詩の情操教育に資する性質が、明治三十年代前半から詩教材が増えた要因の一つにあったと考えられるだろう。

明治三十年代前半は編者達が教授法を意識し始めたことで、題材が広がり、出典となる古典も従来の歴史書、詩文集から自然科学の分野にまで及んだ。それは生徒に様々な文体に触れさせて読解力を高めるという指導上の要因がまず挙げられる。そして徳育重視の試案に反対し、知育や情育にも配慮し、教材を特定の分野に偏らないようにするために幅広い教材が揃えられた。

竹村はそうした偏らない教科書の手本として小学校の読本を挙げている。

> 中学校の生徒がなほ小学校に在りし時に読みたりし小学読本は、則ち漢文読本の粉本となすに適せざるか。その理化、動植物、美術、工芸、地理、歴史等の諸科の順序よく配列せられて、読む者をして興味津々厭くを知らさらしむる所は、これ漢文読本の模すべき所にはあらざるか（前掲「尋常中学校漢文科教授細目の大修正を望む」、一一二頁）。

多くの教科に関する教材が順序よく並べられ、生徒を飽きさせない小学読本を漢文教科書の模範にすべきであると提案している。補集I解説にも述べたように、近代の漢文教科書が誕生した時に小学読本が参照された（二三――二五頁）。そして明治三十年代においては、教材の偏りを防ぐために漢文教科書改革の手本とした竹村鍛のような編者が現れた。漢文教材の題材の幅を広げる時に一つの基準となったのが、小学校教科書の教材である。明治三十年代の模索の跡を探るために、次に小学校の教科書と漢文教材との関係について検討していきたい。このことについては、明治期の国語と漢文の教科書との比較研究を行った西岡智史氏の論考があるが（注）、まだこの問題には不明な点が多いので、検討の意義はあるだろう。

それではまず、今取り上げた竹村鍛がどのように小学校読書科の教科書を参照して漢文教材を揃えたのかを見ていく。

（注）西岡智史「明治期編集型漢文教科書の編纂方針に関する研究―秋山四郎編『第一訂正漢文教科書』（明治四一年第五版）と落合直文編『訂正中等国語読本』（明治三六年訂正版）との比較を通して」、『国語教育研究』第五六号、広島大学教育学部国語教育会、二〇一五年三月。同「明治期漢文教材におけるメリトクラシーの検討―国語漢文研究会編『中等漢文読本』と第一期国定教科書との比較を通して―」、『日本教科教育学会誌』第四十巻第二号、日本教科教育学会、二〇一七年九月。

四　『新撰漢文講本』と小学校の教科書

明治三十年代前半における小学校の読書科用読本については、

明治三〇年頃の尋常小学校には、地理・歴史・理科などの教科はなく、したがってこの当時の読本は、各教科の教材をも集めた、いわゆる総合読本の形態を取ることを余儀無くされていた（吉田裕久「明治三〇年代初期の国語

教科書論―「小学読本編纂法」（三土忠造稿）のばあい―」、全国大学国語教育会編『国語科教育』第二九集、学芸図書、一九八二年三月、五六頁）。

という指摘がある。これに基づけば、国語は本来言語教育に重点を置かなければならないが、教科の整備が不十分なためにやむを得ず幅広く材を採った読本を編集していたことになる。

遡って明治十九年（一八八六）の「小学校ノ学科及其程度」では読書科の内容について地理・歴史・理科に関する事項を盛り込むように定められたが、教科書によっては読書科固有の目的を追求し、それらの知識の教授を行うことへの批判意識が認められることが指摘されている（甲斐雄一郎「読書科の教材構成」、『人文科教育研究』第二七号、人文科教育学会、二〇〇〇年八月、八三―八四頁）。小学読本においては総合的な教材構成に対して必ずしも肯定的には受け止められていなかったが、明治三十年代前半の時点では、中学校の漢文教科書はむしろ積極的に総合読本の形態を模して、教材の偏りを防ごうとしていた。そして、漢文学習の導入用教材を選ぶ際に、小学校用教科書の内容が意識された。

この時期の小学校の教科書は、明治二十四年（一八九一）に公布された「小学校教則大綱」（文部省令第一一号）に基づいて編まれたものである。この大綱には小学校の教育全般について、「徳性ノ涵養ハ教育上最モ意ヲ用フヘキナリ故ニ何レノ教科目ニ於テモ道徳教育国民教育ニ関連スル事項ハ殊ニ留意シテ教授センコトヲ要ス」（『官報』第二五一六号、内閣官報局、一八九一年十一月十七日、一八〇頁）と指示がある。「徳性ノ涵養」が小学校の教育において最も重視され、全教科で指導することが求められたのである。この章で取り上げる読書科は作文科とともに日常生活に必要な言葉を学び、正確に思想を表す力を養い、「兼ネテ智徳ヲ啓発スルヲ以テ要旨トス」（同上）と定められた。読本の内容については、国文の模範となるものを学び、さらに「其事項ハ修身、地理、歴史、理科其他日常ノ生活ニ必須ニシテ教授ノ趣味ヲ添フルモノタルヘシ」（同上、一八一頁）と、他教科の内容にも及ぶように指示がなされている。

小学読本を模範にすべきであるとした竹村鍛は、〈163〉『新撰漢文講本』三巻において他教科に関連する教材をどのように選んだのか。いくつかの例を見ていきたい。なお小学校用教科書は、「小学校教則大綱」公布後の明治二十五年（一八九二）以降に初版が刊行され、『新撰漢文講本』と次章で取り上げる『新訂漢文読本』初版発行前年の明治三十一年（一八九八）までに検定を通過したものを調査対象とした。検定済教科書の判断は『検定済教科用図書表』（『検定済教科用図書表』八冊、教科書研究資料文献第三—九集、芳文閣復刻、一九八五年十二月—一九八六年一月を使用した）に基づき、尋常小学校生徒用の修身科・日本歴史科・読書科から全巻の調査が可能な教科書を選んだ（本解説で使用した小学校用教科書は、木村淳「漢文教科書と小学校教科書—『訂正新定漢文』を中心に—」、『中国近現代文化研究』第一八号、中国近現代文化研究会、二〇一七年三月、四三—四六頁を参照のこと）。

『新撰漢文講本』は、初学者には史伝・文学・地理・動植物・工芸等に関する教材で平明なものを読ませるべきであるが、工芸・動植物・理科等の材料は少ないので自ら作成したと述べている（補集Ⅰ解説、一六七—一六八頁）。小学読本と同じ題材の教材を取り上げ、『新撰漢文講本』がどのように小学読本を参照したのかを検討したい。

まず、編者の重野安繹作の漢文教材から見ていく。小学校読書科の教科書で採録数が多い教材には「東京」がある。同題の教材は読書用教科書総数二十九種のうち十九種に収録された。これらの教材をまとめると、江戸からの発展の経緯や皇居があること、隅田川等があるということ、鉄道や道路が整備され、電気が通っていて電車・電灯・電話等があることが述べられている。重野「東京」もそれを総合したような内容である。日本の地理を紹介した教材の他には「鉄」「皇邦工業」「産綿地」等の産業を述べたものや「食物節制」のような衛生に関する教材がある。小学校の教科書ではそれぞれ、「鉄」（または「金属」等）は十九種、「工業」（または「我が国の工業」等）は八種、「綿」（または「綿ト麻」等）は十一種、「飲食ノ事」（または「飲食」等）は十二種の教科書に見える。

一方、小学校の教科書にない題材には「奈良大仏」等の日本地理に関する教材、「倫敦《ロンドン》」「羅馬《ローマ》」等の外国地理に関する教材、「攻旅順口（旅順口を攻む）」等の戦争に関する教材、「奇樹《バンヤン》」等の外国の動植物に関する教材がある。これら未習の内容は興味をひくために揃えたのであろう。

小学教科書が当時の最新の情報をふまえて教材を執筆したように、重野も最新の情報に基づき当時の生徒に適した教材を作った。あるいは小学読本を参考にして漢文教材を作成した可能性もある。内容に共通する点が認められるのはそのためであろう。あえて小学読本に収録されていない教材を作成したのは、未習で珍しい内容によって関心を持たせようとしたものと考えられる。以上は古典中にない卑近な題材の教材を創作する時に小学校の教科書がその題材を左右した事例である。

古典を使用した場合は、小学校教科書と共通する題材であるが必ずしも内容は一致しない。李時珍「稲」は、稲の種類や収穫の季節を説明した教材である。小学読本では「稲」(または「いねの作り方」)と「稲刈」の教材が収められ、前者は稲の説明をした教材であるが(今泉定介・須永和三郎『尋常小学読書教本』巻四、辻太、一八九四年十二月訂正再版等)、後者は食べ物を粗末にしないようにという教訓が盛り込まれている(学海指針社『帝国読本』巻四、小林八郎、一八九三年九月訂正再版等)。

周文華「梅」は、梅と杏は似ているが、両者の花・葉・実の違いを世の人は区別できていないと述べた教材である。小学読本掲載の「うめ」(または「梅」)は六種の教科書に見られる。梅の花の描写をした後に、梅を愛した菅原道真について言及し、学問の心構えを説く教材である(前掲『帝国読本』巻四)。そして次に「菅原道真」と続く。教材中に道真の名前が挙がっていなくても、続けて道真を扱った「テンマングウ(天満宮)」が置かれることが多い(文学社編輯所『国民新読本』巻四、小林義則、一八九七年十二月訂正再版)。漢文教材は動植物の生態のみを述べ、小学校教科書には動植物の説明に加えて教訓を盛り込んだり、模範となる聖賢や武将等を登場させる教材が見られる。

犬を扱った教材は、童話のような作品を除くと小学読本では十六種に収録されている。おおむね犬は可愛くて用心棒にもなり、忠義に厚いという内容である。『新撰漢文講本』採録の寺島良安「犬」は、家を遠く離れてもマーキングをするため、臭いを嗅いで戻ってくることができること、小さな傷が出来ても舐めてすぐに治してしまうことを述べた教材である。これも小学読本にない記述が見られる事例である。

小学読本では身近な動物を取り上げることが多く、象を扱った教材は少ない。理科の教科書を見ても、例えば学海指針社『小学理科教科書』（一八九三年十月訂正再版）に犬は見えるが象は取り上げていない。ホブソン「象」は全三章からなる中篇の漢文教材で、象のいる土地やその身体的な特徴の説明から入る。これは小学読本の「象」にも共通する記述である。ホブソンのほうはさらに、猟師が象を狩る方法や、象が自分にいたずらをした人間に泥水を吹きかけて仕返しをする逸話等、人間との交流から象の姿を描く教材である。『講本』は既習の内容を含みながら、未習の内容も盛り込むことで生徒に関心を持たせようとした。

『講本』には、小学校の教科書と題材も内容も一致する教材と、題材は同じであるが小学読本に見られない内容を扱った教材とがあった。古典中に適切な教材がない場合、小学校の既習内容に合わせた自作教材を揃えており、小学校の教科書の内容が漢文教科書の教材選択に一定の作用を及ぼしていたことがわかる。

次に『訂正新定漢文』（補集Ⅰ所収）を取り上げて、小学校の修身科と日本歴史科の教材をどのように参考にして教材を選択したのかを整理し、あわせて漢文教材の特色について見ていきたい。

五　『訂正新定漢文』と小学校の教科書

『訂正新定漢文』（以下『新定』）の序文には、教科書中の本邦の史談について、小学教科書に見られるものを取ったのは、生徒に既習事項に即して、未習の文章を学ばせようとしたためであると述べられている（補集Ⅰ解説、一八四頁）。内容が分かっているものを漢文で読ませることは初学者に漢文に慣れさせ、読解力を高める上で効果的であるという判断である。こうした方法は複数の教科書に見られる（補集Ⅰ―8『漢文読本』等）。題材の幅を広げることばかりではなく、指導上の配慮から小学生の教科書が参照されることがあった。ここでは『新定』を例として漢文教科書と小学校の教科書との対応関係を見ていくが、『講本』のように古典中にない題材を新しく作るという事例は見られない。史談を扱う教科のうち、修身科と日本歴史科の教科書をふまえた教材の採録方法や、漢文教材の性質について検討する。まず、修身科・日本歴史科の規定を見ておきたい。

筆頭科目である修身科は、明治二十三年（一八九〇）発布の「教育勅語」の趣旨に基づいて「徳性ヲ涵養シ人道実践ノ方法ヲ授クル」（前掲『官報』第二五一六号、一八〇頁）ことを目的とすると定められ、具体的な指導内容は次のように述べられている。

尋常小学校ニ於テハ孝悌、友愛、仁慈、信実、礼敬、義勇、恭倹等実践ノ方法ヲ授ケ殊ニ尊王愛国ノ志気ヲ養ハンコトヲ務メ又国家ニ対スル責務ノ大要ヲ指示シ兼ネテ社会ノ制裁廉恥ノ重ンスヘキコトヲ知ラシメ児童ヲ誘キテ風俗品位ノ純正ニ趨《おもむ》カンコトニ注意スヘシ（同上）

「孝悌」などの徳目は「教育勅語」にある、「父母ニ孝ニ兄弟ニ友ニ夫婦相和シ朋友相信シ恭倹己レヲ持シ博愛衆ニ及ホシ」「常ニ国憲ヲ重シ国法ニ遵ヒ一旦緩急アレハ義勇公ニ奉シ」（「勅語」、『官報』第二二〇三号、内閣官報局、一八九〇年十月、四〇二頁）という箇所をふまえているのだろう。

修身科はさらに明治二十四年（一八九一）十二月公布の「小学校修身教科用図書検定基準」によって編集方法や内容の規定が加えられた。その第五条には「修身教科用図書ニ掲載セル例話ハ成ルヘク本邦人ノ事蹟ニシテ勧善的ノモノタルヘシ」（『官報』第二五四一号、内閣官報局、一八九一年十二月、二一四頁）とあり、日本人の事蹟を多く採るように定められ、教科書編集に影響を及ぼした。修身の教科書は、徳目の説明を行い、その例として日本人を中心とする人物の逸話を併載するという構成が一般的である。

日本歴史科の目的と指導内容は「小学校教則大綱」において次のように規定された。

日本歴史ハ本邦国体ノ大要ヲ知ラシメテ国民タルノ志操ヲ養フヲ以テ要旨トス／尋常小学校ノ教科ニ日本歴史ヲ加フルトキハ郷土ニ関スル史談ヨリ始メ漸ク建国ノ体制皇統ノ無窮／歴代天皇ノ盛業、忠良賢哲ノ事蹟、国民ノ武勇、文化ノ由来等ノ概略ヲ授ケテ国初ヨリ現時ニ至ルマテノ事歴ノ大要ヲ知ラシムヘシ（前掲『官報』第二五一六号、一八一頁）

日本の歴史上の重要な出来事を学ばせるばかりではなく、「国民タルノ志操ヲ養フ」ことが求められた。日本歴史科の教則にはさらに「人物ノ言行等ニ就キテハ之ヲ修身ニ於テ授ケタル格言等ニ照ラシテ正邪是非ヲ辨別セシメンコトヲ要ス」（同上）とあり、修身科の指導内容との強い連携が求められていたことがわかる。修身科での指導内容をふまえ、日本歴史科においても道徳を教えるという性格が備わった。

『新定』の巻一・二は日本の歴史に関する教材を中心とし、日本人の作は巻三の初めで学び終わり、巻三の半ばから巻五までは中国の作品である。ここでは巻一・二の史伝教材二〇三篇のうち、小学校の修身科・日本歴史科の内容と関係がある一三四篇をもとに『新定』が小学校の教科書をいかに参照したかを整理したい。まずは修身科の教材と漢文教材との関係である。

原伍軒「後光明天皇」〔紀事1〕は全文を引用する。

後光明天皇嘗《テ》誦《シタマヒテ》乙宋《ノ》謝良佐《ノ》人《ハ》須《ラク》下自《リ》二性偏難《キ》レ克《チ》処一克《チ》将《チ》去《ル》上之語《ヲ》甲。毎《ニ》用《ヰタマヘリ》二意《ヲ》於此《ニ》一。性太《ダ》忌《ミタマヒシガ》レ雷《ヲ》。嘗《テ》曰《ノタマハク》。是《レモ》亦性偏《ノ》所《ナラムト》レ致《ス》。一日霹靂震《ヒ》鳴《ル》。乃《チ》出《デテ》二簾外《ニ》一端坐《シ》。神色不レ変《ジタマハ》。自《リ》レ是《レ》不《リキ》二復《タ》忌《ミタマハ》一レ雷《ヲ》（巻一、一六頁）。

（後光明天皇はかつて宋の謝良佐の「人は須く性偏克ち難き処より克ち将《も》ち去るべし」という言葉を朗誦なさって、

いつも心がけておられましたが、かつてこれも性偏の致す所であるとおっしゃいました。ある日落雷があり雷鳴が轟きわたりましたが、御簾の外に出て正座なさり、顔色一つお変えになりませんでした。ここから二度と雷をご敬遠なさらなくなりました。）

この教材の内容は修身科で「聖徳」や「克己」の事例として扱われる教材と一致する（峰是三郎『明治修身書尋常小学校生徒用』巻四、小林義則、一八九三年八月）。後光明天皇の日本歴史科での扱いは「天性勇武にましまして、常に復古の御志しおはせり。然れども、不幸にして、早く崩じ給ひぬ」（「忠愛の士」、東久世通禧『小学国史談』巻二、西沢之助、一八九四年一月、十九丁裏）という記述程度であるが、修身科と『新定』の教材は人間的な側面を描いた逸話を扱っている。日本歴史科ではある人物について歴史的な役割を説明することに重きが置かれ、場合によっては名前のみが挙げられる程度であるのに対し、『新定』では人間的な側面を描いている。分量の少ない短篇教材の場合、修身の教科書と内容が一致するものが多い。

修身科と扱いが異なる例として、原念斎「林春斎詩」（林鵞峰2）を見ておきたい。某侯が近臣達と食事をしていた時に、江戸から京までいくつの国を通るかと尋ねた。近臣の一人が指を折りながら武蔵、相模、伊豆、駿河と答えて言葉に詰まった。するとその座にいた少年が春斎の詩をそらんじて、「武相豆駿遠州の際、参尾勢江（三河、尾張、伊勢、近江）雍路の中」（武相豆駿遠州《ノ》際。参尾勢江雍路中《ノト》）と答えた。某侯は喜んでこの詩を何度も読み上げたという（巻一、五三頁）。林恕（春斎、鵞峰）の詩が地名を覚えるのに役立ったという教材である。これは山県禎「平安京」と中井積善「大坂城」に挟まれ、地理的な話題を扱った教材の一つとして選ばれた。修身では春斎の勤勉な姿を学び（「勤学」、岡村増太郎『尋常小学修身教科書』巻三、大橋新太郎、一八九四年四月三版）、『新定』ではその詩に触れるという関係にある。

日本歴史科よりも修身科のほうが『新定』と共通する題材を扱っている。これは小学校において修身が最重視されていたことに加え、入門期の漢文教材を選択する際に、短い逸話を豊富に収録した修身科の教科書とは関連づけることが容易であったとも考えられる。『新定』が修身と同じ人物を扱った際の相違点は、ある人物の学者や文人としての側面が描かれ、詩や著作物が紹介される所にあり、ここに漢文教材の独自性が現れている。

これまで修身科と日本歴史科に関する教材の対応関係を述べてきたが、次に日本歴史科のみと対応している教材について見ていきたい。日本歴史科と『新定』との相違点は平清盛・足利尊氏の扱いをもとに整理する。日本歴史科では保元・平治の乱も扱い、平氏が全盛を迎える基盤を築いたこと等も述べた上で、清盛を横暴な人物として、忠孝の心の深い重盛に諫められる姿を描く。尊氏は北条氏を滅ぼし、功績を挙げて後醍醐天皇に重用されたが最後は天皇に叛いたと述べ、尊氏の討伐に向かう楠正成や新田義貞の忠義が語られる（「平重盛」、前掲『小学国史談』巻一等。「足利尊氏」、同上巻二等）。『新定』では清盛の横暴さが強く描かれ（巌垣松苗「平氏甃」）、尊氏も主に正成達の敵である賊として扱われる（徳川光圀「楠正成」）。こうした扱いは『新定』だけではない。明治期の中学校用漢文教科書において、頼山陽の『日本外史』を出典とする教材の採録状況を見ると、「源氏」や「楠氏」を出典とするものが多数を占め、「足利氏」を出典とするものは圧倒的に少なかった（木村淳「漢文教材の変遷と教科書調査―『日本外史』を中心に」、『中国近現代文化研究』第一六号、中国近現代文化研究会、二〇一五年三月、九―一〇頁）。模範的な人物に敵対する人物については評価すべき側面を描かず、模範となる人物の善行を描くことが日本歴史科と異なる漢文科の傾向として認められる。これは修身科の教材も同様であり、人物を扱った短篇教材は修身の教材と内容もほぼ一致することが多い。

以上、『新定』の教材と修身科・日本歴史科の教材との対応関係を見てきた。日本歴史科ではある人物について歴史的な役割を説明することに重きが置かれ、場合によっては名前のみが挙げられる程度であるのに対し、『新定』では人間的な側面を描いた教材を収めている。しかし、日本歴史科で複数の側面が描かれる人物の中で模範的人物に敵対する人物は漢文科では負の側面のみ描かれる傾向にあった。同一人物を扱った教材を比較すると、ある人物の学者や文人としての側面が描かれ、詩や著作物が紹介される所に漢文教材の独自性が見られた（他の事例は木村前掲「漢文教科書と小学校教科書―『訂正新定漢文』を中心に―」を参照のこと）。

修身科の教科書は「教育勅語」を参考に編まれており、修身用教科書をふまえて漢文の教材を選択したということは、意図したかどうかに関わらず、勅語の精神が漢文の教科書に注入されることを意味する。次に小学校教科書が「教育勅語」と漢文教材との関係を探る方法の一つになりうることを述べてみたい。

六　「教育勅語」と漢文教材

『新定』の頼山陽「弘安之役」に対応する元寇を扱った教材は、小学校の修身・歴史の教科書いずれにも収められ、最も収録数が多い。この教材は全教科においてほぼ同じ内容で、修身では「愛国」「義勇」の精神を学ばせることを意図している。

秋山四郎、深井鑑一郎は、漢文教科書を編集するとともに、「教育勅語」の解説書も著している。那珂通世・秋山四郎『教育勅語衍義』（共益商社、一八九一年十一月）を見ると、勅語中の「常ニ国憲ヲ重シ国法ニ遵ヒ」を理解するための例話として「北条時宗元寇を殲《ほろぼ》せし事」を挙げている（一一一―一一五頁）。そして〈7〉秋山『中学漢文読本』（『集成』Ⅱ―4）には小川弘「時宗攘元寇（時宗元寇を攘《はら》ふ）」を収めている。深井鑑一郎は今泉定介との共編で『修身科用教育勅語例話』（吉川半七、一八九二年十月。古田紹欽編『教育勅語関係資料』第四集、日本大学精神文化研究所・日本大学教育制度研究所、一九七七年一月所収）を刊行し、「義勇」の例話として「北条泰時」を挙げている。「教育勅語」に基づいて編集した、〈221〉深井・堀『標註漢文教科書』（『集成』Ⅱ―2）にも頼山陽「弘安之役」、同「論弘安之役」を採録する。このように解説書を参照することで秋山と深井の教科書の教材が「教育勅語」のどのような徳目と関わっていたかがより明確になる。

これらの教材は、「教育勅語」によって初めて漢文教科書に現れた訳ではない。さらに遡り、「教育勅語」と関係が深いとされる、元田永孚『幼学綱要』巻下（宮内省［蔵版］、一八八一年序）を見ると「識断」の例に「北条時宗、元ノ無礼ヲ責メテ其使ヲ斬ル」が収められている。そして十年代には頼山陽「弘安之役」を採録した教科書も確認できる〈220〉『小学中等新撰読本』)。漢文教材も元寇に関するものは、「教育勅語」渙発以前より採録されていた。ここから見ると、「教育勅語」によって漢文教材の採録傾向が変わったのではなく、従来採録されていた教材を「教育勅語」の徳目に当てはめていったのではないかと考えられる。この問題については、ここではこれ以上踏み込まず、「教育勅語」が漢文教材の採録状況に及ぼした影響を考える際に、小学校の修身科の教材との比較が一つの方法になりうるということのみ記しておきたい(注)。

さて、上記のような明治三十年代前半における教材選択の試みや、補集Iで述べたような文法指導の編集上の工夫がなされる中、明治三十五年(一九〇二)に「中学校教授要目」が制定される。これによって漢文教科書編集の何が変わったのか。続いて「中学校教授要目」制定前後の漢文教科書を見ていきたい。

(注)この章は以下の文献を参考にした。海後宗臣ほか「修身教科書総解説」、『日本教科書大系近代編第三巻修身(三)』講談社、一九六二年一月。同「国語教科書総解説」、『日本教科書大系近代編第六巻国語(六)』講談社、一九六四年四月。同「歴史教科書総解説」、『日本教科書大系近代編第二〇巻歴史(三)』講談社、一九六二年十一月。松島栄一「歴史教育の歴史」、『日本歴史』第22巻別巻1、岩波書店、一九六八年三月。足立幸子「尋常小学国語読本における「人物教材」の教材観—修身科・国史科との比較を通して—」、『人文科教育研究』第二三号、人文科教育学会、一九九六年八月。江島顕一『日本道徳教育の歴史—近代から現代まで—』、ミネルヴァ書房、二〇一六年四月。

七　「中学校教授要目」制定前後の漢文教科書

明治三十四年（一九〇一）三月には「中学校令施行規則」（文部省令第三号）が制定され、国語及漢文科は「言語文章ヲ了解シ」「思想ヲ表彰スル」という実用性、「文学上ノ趣味」養成への配慮、そして「智徳ノ啓発」という人間形成の側面での教授が求められた（『官報』第五二九八号、印刷局、一九〇一年三月五日、七三頁）。しかしこれらはすべて明治三十年より教科書編集の際にすでに注意が払われていた。法令として規定されることにより、それらの編集方針がより固まったものと考えられる。指導内容については「平易ナル漢文ヲ講読セシメ」（同上）とあるのみでまだ具体的な指示はない。

明治三十五年（一九〇二）二月、「学制」開始以来、中等教育における初の詳細な教授要目である「中学校教授要目」（文部省訓令第三号）が制定された（以下「要目」）。

「要目」は初めて詳細な各学年の基準を定め、「講読」の指導法として「読方」「解釈」「暗誦」が明記された。「講読ノ材料」では学年ごとの学習内容から、各学年の教材に関する規定を見ていくが、「要目」は『集成』Ⅰ・Ⅱ解説にも引用されているので（一三七―一四一頁）、ここでは要約して取り上げる。

第一学年：第一学期では単語・単句を用いて国語との構造の違いを示し、第二学期は句読点と訓点のある日本近世作家の平易で簡単な短章を読ませ、既習の国語の一、二節を漢訳したものも用いて対照させる。

第二学年：前学年に準じ、さらに日本の近世作家の叙事文・伝記・紀行の短編を加える。例えば頼山陽『日本外史』、大槻盤溪『近古史談』、塩谷宕陰『宕陰存稿』、安井息軒『読書余適』等。

第三学年：前学年に準じ、さらに日本人の論説文を加える。例えば『日本外史』の敍論等。

第四学年：句読点と返り点のみで送り仮名を省いた教材を使用。前学年に準じ、さらに散文は、中国の簡易な伝記、紀行文を加える。例えば、清初の作家、唐宋八家文、佐藤一斎、松崎慊《こう》堂等。詩は『唐詩選』等を扱う。日本の作家と中国の作家は一対一の割合。

第五学年：前学年に準じ、散文は『史記』『蒙求』『論語』等を加える。詩は前学年に準ずる。日本と中国の作品は一対三の割合で中国の作品の比率が多い（『官報』第五五七五号、印刷局、一九〇二年二月六日、一〇七―一〇九頁をもとに整理）。

第一学年に示された漢文の構造を理解させる方法は、明治二十年代の教科書から始まった、和文との対比による漢文の構造把握の試みや明治三十年代前半において教科書に設けられ始めた「句例」という項目等が規定により定着したことを示している。

教材の難易度は、日本の近世の作家から中国の作品へと進み、中国の作品は近い時代から遡って清初の作家、唐宋八家、『史記』『蒙求』『論語』等へと進むという基準が定まった。この順序も第一学年の構造把握に関する規定と同様に、「要目」が初めて示したものではなく、それ以前の編者達の試みをふまえて定められたものである。「細目」に対する批判もふまえたのか、史伝教材に偏らず叙事文・紀行文・詩も採り入れて調整を行っている。

「細目」の掲げた主旨については徳育偏重という批判があったが、「要目」では中学校の教授全体において、「常ニ訓育ト相待チテ高等普通教育ノ目的ヲ達センコトヲ期スヘシ」（一〇五頁）と、全体において訓育を意識するように定められ、漢文科の項目には直接記されてはいない。

「要目」前後で教科書の構成がどのように変わったのかを、まず補集Ⅱ収録の教科書六種をもとにおさえておく。明治三十年（一八九七）刊の「1　中等漢文」は、構造把握の項目から入らずに巻一・二は日本・中国・西洋の教材が混在しており、内容も文体も多岐に及ぶ。巻三は『史記』、巻四は『漢書』、巻五は『孟子』や唐宋八家文、明清文を中心とした構成である。

「2　中等漢文読本」は洋学系教材を多数収め、巻一から巻五まではほぼ日本の作品を採り、巻六は日本の作を数篇採り、『資治通鑑』『史記』等の中国の史伝教材や唐宋八家文を採録し、次第に巻を追うごとに中国の名文教材や『孟子』が増え、巻十はほぼ中国の名文教材で構成されている。

「3　中等教科漢文読本」は前述のように「細目」に従って編まれた教科書である。どのように参照したのかは「解題」で後述するが、日本から中国に進むという順序は他の教科書と同じである。そして「細目」が史伝教材に偏っていたのに対し、洋学系教材も採録し、身近な題材について自作教材も交えて調整を試みている。これら1から3の教科書は、和漢対照や短文により漢文の構造を把握させる項目を立てていないものの、「要目」で規定した順序と大きく変わらない。

次に「要目」制定後に編まれた教科書を見ていきたい。「4　訂正中学漢文読本」「5　漢文読本」「6　新撰漢文読本」に共通するのは、巻頭に句例等の文法事項を置いたことである。これは明治三十年代前半からの傾向が引き継がれ、「要目」に単語・単句から入るという規定が盛り込まれて多くの教科書に定着したものと考えられる。

教材の構成を見ると「4　訂正中学漢文読本」は巻一から巻四までは日本の地理・歴史に関する教材や洋学系教材から入り、徐々に西洋の偉人・地理が増えるという構成で、中国の史伝教材や名文教材は巻四から少しずつ採録され、最後の巻五はすべて中国の作で唐宋から漢代の名文教材や『史記』や『孟子』等により構成されている。詩は各巻に数篇採られている。

「5　漢文読本」は基本的に「要目」に従って編集したと述べ、日本から中国に進み、第四学年に相当する巻四から中国の作品が中心となる。この教科書は「特に皇国青年の英気を鼓舞し、忠君愛国の健心鉄腸と高尚優雅なる情操とを修養せしめんことを期するを以て編纂の中心基準としたり。」（編者「例言」、巻一、例言一頁）と編集方針を述べている。そのため、この時期によく採られていた洋学系教材を採録していない。そして詩教材の割合が約四割にのぼる所に特色がある。

「6　新撰漢文読本」も「要目」の構成に近く、巻一から巻三までは短篇や格言では中国の作品を用いているが、まとまった分量の教材は巻四からが中心となる。やはり洋学系教材を多く採録している。

これらの教科書から「要目」前後の編集方針の違いを検討すれば、単句・短篇の項目が定着したこと、詩教材が盛り込まれるようになったことに現れているが、日本から中国に進むという大きな枠組みや、洋学系教材の採録が見られること等は「要目」の前後で変化はない。「要目」はそれまでの漢文教科書編集に関する議論の傾向に沿って制定されたもので、編集方針が一変した訳ではなかった。また、「要目」後の教科書がすべて同じ構成になったのではなく、各教科書の判断で個性を出していた。

洋学系教材については「要目」の「講読ノ材料」には名前が挙げられていない。中学校全体に関わる規定として、「教授ハ各学科目固有ノ目的ヲ失ハサランコトニ留意シ相互ノ連絡ヲ保チテ全体ノ統一ヲ図ルヘシ」（同上、一〇五頁）と記されている。これに基づいて教材の幅が広がったとも考えられるが、やはり前述してきたように、明治三十年代前半において文部省の一部の教科書調査担当者も推奨していた総合的教科書が、新しい規定のもとでも引き続き認められたのであって、「要目」が具体的に指示したのではない。洋学系教材の採録状況からは、教科書の編集方針や教材の変遷において、教則の制定や改正後に教材の傾向を変化させるとは限らないことがわかる。

規定には名前が挙がっていないが洋学系教材と同じく明治三十年代に流行した教材に時文教材がある。他教科に関連させることで漢文の実用性が主張されたように、時文も同じく漢文が有益な教科であることを示そうとした教材である。明治三十年代の模索の事例としてその役割を検討したい。

八　時文教材の役割

時文とは、同時代の中国である清朝の文章を指す。時文を漢文教育に盛り込むという提案は、日清戦争が契機となり、明治三十年（一八九七）頃から見られるようになった。中国で日常的に使用する時文を理解することが急務となった今日では、「清朝近時の文章の、成るべく通俗に近きもの、即ち、彼の土の新聞紙上に用ひらる、が如き文章」（「時事寓感　漢文講習法一変の時機」、『教育時論』第四八一号、開発社、一八九八年八月、三四頁）を初学者に学ばせることで、漢文教育のあり方を改革しなければならないという主張がなされた。三浦叶氏は、明治三十一年（一八九八）に時文を収めた国光社編、副島種臣閲『中等漢文読本』十巻が出版され、その後も時文の読本が続いて発行されたのは、日清戦争の勝利によって中国及びアジアに対する「自覚認識」が高まり、中国からの留学生も増え、中国の文化や現在の中国事情を知ろうという社会的状勢が背景にあると指摘している（「明治年間の漢文教科書」、『明治の漢学』、汲古書院、一九九八年五月、四二五頁）。この教科書は、明治三十年の初版〈140〉から、明治三十二年（一八九九）発行の訂正再版〈143〉まで時文が収められている。現時点の調査では不認可のものも含め、最も早く時文教材を採録した教科書である。

『中等漢文読本』採録の時文教材は「中日通商行船条約」である。その採録意図は、

役所の公文書は、古来より別の文体であり、普通の文章と大きく異なっている。そのうえ、現在の清朝で用いられているものは、さらに異なる文体である。読者もこれを知るべきであるため、本書では第十巻の末尾に附して、読者に提供した（官府公文、古来別有一体、頗与尋常文章異。況、現時清廷所用、更為異体也。読者不可不亦知焉。故本編別附之於第十巻末尾、以資読者。）〈140〉巻一、［諸言］裏）。

と、時文によって中学生が学ぶ漢文とは異なる文体を学ばせようとしたことが述べられている。〈150〉笹川種郎『中等漢文新読本』には、

> 支那人ノ作レルモノハ、独リ古文ノミナラズ、又時文ヲ交ヘ採リテ以テ古今ノ文体ニ併セ通セシメンコトヲ力《つと》メタリ（編者「編纂ノ要旨」、〈150〉巻一、［要旨］二頁）。

と、やはり「古今ノ文体」を学ばせることを目的に時文を採ったという説明がある。この教科書には新聞から採録した『時務報』「四十日環游地球（四十日地球を環游す）」、『知新報』「窮探北冰洋（北冰洋を窮探す）」、『清議報』「訥耳遜《ネルソン》逸事」（梁啓超「偉人訥耳遜逸事」）が初版〈148〉から訂正四版〈151〉まで収められている。「四十日環游地球」はシベリア鉄道の開通によりロンドンから旅順まで列車で行き、旅順から船で太平洋を渡れば、四十日間で地球を一周できるということを伝えた記事である。「窮探北冰洋」はアメリカの北極探検家、ピアリーが一八九四年にグリーンランドで隕石を発見した記事である。「訥耳遜逸事」はイギリスのネルソン提督が幼少の頃から栄誉を忘れなかったという逸話の紹介である。前者二篇が知識を増やす教材であるのに対し、こちらは道徳的教材を兼ねる。時文教材は新聞や雑誌を出典とするため、近い時代の出来事や人物に関する文章によって興味を引き、外国事情を理解させながら、その文体に親しませる役割を持っていた。

　時文教材が三十年代後半に採録数を増やした要因は、明治三十六年（一九〇三）二月、全国的な教育者の組織である帝国教育会の漢文教授法研究部の決議案であろう（注）。漢文科廃止論の高まる中、明治三十五年（一九〇二）十二月、帝国教育会内に漢文教授法研究部が設立され、漢文の教授内容について調査が行われた。翌年の二月十四日、研究部は「中学校に於て教授する漢文に時文を加ふるの可否」を討論により可決した（「会報　漢文教授法研究部」、『教育公報』第二六九号、帝国教育会、一九〇三年三月、五三―五四頁）。研究部会では常議員の細田謙蔵により時文の定義について、「上諭文・奏議文・布告文・新聞の論説文・新聞記事文の比較的雅なるもの・広告文の比較的雅なるもの」（同上、五四頁）と説明された。後に中等教育の漢文科の目的・分量・時数、材料について試案をまとめた際に、第四・五学年で時文を盛り込む決議案が可決された（「会報　漢文教授法研究部」、『教育公報』第二七四号、帝国教育会、一九〇三年四月、二八―二九頁)。これらの議決には法的拘束力はなかったものの、教材の採録に影響を及ぼしたと考えられる。時文という同時代の文体を学ばせることで、漢文教育の実用性を打ち出し漢文不要論に抵抗しようとしたのであろう。これも時文教材に期待された役割である。

しかし、時文を中学校で教えることには反対意見も少なくなかった。漢文教授法研究部の常議員である法貴《ほうき》慶次郎はこの議案の可決に言及して、授業数が足りないために中学校の漢文の時間に時文を組み入れることに反対した。中学生にとっては時文を学び中国との交流を考えるよりも、「今日我国民が我国に生息し行く上に於て、古文の素養がなければ、一日も立ち行かぬを深く思ふのである」(「中学の漢文科」、『教育界』第二巻第七号、金港堂、一九〇三年五月、四六頁)。なぜなら、「今日の支那語時文に於ては、世界の運命を支配し、世界の幸福に影響するが如き大思想大発明は包含せられぬ」(同上)ために、時間を割く必要はないと判断したからである。国文でも中学教育の材料に供すべきものは欠乏しており、日本では「心血を注ぎしやうなる著述は殆んどすべて漢文である」(同上、四八頁)ため、中等教育の漢文科では時文ではなく古文(漢文)こそ学ぶべきであると説いた。

時文は様々な文体に触れ、漢文の実用性を主張する役割が期待されたが、中学校の漢文には適していないとして採録への反対意見も多かった。時文をめぐる議論は、中学校の漢文科の目的をどのように定めるかという問題も関わっている。時文に反対した法貴慶次郎の意見を引き続き見ていくことで、「要目」制定後、漢文教育の目的が再考され、洋学系教材と時文教材が役割を終えていった過程を検討していきたい。

(注) この決議案については、漢文科存廃論争との関わりから、すでに詳細に論じられている。主に田坂文穂『明治時代の国語科教育』東洋館出版社、一九六九年一月、二三六―二六二頁。打越孝明「明治三十年代後半の中学校漢文教育存廃論争について―第七回高等教育会議への廃止建議をめぐって―」、『皇学館論叢』第二四巻第五号、皇学館大学人文学会、一九九一年十月。石毛前掲『日本近代漢文教育の系譜』、一六〇―一七八頁等を参考にした。

九　中学校における漢文教育の目的の再考

法貴慶次郎は「要目」制定後に刊行された教科書が幅広く題材を揃えていることについて次のように反対した。

近頃国語読本に真似てか、漢文読本までが、各時代の文章を並べんとして居る様子が見ゆる。中には、近世の支那人の文にて、西洋の機械の説明或は市府の見物などを物したるを載せなどしてある。此れ等は漢文の趣意を誤解したる悪変化だと思ふ（「中学の漢文科（続）」、『教育界』第三巻第八号、金港堂、一九〇四年五月、六七頁）。

漢文教育を徳育が第一であるととらえる法貴にとっては、国語読本を真似て「ガス灯」や「蒸気機関車」などの修養にさほど役に立たない教材は漢文教育の目的を誤解したものとしか映らなかった。七章にすでに述べたように、この年に法貴が編集した〈256〉『漢文読本』（補集Ⅱ—5）には洋学系教材を採録していない。

国語読本を真似た総合的教科書について批判的であったのは法貴ばかりではなく、明治三十年代後半には、出典や採録教材について見直しが始まった。明治三十八年（一九〇五）初版の〈201〉土岐政孝編『中等漢文教科書』五巻は教材の選択の仕方を次のように説明する。

一　材料は、倫理・文学・歴史・地理・理化・博物・実業等に渉りて、文意名暢趣味饒多なる者を取り、格言及び詩を交へたり（編者「例言」、〈201〉巻一、〔例言〕）。

理化・博物に関連する教材では、『気海観瀾広義』『博物新編』『格物入門』『植物学』（ウィリアムソン〔Alexander Williamson　漢名、韋廉臣〕、エドキンス〔Joseph　Edkins　漢名、艾約瑟〕原著、李善蘭訳）から選択している。しかし、明治四十年（一九〇七）発行の訂正三版である〈203〉『改訂中等漢文教科書』五巻では次のように変わった。

二　編纂の材料は、倫理・文学・史伝・地理・博物・実業等の教科に適したる者を取り、格言及び詩を交へたり（編者「例言」、〈203〉巻一、［例言］）。

訂正三版では、それ以前にあった「理化」が消えた。博物・実業は残ったが、その教材は『博物新編』などの洋学系教材ではなく、重野成斎や依田学海等の日本人の作に変わった。中学校用教科書では序文中に博物・実業に関する教材を採ったと記された教科書は、この土岐政孝のものがほぼ最後の例である。他教科に関連させるという方針であっても、四十年代に入ると理化・博物が外されていく。この教科書の改訂は、三十年代後半から四十年代にかけての教科書の編集方針の転換をよく表している（土岐の著述等については『集成』Ⅲ解説、六七頁を参照のこと）。

この変化に関しては日露戦争後の教育方針について、文部大臣久保田譲によりなされた「文部省訓令第三号」も関わっているだろう。開戦の目的を貫徹した「忠君愛国ノ精神ハ我国体ノ精華ニシテ国民ノ特長」であり、それが今回の戦役で発現されたと述べる。そして教育に従事する者はこのことを常に鑑み、「此精神ノ涵養ヲ努メ此精神ヲ基礎トシテ諸般ノ教育ヲ施シ平時ニ在リテハ国民ヲシテ挙国一致平和的国運ノ発展ニ尽サシメ又一旦緩急アレハ義勇公ニ奉スルノ実ヲ挙ケシムルノ用意ナカルヘカラス」（『官報』第六六九一号、一九〇五年十月十八日、五七〇頁）と忠君愛国の精神の教育に力を入れるように述べた。こうした道徳教育重視の風潮により洋学系教材と時文教材の役割は軽視されたのであろう。

徳育重視の風潮という外的条件に加えて、洋学系教材自体の持つ特性も採録を減らした要因として考えられる。深井鑑一郎は地理などの教材を揃えようとしたが、適当な材料が見つからないために採録を取りやめたことがある（『集成』Ⅰ・Ⅱ解説、一九九頁）。竹村鍛・重野成斎同編の教科書では実業や自然科学の教材は材料が乏しいために自作の教材を採録した（補集Ⅰ解説、一六八頁）。卑近な題材の教材は適切なものを探すことが難しいという問題がある。

洋学系教材は教科書検定では記述内容に問題があると指摘されることもあった。蛍の生態や、蛍雪の功の故事にも触れた教材である、陳淏子《こう》「蛍」には「果シテコノコトアルカ」（〈138〉『中等漢文読本』巻三・一八頁・下・黒）という意見が付けられた。「コノコト」とは右側に黒い傍線のある本文の「園中若有《ラバ》二腐草一。自《オ》能《ク》生《シテ》レ之《ニ》不レ絶《エ》。不レ煩《ハサ》二主人之力《ヲ》一也。」（庭にもし腐った草があれば、〔蛍は〕自然と生まれて来て絶えることはなく、主人の手を煩わせることはない）を指している。腐草があれば蛍が自然に発生するというのは、『礼記』月令《がつりょう》の「腐草為蛍」（腐草蛍と為る）をふまえた記述だろう。しかし教科書には事実ではない内容を載せることができないために修正意見が付けられた。訂正再版ではこの箇所が削除されて、修正意見のない箇所も訓点の他、本文に文字上の修正が加えられて採録された。

時文教材には、多くの修正意見が付けられたが、ここでは一例のみ見ておきたい（事例については、木村淳「漢文教科書における時文教材―明治期の検定制度との関わりから」、『中国文化』第七〇号、中国文化学会、二〇一二年六月を参照のこと）。四十年代に検定を受けた教科書に収められた賈恩紱《ふつ》『定武学記』「希望」には「時文」（〈210〉『漢文新読本』巻四・一三頁・下・朱）と付けられ、時文自体が問題視されていたことがわかる。本文の語句を説明した頭注に「苟且委靡敷衍《ママ》二字、時文用為二苟且塞レ責之義一。」（一五頁）（「苟且委靡敷衍」の〔衍〕字は、時文では一時しのぎで責任逃れをするという意味である）、「便宜二字、時文用為二便利、利益又賤価之義一。」（一六頁）（「便宜」の二字は、時文では便利、利益または安価という意味である）とあり、時文での用法を説明している。時文特有の用法が漢文学習には不適切であると判断されて、改訂版では安積艮斎「耐軒詩草序」に入れ替えられた。かつてはこうした用法を示すことが漢文教育の実用性を主張するために有効とされたが、四十年代では漢文学習には適していないと判断された。

明治三十年代に流行した洋学系教材であるが、自然科学や産業に関する漢文教材は材料に乏しく、記述内容について修正を加える必要があるために編者に負担がかかるという性質を備えていた。時文教材は同時代の中国を理解するという漢文の実用性を主張する役割が期待されたが、中学生の漢文の知識では読み切れない用例が含まれており、扱いには慎重さも求められた。

以上のように、道徳教育を重視すべきという時代背景と、教材自身が持つ性質から、洋学系教材や時文教材の採録数は明治四十年代には数を減らすことになった。これらは漢文教育改革の一つの手段として着目されたが、あくまでも入門期用教材であるか、参考用という扱いの教材で、根幹から中等教育の漢文科の目的や指導内容を変えるものではなく、明治四十年代にはその役割を終えた。洋学系教材の中では、修身的な性格を持つ海外の発明家の伝記のみが修身的な教材として継続して採録されることになる。

続いて明治四十年代に定まった漢文教育の目的と教科書・教材の傾向について検討していきたい。

十　明治四十年代の漢文教科書

日露戦争の勝利によって、西洋の文明を打ち負かした「東洋精神」すなわち儒教の再評価が起きた。四十年代には漢学、特に儒教の復興が叫ばれ、「漢文大系」、「漢籍国字解」等の大部の叢書も刊行された。漢学に関心が寄せられる中で、漢文教育では改めて徳育が強調されるようになった。

徳育重視の背景の一つには、日露戦争後の混乱、社会主義の浸透への対策として公布された、国民の守るべき規範を示した「戊申詔書」(明治四十一年〔一九〇八〕十月十三日)が考えられる。勤勉・倹約を主とした道徳教育が説かれ、「祖宗ノ遺訓ト我カ光輝アル国史ノ成跡」(『官報』第七五九二号、印刷局、一九〇八年十月十四日、三四三頁)が国運の発展の本にあるという詔書のもとでは、漢文は「中学校教授要目」公布後に定着した総合的な教材構成よりも、道徳教材を柱に据えたほうが時代の要請に応じやすくなった。

岡田正之は、日本で伝えられてきた漢字・漢文を同化的漢字・同化的漢文とし、内容と外形の二つの面から、国民との関係を説き、中学校の漢文教育の目的を述べているが、ここでは内容面について取り上げたい。

岡田は、日清日露の両戦争後、国民が「自国の実力が他国に優越したる価値あることを自覚し」、「教育勅語の愈々《ますます》在り難きことを認識し」（「中等教育の漢文に就きて」、『漢学』第一編第一号、育英舎、一九一〇年五月、四〇頁）、聖勅の注釈である四書等の同化的漢文の大切さに気づいてきた。この国民と同化的漢文との重要な関係は、過去・現在だけではなく、将来も続くものとする。教育上は四書五経に限らず、「醇《じゅん》建な思想が養はれると同時に、高尚な趣味も得られる」（同上、四二頁）歴史書や詩文も教材として適切であるとし、同化的漢文の必要性を説く。そして次のように結んでいる。

我帝国の中堅たるに負かない人格として、祖先の跡を継ぎ後来の国民を導かんとする人士は、どうしても同化的漢文に待たねばなるまいと思ひます。既に同化的の漢文を必要とする上は、之れが理解力を養ひて其の要求に応ぜざるべからざるは理の見やすきものであらうと存じます（同上、四八頁）。

四書五経や歴史書、詩文を学ぶ意義を勅語や国民との関係に結びつけて強調している。こうした論調は日露戦争終結後には、学校で漢文を学ぶ意義を語る際にしばしば見られるようになった。

教材の選択については、小柳司気太の次のような意見も少なくなかった。

蓋し漢文が今日吾人に於て勢力ある所以の者は、天文地理等の科学に関したる者に非ず、斎藤拙堂・松崎慊堂諸氏の文学に非ずして、実に此経典あるに因るを以てなり（「中等教育に於ける漢文の地位を論じて其教授法に及び併せて文部省に望む」、『東亜の光』第四巻第八号、東亜協会、一九〇九年八月、五五頁）。

「天文地理等の科学」とは洋学系教材等を含む教材群である。漢文で書かれた科学や西洋に関する知識は、国文や英文を通じて得るものよりもはるかに少ないため、それらを指導することは漢文科の目的ではないとした。教科書に収められた「斎藤拙堂・松崎慊堂諸氏の文学」とは、例えば斎藤拙堂「下岐蘇川記（岐蘇川を下る記）」「梅谿遊記」や、松崎慊堂「熱海湯池」等である。「中学校教授要目」には科学に関する教材について指示はないが、慊堂等の紀行文を扱うように規定されている（七章を参照のこと）。最近の教科書にこうした徳育に関わらない教材が増えたのは、この要目が原因であると小柳は批判した。国語の教材では十分に役割を果たせない、国民道徳の原則であり聖勅の注釈である四書五経による道徳教育こそ、漢文で行うべきだと主張したのである。

教材の順序についても、現行の教科書で最初に置かれている日本の近世の作には日本特有の文字の使い方もあり、必ずしも学びやすいとは限らないと指摘し、小柳は理想とする教材の内容と学年ごとの配分を次のように示している。

・四書（第一学年より第五学年に至る。其順序は論語・孟子・大学・中庸にして、中庸は場合によりて之を除く但し素読はなすこと）
・日本外史（第一学年より第二学年）
・十八史略（第三学年より第五学年）
・日本政記（同上）
・文学的読本（同上）（同上、五七頁）

明治三十年代に流行した教科書のように短文の幅広い内容の教材を揃えるのではなく、道徳教育に資するまとまった分量の教材を用いるべきであるという提案である。三十年代前半では文部省の試案が道徳教育に偏向しているという批判が教育界で巻き起こったが、三十年代後半以降は、この小柳の提案のように今の教則では漢文科特有の道徳教育が行えないという批判が主となった。

小柳がまとまった分量の教材を用いるべきと述べたのは、短篇教材についてすでに三十年代後半には中学校の現場からも次のような不満が出ていたからだろう。

短文はきれ〳〵の者だから、自然面白味は少い。かういふ教材で半年一年生徒を教へるといふのは、教へるものも、教へられる者も、洵《まこと》につらいのである。

今の読本の教材の中には、迚《とて》も生徒が咀嚼にたへぬと思はれる者が少くない。十八史略などから所々切り取つて来たのは、なか〳〵難しい。さうしてそれ程面白くない（神津包明「中学校の国語漢文教科書について（完）」、『教育時論』第六六三号、開発社、一九〇三年九月、一二頁）。

文中では具体的に理想とする教材案は出ていないが、明治三十六年（一九〇三）頃の読本の欠陥は「編纂者が生徒の事情に通じないからである」（同上）とする。教材の分量の短さが問題視された。この引用文が直接的な契機になったのではないが、こうした問題が出ていたからこそ、まとまった分量の教材を読むべきであるという提案がなされたのである。

難易度による教科書の編集も反省すべきであると、遠藤隆吉が次のように述べている。

要するに今の漢文教科書は、易より難に進むと云ふ西洋主義の順序を採つて之を教育せんとして、彼の封建時代の野蛮教育に相対しようとしたのであるけれども、失敗に終つたものと言はなければならぬ（「硬教育の必要」、『教育界』第九巻第三号、金港堂、一九〇九年、二六頁）。

西洋の読本に学んだ「易より難へ」という編集方針は、形式だけ真似て雑多な内容を詰め込んだために生徒を混乱させ、漢文の力を衰えさせたと指摘し、『日本外史』等の史書をそのまま読ませたほうが読解力が付くとする。明治四十年代の教科書の編者達も難易度には考慮していたが、遠藤は改めて漢文独自の学習方法を考えるべきであると説いたのであろう。

このような改良案が出される中、どのような教科書が編まれていたのか。「要目」改正前の明治四十年代に刊行された漢文教科書の編集方針を検討したい。深井鑑一郎は〈232〉『中等漢文定本』五巻の編集方針を次のように述べている。

一　現在の中等教育において漢文を課す主旨は、文字を練習し、読書力を育成し、作文の資料を提供し、あわせて徳性を涵養することにある。このため本書は主に国家社会に関するものを採録し、間に地理・歴史を挿入し、さらに文学に及ぶ。これもまた漢文の特色を発揮させるためである（一　現今中等教育課二漢文一者其要旨在下練二習文字一、養二成読書理解之力一、給二作文資料一、併涵中養徳性上。是以本書、主採下収事之関二国家社会一者上、間雑以二地理・歴史一、傍及二風騒一。亦欲三以発二揮漢文特色一也。）（編者「緒言」、〈232〉巻一、緒言一頁）。

深井は中等教育の漢文の主旨は文字の学習、読解力・作文力の育成と徳性の涵養と考え、教材も幅広く揃えるのではなく国家社会、地理・歴史に関するものや文学作品を中心とした。かつては徳育偏重が反対されたが、ここでは徳性を養うことのみが取り上げられている。深井は以前より史伝教材を中心とした教材を多く採り、明治三十年代では検定時に材料の偏りを指摘されたこともあったが、徳育中心の明治四十年代では時代の要請にかなう編集方針となった。

市村瓚《さん》次郎は中等教育における漢文の意義を次のように述べている。

私は中流の人士たる者が、漢文学の素養あるを必要と信ずるものである、所謂中流の人士とは、必ずしも資産の程度を以てのみ論ずべきでない、即ち中学以上の教育を受け中等の智識を有して、国民の中堅となり地方の先達となることの出来るものを指すのである、是等の者共は過去に於ける関係と現在の地位とによりて、漢文学の原形に接して、翻訳なしに之を解するは、その過去に対する義務ばかりではない、現在に対するの職責であると思ふ、そこで即ち中学に於ける漢文教授の必要が存在するのである（「日本国民と漢文学」、『中学漢文読本巻一 参考書』、金港堂書籍、一九一〇年九月、「日本国民と漢文学」九頁）。

先に述べた岡田正之の主張と同様に、国民全体が漢文学を知るのは難しく、その必要もないが、国の中堅たる人物には必須の素養として位置づけ、さらに原文を通じて漢文学を学ばなければならないと説くのである。

〈37〉市村瓚次郎『中学漢文読本』（『集成』Ⅲ―6）の編集方法については、

本書編纂の主旨は主として漢文の組織を知らしめ、旁ら国文の補助たらしめむと期したるのみならず、兼ねて智徳の涵養に資せむことを期したり。故に務めて教育勅語及び戊申詔書の御趣意を奉体し、これを闡《せん》揚発揮せむことを図れり（同二、「中学漢文読本編纂綱領」、「中学漢文読本編纂綱領」一頁）。

と説明がある。岡田正之が教育勅語の注釈として儒学の経典を位置づけて漢文教育の意義を説いたように、市村も教育勅語と戊申詔書の主旨を実行することを掲げている。渙発当時よりも「教育勅語」が中学校の漢文教育との結びつきを強めたことを示している。

教材の程度については、

程度の難易は人によりて多少見込を異にすべしと雖も、本書は新国定の小学国語読本・日本歴史・修身書等を参酌してその連絡関係を保たしめ、易より難に入り簡より繁に入るを期したり（同上、「中学漢文読本編纂綱領」三頁）。

と説明している。難易度を考慮して小学校の教科書と関連させる方法は五章に述べたように明治二十年代末から広まったものであるが、国語・日本歴史・修身に限り、理科は記されていない。理科に関する教材を採らなかった理由は次のように説明されている。

本書の材料は、修身・文学・歴史・地理に関するものを主とし、理科に関するものを省きたり。是れ後者はその材料の少なきのみならず、本書の主旨と関係頗る薄きを信じたればなり（同上、一頁）。

理科に関する材料が少ないことと、主旨のうち智徳の涵養に貢献できないために、小学校の理科とは連係を取らず、理科に関する漢文教材も採録しなかったと述べる。ここに明治四十年代の編集方針の傾向がうかがえる（注）。以上、中等教育では初めての詳細な規定である「要目」の方針が公布後に批判され、明治四十年代にはそれまでの編集方針が見直されることになった。国語科では、「要目」は「かなりに精細な内容の規定である。のちに一部の改正はおこなわれるが、むしろ、この細部の規制が簡素化されるくらいで、基本の態度は昭和期までひきつがれるものである。」と評されている（山根安太郎『国語教育史研究─近代国語科教育の形成─』、溝本積善館、一九六六年三月、三四四頁）。しかし、漢文の場合は明治三十年代後半からその「基本の態度」が見直されることになった。

続いて、明治十年代に敬遠されたが、その後再評価されて明治末には重視されるようになった教材をもとに明治四十年代の漢文教材の傾向を探りたい。取り上げるのは復讐を題材とした赤穂義士に関する教材と革命の記述があるために不適切とされた伯夷故事を扱った教材である（補集Ⅰ解説、五五―六三頁）。前者を中心に取り上げ、後者を補足的に扱う。

（注）九・十章については、打越孝明「明治四十年代の思潮―「漢学復興」の背景と教育―」（『大倉山論集』第三六輯、大倉精神文化研究所、一九九四年十二月）等を参照した。

十一　義士の再評価

赤穂義士に関連する教材は、安井息軒「義人纂書序」や藤田東湖「赤穂浪士論」等、赤穂義士の行為を論じたものと、菊池純「大石良雄」、青山延光「堀部武庸」等の人物を扱ったもの、そして坂井虎山「泉岳寺」等の詩教材に大きく分けられる。

明治十年代に問題視された林鶴梁「烈士喜剣碑」は赤穂義士を題材とした作品である。架空の人物喜剣は、毎日妓楼で遊び惚け、主君の仇討ちをしない大石良雄を面罵した。しばらくすると大石達が吉良邸を襲撃して仇討ちを成し遂げたという知らせを耳にする。大石の計画を知らずに罵った自分の不明を恥じ、大石らの眠る泉岳寺の墓前で切腹したという内容である。十年代では敬遠されることもあったが、検定制度下で各年代において採録され続ける。

明治十年代は復讐を題材としたために治安を乱すものとして「烈士喜剣碑」が問題視されたが、赤穂義士を扱った教材も採られていた。明治二十年代には、赤穂義士を高く評価する、室直清「赤穂義人録」、大槻清崇「赤穂義士論」等ばかりではなく、太宰純「赤穂浪士論」のように義士に批判的な教材も少ないながらも採録された。その後は義士を称える教材のみとなり、青山延光「赤穂遺臣復讐」のように題名に「復讐」の文字を含む教材も増え、四十年代になると室直清「良金死義」のように義に死すという言葉も用いられ、義士の復讐が命を賭して義を守る行為として肯定的に評価されるようになった。こうした変化は漢文科の規定に記されるのではなく、編者達の判断によるものである。問題視される教材であれば検定時の意見も参考にできるが、問題のない教材については明確に理由が語られないこともある。この変化を明らかにするために参考となるのは他教科の教科書である。〈282〉『中学漢文教科書』は「烈士喜剣碑」の国訳文も合わせて掲載している。こうした訳文は国語の教科書にも掲載されているのだろうか。中学校用国語教科書を参照することで赤穂義士関連教材の変遷を探る手がかりを得たい。

ここでは明治二十年代から大正元年までに検定を通過した中学校用の国語科教科書五十九種を調査の対象とした（前掲『検定済教科用図書表』参照）。その中で明治二十年代に赤穂義士を扱った教材には、忠義の士としての側面を述べた、斎藤彦磨「義士の雑陳」（石田道三郎『新撰国文初歩』巻上、森本専助、一八八六年九月訂正六版）があるが、多くは菅茶山「大石良雄」や細川潤次郎「大石良雄」等の討ち入りを描いていない作品である。

明治三十年代前半に、「烈士喜剣の碑（烈士喜剣の碑文）」の原文と和訳が、落合直文『中等国文読本』巻五（明治書院、一八九九年一月訂正六版）と同『中等国文読本』巻五（明治書院、一九九〇年十一月二十五版）の二点に掲載された。その後四十年代に、幸田露伴「喜剣」が坪内雄蔵『中学新読本』巻四下（明治図書、一九〇九年二月訂正再版）及び同『新撰国語読本』巻七（富山房、一九一二年三月訂正再版）に収められた。「烈士喜剣碑」は漢文教科書には採録され続け、全体の三割の教科書に採られているが、国語の教科書で喜剣を扱った教材は少ない。

赤穂義士を扱った他の教材を見てみると、明治三十六年発行の国語教科書には、坂正臣「大石内蔵介等の死を賜はりし図に」（武島又次郎『中学帝国読本』巻六、金港堂書籍、一九〇三年十二月訂正再版）が採られ、四十年代には、「良雄の僕」（藤岡作太郎『新体国語教本』巻四、開成館、一九〇八年十二月訂正再版）、「大石良雄一家の離散」、「赤穂義士討ち入りの様を（書翰文）」（池辺義象『新撰中学読本』巻八・九、啓成社、一九一一年二月訂正再版）、室井其角「義士討入の模様を報ず」（吉田弥平『中学国文教科書』巻八、光風館書店、一九一二年十二月修正八版）、大町桂月「義士泉岳寺へ引き揚ぐ」、福本日南「義士討入の綱領」（芳賀矢一『訂正新定中学読本』巻一・五、富山房、一九一二年十二月訂正四版）

等の教材が採られる。赤穂義士の復讐を扱った教材は四十年代に増加した。

漢文教科書では赤穂義士の復讐に関する教材と合わせて採られることが多いのが、彼らが学んだとされる山鹿素行を扱った「山鹿素行」（塩谷誠ほか）である。山鹿素行に関する教材を国語教科書から探していくと、明治三十九年発行の教科書に井上哲次郎「山鹿素行と武士道」（芳賀矢一『中等教科明治読本』巻七、富山房、一九〇六年二月訂正。同『再訂明治読本』巻七、富山房、一九一〇年一月再訂四版）が採録され、その後井上哲次郎「武士道」（上田万年『中学国語読本』巻九、大日本図書、一九〇七年十二月再版。落合直文・萩野由之・森林太郎『新訂中等国語読本』巻七、明治書院、一九〇九年一月新訂再版）、同「武士道の権化」（吉田弥平『中学国文教科書』巻八、光風館書店、一九一二年十二月修正八版）が収められた。他の著者では「山鹿素行」（池辺前掲書巻四）も見られる。

井上哲次郎は『武士道』において武士道の精神は日本人そのものであるとし、「全たく素行の武士道の教育の結果が其処へ現はれたのであります。だから四十七士の義挙と云ふものは武士道の精華と言はなければなりませぬ」（伊藤芳松編『武士道』、兵事雑誌社、一九〇一年七月、五〇頁）と述べている。井上は武士道によって国民の精神を統一しようとしたが、明治三十年代末には反対にあって広く支持は得られなかったという（久木幸男「国民道徳論争」、『日本教育論争史録』第一巻近代編（上）、第一法規出版、一九八〇年七月、二五五―二五六頁）。しかしその後も、「戊申詔書」渙発の翌年、明治四十二年（一九〇九）頃に行われた講演会において井上は、建国以来次第に発展してきた国民道徳だ戦闘的方面に現れた時に武士道と呼ぶと述べている（「国民道徳に就いて」、『教育と修養』、弘道館、一九一〇年七月、四七頁）。そして武士道とは『論語』や『孟子』に見られない義勇奉公の精神であり、現代においては「軍人勅諭」や「教育勅語」を通じて伝えられているとする（同上、五五頁）。井上は山鹿素行や赤穂義士を日本固有の武士道の精神を学ばせるために有効な人物達であると見なしていた。

井上の文章を教材として採録した編者も日本固有の精神として武士道を生徒に学ばせようとしたのであろう。その編者の一人が芳賀矢一である。芳賀は他にも藤岡作太郎「武士道」（芳賀前掲『訂正新定中学読本』巻七。藤岡前掲

『新体国語教本』巻七）や重野安繹「物部大伴二氏と武士道」（芳賀前掲『再訂明治読本』巻八）も教材として採っている。芳賀は『国民性十論』（富山房、一九〇七年十二月）において、日露戦争の勝利をもたらしたのは、赤穂四十七士が見せたような建国より続く皇室に対する忠の精神が発揮されたからであると主張する。続いて『日本人』（文会堂、一九一二年七月）では、赤穂四十七士の仇討ちが好まれるのは、犠牲的精神を尊ぶ国民性によると述べる。こうした見解により、芳賀らが作成した第二期国定国語教科書『尋常小学読本』（一九一〇年）に喜剣の話が掲載されることになったという（宮沢誠一『近代日本と「忠臣蔵」幻想』、青木書店、二〇〇一年十一月、八六―八七頁）。

こうして国語の教科書には武士道について述べた教材が四十年代に数を増やした。これまで取り上げたものの他に室直清「忠臣義士の心」（池辺前掲『新撰中学読本』巻八。池辺義象『帝国中学読本』巻八、啓成社、一九〇七年一月訂正再版）、「武士の魂」「スパルタ武士」（吉田前掲『中学国文教科書』巻二）、「武士の博愛」（池辺前掲『帝国中学読本』巻八）、「日本武士の半面」（池辺前掲『新撰中学読本』巻九）等がある。検定制度下の中学校の漢文教科書には赤穂義士に関連する教材が一定数採られていたが、明治三十年代以降は赤穂義士の復讐に批判的な見解の教材は載せず、自らの命を犠牲にすることを模範的人物として扱った。この変化には国語の教科書に見る赤穂義士や武士道に関連する教材が明治四十年代に増えたような背景とも関わっているだろう（注）。

さて、明治十年代に問題視された伯夷叔斉を扱った教材であるが、こちらも武王による殷周革命の記述ではなく、武王を諫めた伯夷兄弟の「義士」（「伯夷列伝」）としての側面が強調された。明治末期、「漢文教授ニ関スル調査報告」（解題「5　漢文読本」で後述）の「句読法以下諸則適用ノ例」に韓愈「伯夷頌」が挙げられた。この用例には他に頼山陽『日本外史』楠氏、斎藤正謙「遊箕面山遂入京記」が挙げられている。楠正成・正行親子を扱った箇所を用例としているということは、文体ばかりではなく伯夷兄弟も楠親子とともに模範的人物であるために取り上げたのだろう。伯夷・叔斉兄弟は臣下が主君を討つという不義を犯した周の粟を食うことを恥として餓死した。革命の記述はもはや問題視されず、命を賭しても信念を貫いた義士の姿に焦点が当てられたのである。

かつては復讐という行為が問題視されたことがあったが、検定制度開始後は復讐の行為自体が不適切であると見なされたことはなかった。時期が下るにつれ、教材のタイトルには復讐という言葉も使われるようになり、義に死すという表現も四十年代には見られるようになった。こうして復讐や革命という記述を含みながらも、義を尊ぶ側面に焦点が当てられ、義士が再評価されたのである。この変化は赤穂義士が国民道徳の表れの一つである武士道の精華を体現したと見なされたことにも関係しているだろう。国民道徳とは国家主義的道徳教育を唱導するための道徳体系である。明治四十三年（一九一〇）十二月には、文部省が師範学校修身科教員講習会を開き、東京帝大教授井上哲次郎・穂積八束と、東京女高師教授吉田熊次による講演が行われた。その後も井上らによって現場の教員に国民道徳の観念が広められていった。このように国民道徳論により道徳教育が強化されていく中、「中学校教授要目」が改正された。おそらくはそうした動きの影響を受けて、中学校の漢文科の規定にも、これまでの教則には見られなかった国民性という言葉が盛り込まれることになった。

（注）この章は注記したものの他に、以下の文献を参考にした。小島康敬「赤穂浪士討ち入り事件をめぐる論争」、鵜沼裕子「国民道徳論をめぐる論争」、今井淳・小沢富夫『日本思想論争史』、ぺりかん社、一九八二年四月新装版。菅野覚名『武士道の逆襲』、講談社、二〇〇四年十月。江島顕一「「国民道徳論」の形成過程における儒教の応用―井上哲次郎の立論に焦点を当てて―」、『慶応義塾大学大学院社会学研究科紀要』第六五号、慶応義塾大学大学院社会学研究科、二〇〇七年三月。大本達也「20世紀初頭における国文学の展開（1）―明治期における「文学」の形成過程をめぐる国民国家論（6）―」、『鈴鹿国際大学紀要 CAMPANA』第15号、鈴鹿国際大学、二〇〇八年三月。

十二 「中学校教授要目」改正後の漢文教科書

明治四十四年（一九一一）七月には「中学校令施行規則」が改正された（文部省令第二六号）。国語及漢文科の漢文に関する規定は、「平易ナル漢文ヲ講読セシメ」と記されている（『官報』第八四三二号、印刷局、一九一一年七月三十一日、六七〇頁）。国文学史の条項を削り、漢文講読が作文や文法の上に置かれ、明治三十四年（一九〇一）三月の「中学校令施行規則」に比べて、「「漢文」を重んずる姿勢を示すように思われる」（長谷川滋成『漢文教育史研究』、青葉図書、一九八四年十二月、二六頁）とされる。

それに伴って「要目」も改正され（文部省訓令第一五号）、国語及漢文科は「国語講読」「漢文講読」「作文」「文法」「習字」の五科目となった。ここでは「漢文講読」に関する規定を見ていきたい（詳しくは『集成』Ⅲ解説、一六七―一七一頁）。教材は「平易雅馴ニシテ成ルヘク我国ニ慣用セラル、熟語・成句等ヲ包含セルモノタルヘシ」（『官報』第八四三二号、六七四頁）を用いるように指示がある。「漢文講読」が準じる「国語講読」の規定は教材について、

我国体及民族ノ美風ヲ記シ国民性ヲ発揮スルニ足ルモノ、健全ナル思想ヲ述ヘ道義的観念ヲ涵養スルニ足ルモノ、忠良賢哲ノ事跡ヲ叙シ修養ニ資スヘキモノ、文学的趣味ニ富ミ心情ヲ高雅ナラシムルニ足ルモノ、又ハ日常ノ生活ニ裨益シ常識ヲ養成スルニ足ルモノ等タルヘシ（同上）

と説明している。漢文は道徳教育を中心にすべきであるという明治三十年代後半から明治四十年代前半までの議論に沿った改正となり、国体や国民性に関する教材を採録するように定められた。かつて流行した「日常ノ生活ニ裨益シ常識ヲ養成スルニ足ルモノ」はもはや漢文教科書では重視されなくなった。

各学年の講読の材料は次のように定められた。各学年の講読の材料を要約によって紹介する（同上、六七四―六七五

頁をもとに作成)。

第一学年：漢文と国語の構造の異同を示す簡単な句例を挙げ、次に平易で簡易な短編を採る。

第二学年：平易な記事文・叙事文。

第三学年：やや程度を高くした記事文・叙事文及び簡易な論説文を主とする。名家の平易な著書や抄本を併用しても良い。

第四学年：さらに程度を高くした記事文・叙事文・論説文を主とする。名家の平易な著書や抄本を併用しても良い。

第五学年：前学年に準ずる。

明治三十五年公布の「要目」と比較すると教材名は挙げられていないが、読本は「句例」や短文などから入る。文体としては読みやすい「記事文」や「叙事文」から指導し、難易度の高い「論説文」に進む順番をとっている。特に「抄本」を用いても良いという規定が盛り込まれたことは、短文の多かった三十年代の教科書の反省点をふまえているのであろう。これによって多くの作家の作品を少しずつ読むのではなく、徳育に関するまとまった作品を読むという方針が定まった。

この改正では指導法が具体的になった。指導方法は「読方及解釈」「暗誦」「書取」の三項目に改められた。「読方及解釈」は国語の規則に従って朗誦させることや、文章の構造を説明することを通じて教材を鑑賞させようとした。「暗誦」は章句や格言を暗誦させるように定めた。「書取」は一度教則から削除されたが、ここに復活した。熟語や成句を書くことで正確な字画や用法を身に付けさせ、簡単な国語の章句を漢訳することで修辞法や用字法を習得させようとした。

先に取り上げた、「要目」改正前に発行された『中等漢文定本』には各篇の最後に字音・字義・類字・熟語・語法・背写・暗唱・練習のいずれかの項目が設けられている。ここには「要目」改正に見られる指導法とも共通する内容が含まれ、改正の規定が明治四十年代前半における編者達の編集上の工夫と無関係ではないことを示しているだろう。授業の時数も漢文は若干増加し、「改正前よりも「漢文」はその存在を回復し、「国語」のための「漢文」であることは否定できないが、それなりの独自性は認められたように思われる」（長谷川前掲書、三〇頁）と指摘されている。漢文が多少なりとも存在感を取り戻し、教授方法について具体的な指示が盛り込まれた改正となった。

「要目」改正後に発行された教科書の例として、まず〈80〉簡野道明『新編漢文読本』（『集成』Ⅲ―7）を取り上げる。編者がこの教科書の編集方針を述べた『新編漢文読本編纂要旨』（『集成』Ⅲ解説、一七一―一七七頁参照）では、簡野は中等教育の漢文科の目的をおおむね三点にまとめている。まず、漢字漢語の意義用法を学ばせ、日常の言語文章に応用する。次に、文学的趣味を理解させ、正雅純潔な心情を養い、人格を高めるとする。そしてこの時期の漢文科の目的をよく表しているのは次の第三項である。

三　生徒をして、一面には、聖経賢伝中の嘉言善行を服膺して、道義的観念を鞏固ならしめ、特に儒教の精神たる、常識の修養を主とし、以て処世接物の準縄たらしむ。

生徒をして、一面には、東洋古来の文物制度芸術の梗概に通ぜしめ、以て国民道徳の淵源するところ、国民性の由来するところを知らしむ（「新編漢文読本編纂要旨」、『新編漢文読本教授資料』上、明治書院、一九一一年四月、二頁）。

儒教の経典をもとに道義的観念を養い、国民道徳の淵源や国民性の由来を理解するという、この二点において漢文科は修身科と相まって最も主要な学科であるとする。「国民性」という言葉が盛り込まれたことは、「要目」改正によるものであるだろう。道義的観念を養い、国民性を理解するための教材を採録したことが述べられ、練習問題や注釈も整え、明治十年代に漢文教科書が編まれ始めた当初に比べて教科書の体裁が完備されたこともうかがえる。
簡野は多数の作家に触れる従来の教科書の方針と、特定の作品をまとめて読む方法があることをふまえて、自らの教科書の特色を次のように述べている。

本書は以上の諸説を折衷し、長を採り短を補ひ、茲に一新機軸を創開し、毎巻において、従来の教科書の編纂法と、抄本とを兼ねんことを期せり（同上、五頁）。

簡野『新編漢文読本』は編集方針の諸説の折衷案として、一巻のうち前半は十数篇の複数の作家の教材を採り、後半は一つの古典からまとめて採るという方法をとった。この『新編漢文読本』では、巻二に『日本外史』、巻三・四に『十八史略』、巻五に『史記』と唐宋八家文が後半に採られている。これが従来の編集方法と抄本とを兼ねる「一新機軸」であった。

複数の古典から材を採った読本と特定の古典の抄本を兼ねようとした教科書はこれまでに無かった訳ではない。例えば明治三十年（一八九七）に出版された〈226〉深井鑑一郎『撰定中学漢文』巻九（『集成』Ⅱ―6）は、『史記』の列伝から採った教材十篇から構成され、一種の抄本となっている。〈187〉高瀬武次郎『新編漢文読本』は、巻五が韓非子抄・唐詩選抄・史記抄・孟子抄から構成され一種の抄本になっている。この教科書が出版された明治三十二年頃と言えば、あまり分量の多くない、幅広く題材を揃える教科書が出始めた時期であり、抄本のような形式は少なく、それほど流行はせず、教科書調査の担当者も抄本に高い評価を与えていなかった。しかし短文では効果が出なかったという反省から、まとまった分量の古典を読んだほうが力が付くという議論が起きるようになった。そうした議論をふまえ、「中学校教授要目」の改正においても抄本の使用を認めたことにより、簡野が「新機軸」と呼ぶ編集方針は時宜にかなったものとして模倣する教科書が大正期にかけて増えていった。

これまで補集Ⅰ・Ⅱにおいて、明治期漢文教科書の編集方針の変遷について述べてきたが、「要目」改正後に出版された〈16〉秋山四郎『新編漢文読本』五巻と秋山がこれまで編集してきた漢文教科書を取り上げ、明治期の漢文教材の傾向について大まかにまとめておきたい。

秋山四郎が最初に編集した、明治二十四年（一八九一）刊〈4〉『漢文読本』は、「漢文の精華」を熟読させたほうが初級者には得るものが大きいという判断によって、中国の古典のみを採った。日本漢文が多く採録されていた状況をふまえて独自性を出したのであろう。

その方針は明治二十七年（一八九四）に編集した、〈5〉『中学漢文読本』（『集成』Ⅱ—4）で一変する。「日本人としての精神」の育成を掲げ、中国の作よりも日本の作を重視し、重要なものこそまず学ばなければならないとして、日本の漢文から学び始めるという構成を取った。これは「尋常中学校ノ学科及其程度」に掲げられている「国語ハ主ニシテ、漢文ハ客ナリ」という規定に基づいたと考えられる。この編集方針は〈9〉『第一訂正中学漢文読本』にも引き継がれる（訂正版〈10〉『集成』Ⅱ—7）。

明治三十四年（一九〇一）刊の〈12〉『漢文教科書』（『集成』Ⅲ—4）は、第一巻には「母鳥」「鸛」「大木」「大砲」「象」などの教材を採るようになった。これは幅広い題材の教材構成が流行していた時代の風潮を反映したもので、明治三十八年（一九〇五）刊行の〈14〉『新撰漢文読本』も同じ傾向の教科書である。

明治四十四年（一九一一）刊の〈16〉『新編漢文読本』では教材の選択基準を次のように述べている。

> 一、この書に採録した諸篇には、国民性を発揮しうるものがあり、道徳心を涵養できるものがあり、また心を高尚にし、優雅にさせることができるものがある（一、此書所二採録一諸篇、有下可レ発二揮国民性一者上。有下可レ涵二養道徳心一者上。又有下可レ使二心情高尚優雅一者上。）（編者「凡例三則」、〈16〉巻一、新編漢文読本凡例三頁）。

教則の文言に合わせて「国民性」を編集の理念として道徳心育成を強調した。秋山編教科書の編集方針の変化から、明治期の漢文教科書の編集方針の変遷をたどると、明治十年代から二十年代にかけては道徳教育に重きを置いた教科書が中心で、明治三十年代は漢文が有意義な科目であることを示すために総合的教科書が流行した。明治四十年代には、これまでの編集方法の蓄積をふまえ、練習問題や注釈等が充実して、教科書の体裁も洗練された。そして中学校の漢文教育の固有の目的が儒教の教典を中心に据えた道徳教育にあるという意見が主流となったという展開が見えてくる。

こうして中学校を中心に展開し、経験を重ねてきた漢文教科書編集の技法は他の校種の漢文教科書にどのように応用されたのだろうか。まず中学校と同程度の高等女学校、師範学校・女子師範学校から始め、次に中学校より上級の中学校補習科、高等学校の教科書を見ていきたい。

十三　高等女学校の漢文教科書

明治五年（一八七二）の「学制」は男女の区別なく教育するという理念であったが、明治十二年（一八七九）の「教育令」（太政官布告第四〇号）では、小学校の女子固有の教科として裁縫科の設置や、小学校以外の学校における男女の別学が定められた。明治十五年（一八八二）には日本初の高等女学校である東京女子師範附属高等女学校が設置されるが、二十年代までは女子教育は公立学校では整備が進まず、私立の女学校が主流であった。

私立の女学校での漢文教科書の一例を見ておきたい。明治十八年頃に提出された明治女学校の「私立学校設置願」によれば、漢文学科は全五学年すべてに英語学・数学と同じく週四時間設けられ、『十八史略』『日本外史』『史記評林』『文章軌範』を用いることが記されている（「付録一　旧東京府文書―「各種学校ニ関スル書類」より―」、青山なを『明治女学校の研究』、慶応通信、一九七〇年一月、七八三―七八六頁）。その後明治二十一年（一八八八）に、同学校の生徒用に〈693〉木村熊二『漢文抄読』四巻が編まれた。この教科書は明治十年代の小中学校・師範学校用の教科書に見られた日本漢文は採っていない。四書から学び始め、『左伝』や諸子の文に進み、唐宋文に進むという順序である。それはまず周文を熟読してから唐宋文に進めば分かりやすいとの配慮である。『列女伝』や『女四書』等の女子教育の古典は丸本としても用いず、『漢文抄読』に教材としても採らなかった。明治女学校の漢文学科は漢学の基礎を学ばせるような方針に基づいて漢文が指導されていたと考えられる。女子生徒に対する漢文教育の変遷、公立学校の漢文教育との違いを考察する際に注目される。

さて、明治二十四年（一八九一）の「中学校令中改正」（勅令第二四三号）には「高等女学校ハ女子ニ須要ナル高等普通教育ヲ施ス所ニシテ尋常中学校ノ種類トス」（『官報』第二五三八号、内閣官報局、一八九一年十二月二十四日、一五八頁）とあり、高等女学校が「尋常中学校ノ種類」として位置づけられた。その後、明治二十八年（一八九五）には「高等女学校規程」（文部省令第一号）によって修業年限や学科内容が示され、漢文は「随意科目」として組み込まれた（『官報』第三四七三号、内閣官報局、一八九五年一月二十九日、二八五頁）。漢文科の内容は「経史記伝等ノ内平易ニシテ雅馴ナル文章ヲ講読セシム」（同上、二八六頁）と定められ、これらの規程は後の明治三十二年（一八九九）の「高等女学校ノ学科及其程度ニ関スル規則」（文部省令第七号）においても踏襲されている。しかし、明治三十四年（一九〇一）公布の「高等女学校令施行規則」（文部省令第四号）では漢文が外され、高等女学校の規程に漢文の名が見えるのは明治二十八年から三十四年までの約六年間となった。

高等女学校用に編まれた教科書は少なく、検定を通過したものも〈692〉簡野道明『高等女子漢文読本』、〈694〉興文社『新定漢文読例女子用』、〈695〉同『新定漢文女子用』の三種のみであった。〈692〉『高等女子漢文読本』は『集成』Ⅲにも収録されているので、その解説を参照されたい。ここでは五章で取り上げた〈103〉『訂正新定漢文』（補集Ⅰ―14。以下『新定』とする）と〈695〉『新定漢文女子用』（以下『女子用』とする）とを簡単に比較しておきたい。

『女子用』の教材選択については「例言」の次のような箇所が説明している。

ただ文字を知り文を解釈するばかりではなく、女性の美徳を涵養し、風教を維持することにおいても裨益する所があるだろう（不二徒識レ字解一レ文。於下涵二養淑徳一。維中持風教上。蓋有レ所二裨補一）。

読本はもとより修身・倫理の書とは異なる。しかし道徳に関連するものは国家の教育の主旨に合わせなければならない（読本素与二修身倫理諸書一不レ同。然事関二道徳一者。要レ合二国家教育主旨一。）（以上、〈695〉巻一、例言一頁）。

読本は道徳書とは異なるが、女性の美徳を養い、国の教育方針にも合致させなければならないとする。そのために『新定』の教材を吟味し直して編集したのが『女子用』である。

『女子用』四巻には三二六篇の教材が収められ、その内一一四篇が『新定』と同じ教材で、二一二篇が『訂正』未収の教材である。未収の教材は人名等が異なっても『新定』とほぼ同じ傾向にあり、大半は男女を問わず学ぶべき内容の教材である。『女子用』特有の教材を見ると、日本人の作では小笠原勝修「孝女寅」（孝友至性）のような模範となる女性を扱った教材や、木内倫「武田勝頼夫人」等、武士・儒者等の妻・母・娘を取り上げた教材が増加したことにある。

中国の作について両者を比べると、出典に変化がある。『新定』初版に二十九篇採られていた『蒙求』は、おそらく「中学校漢文科教授細目」の方針に従って訂正版ではすべて歴史教材に入れ替えられた（補集I解説、一八五頁）。『女子用』は削除された『蒙求』から「陵母伏剣（陵母剣に伏す）」、「軻親断機（軻親機を断つ）」、「馮媛当熊（馮媛熊に当る）」、「班女辞輦（班女輦を辞す）」「宿瘤採桑（宿瘤桑を採る）」の六篇を選んで採録した。すべて模範となる女性が登場する教材である。この他に初版にも採録されていない出典としては『小学』『列女伝』『続列女伝』『閨範』等が加わった。こうした箇所に女子の漢文教科書の特色が現れている。

教材に女性が多く登場することは女子用漢文教科書として想定できるだろう。しかし男子と女子と教材の違いは内容ばかりではなく、文体も関わっているようである。後述する女子師範学校用の教材に対する修正意見を取り上げる。

斎藤一徳「題図（図に題す）」〔題児島高徳書桜樹図（児島高徳桜樹に書する図に題す）〕という詩教材には、「此詩ハ壮士等ノ喜テ吟誦スルモノナルモ詩トシテノ価値乏シ況ヤ女子ニ課スルヲヤ更ニ有益ノモノヲ録セバイカン」〈733〉『女子漢文読本』巻二・48頁・下・黒）という意見が付き、さらに付箋の上部に「不」という朱の書き入れがある。教材は次の通り。

蹈破千山万岳煙、鑾輿今日到㆓何辺㆒。
短蓑直入虎狼窟、一匕深探鮫鰐淵。
報国丹心嗟㆓独力㆒、回天事業奈㆓空拳㆒。
数行紅涙両行字、附㆓与桜花㆒奏㆓九天㆒。

（千山万岳を踏み分け、後醍醐帝の御車は今日はいずくにあるかと尋ね、短い蓑をつけて虎狼の巣窟に忍び込み、一本の匕首を懐に鮫鰐の淵に飛び込んだ。国に報いる赤心も非力を嘆くばかりで、回天の事業も素手ではどうにもならない。幾筋かの涙は尽きることなく、桜の木の皮を削り「天勾践を空しうする莫かれ、時に范蠡無きにしも非ず」の二句を記し、桜花に添えて陛下に申し上げる。）（注1）

この詩は歴史書である『皇朝史略』を出典とした青山延于「高徳題桜樹」〔後醍醐天皇〕の次に置かれている。詩教材は情操教育を担うものとして明治三十年代から教科書に採られるようになり、史伝教材に関連させて採録されることも多かった。詩と文を合わせて読むことによって教材の主旨をより理解させるためである。訂正版〈734〉では修正意見の通り「題図」は削除され、「高徳題桜樹」は残された。忠義の士の事蹟自体は男女を問わず学ぶ必要があっても、女子生徒には壮士の士気を鼓舞するようなこの詩は、女子の教育には向かないと判断されたのであろう。ここから散文と韻文の教材の効用が意識されていたこともうかがえる（注2）。

今女子師範の教材を一篇取り上げたが、男子も含めて師範学校用の漢文教科書について見ていきたい。

（注1）訳出には、簡野道明『和漢名詩類選評釈』（明治書院、一九一四年十月、四九六―四九八頁）、猪口篤志『日本漢詩鑑賞辞典』（角川書店、一九八〇年七月、二七一―二七三頁）を参照した。

（注2）高等女学校の沿革等については主に以下の文献を参考にした。桑原三二『高等女学校の成立―高等女学校小史―明治編』、高山本店、一九八二年八月。小柴昌子『〈研究・資料シリーズ⑦〉高等女学校史序説』、銀河書房、一九八八年五月。水野真知子『高等女学校の研究（上）―女子教育改革史の視座から―』野間教育研究所紀要第四十八集、野間教育研究所、二〇〇九年十月。新福祐子『女子師範学校の全容』、家政教育社、二〇〇〇年九月。真有澄香『「読本」の研究――近代日本の女子教育』、おうふう、二〇〇五年六月。同『孝子・毒婦・烈女の力――近代日本の女子教育』、双文社出版、二〇一四年二月。

十四　師範学校の漢文教科書

明治期における師範学校の漢文教育は『集成』Ⅲ解説に述べられているが、ここでは教科書、教材について補足説明を行う。まず師範学校の教則をもとに本解説に関わる箇所について教科名や指導内容の変遷を整理しておきたい。

明治十四年（一八八一）八月の「師範学校教則大綱」（達第二九号）では、師範学校は小学校教員を養成する所であると定められ、初等・中等・高等の三科に分けられた。明治十九年（一八八六）四月の「師範学校令」（勅令第一三号）では高等・尋常の二等とし、前者の卒業生は尋常師範学校長及び教員となり、後者の卒業生は公立小学校長及教員になる。明治三十年（一八九七）十月の「師範教育令」（勅令第三四六号）では、高等師範学校は師範学校・尋常中学校及び高等女学校の教員を養成し、女子高等師範学校は師範学校女子部・高等女学校の教員を養成し、師範学校は小学校の教員を養成すると定められた。

教科名と教授内容については、明治十九年（一八八六）五月の「尋常師範学校ノ学科及其程度」（文部省令第九号）では漢文科で「支那ノ文法文学ノ要略」（『官報』第八六六号、内閣官報局、一八八六年五月二十六日、二六九頁）を指導するように定められた。明治十九年の「高等師範学校ノ学科及其程度」（文部省令第一七号）では、高等師範学校は男子師範学科、女子師範学科に分かれ、男子師範学科はさらに理化学科・博物学科・文学科に分かれている。男子師範学科の文学科には国語漢文科が設けられ、「支那ノ文法文学及作文」を指導するように定められた。女子師範学科にも国語漢文科が設けられ、その指導内容は「文法　講読　作文　文学沿革ノ大略」と記されている（『官報』第九八八号、内閣官房局、一八八六年十月十四日、一三七―一三八頁）。

明治二十二年（一八八九）十月の「尋常師範学校ノ女生徒ニ課スヘキ学科及其程度」（文部省令第八号）では女子師範の漢文科が削除されたが、明治二十五年（一八九二）七月の「尋常師範学校ノ学科及其程度」（文部省令第八号）では女生徒にも漢文科が復活した。男子生徒は漢文を第二学年から第四学年まで履修する。その内容は、

第二学年：経史記伝等ノ中平易ニシテ雅馴ナル文章ヲ講読セシム
第三学年：経史記伝等ノ中雅馴ナル文章ヲ講読セシム
第四学年：前学年ノ続

と定められた。指導には「音訓ヲ正シクシ句読ニ注意シテ句意章意ヲ精細ニシ兼ネテ文理結構ヲ講究セシメ又時々簡単ナル国文ヲ漢文ニ翻訳セシム」と注意がなされている（『官報』第二七一〇号、内閣官報局、一八九二年七月十一日、

一一〇頁）。女子生徒のほうは第一学年から第三学年までで、全学年「経史記伝等ノ中平易ニシテ雅馴ナル文章ヲ講読セシム」と定められ、男子生徒のような注意事項は記されていない（同上、一一三頁）。

明治二十七年（一八九四）四月の「高等師範学校規程」（文部省令第一一号）では高等師範学校が文科・理科に分けられ、文科のほうに漢文科が盛り込まれた。さらに明治三十一年（一八九八）四月の改正（文部省令第一一号）によって文科が教育学部・国語漢文部・英語部・地理歴史部に分けられ、国語漢文部の科目に漢文科が設置された。

明治四十年（一八八七）四月の「師範学校規程」（文部省令第一二号）では、師範学校は本科と予備科に分けられ、すべての学科目に国語及漢文科が設けられている。師範学校では「忠君愛国ノ志気ニ富ム」ことが教員にとっては特に重要であるとし、生徒に「平素忠孝ノ大義ヲ明ニシ国民タルノ志操ヲ振起セシメンコト」を求めた（『官報』第七一三六号、印刷局、一九〇七年四月十七日、四七五頁）。男子・女子ともに漢文については「平易ナル漢文ヲ講読セシメ且教授法ヲ授クヘシ」（同上、四七六、四七八頁）と指示がある。ここに教授法についての規程が盛り込まれたことが注目される。

次に師範学校用の教科書について見ていく。師範学校の就学期限や年齢については、明治期全般にわたって細かな規則が定められており、今その変遷を述べる余裕はない。各学校の就学年齢や修業年限を分かりやすく図示したものには文部省『学制八十年史』（大蔵省印刷局、一九五四年三月、一〇二四—一〇三三頁）等があるので、そちらを参照してほしい。ここでおさえておきたいのは中学校の高学年と師範学校とは就学時期が重なる場合もあり、教科書も同程度のものが多いことである。

「師範学校教則大綱」下の漢文教科書については『集成』Ⅲ解説に示されており、古典をそのまま用いた丸本型教科書が使用されていたことが指摘されている（三〇—三二頁）。他に明治十年代に採用が認められた教科書をまとめた『調査済教科書表』「中学校及師範学校教科書」にも漢文の教科書が見えるが、やはり丸本のほうが主流である。

明治十九年（一八八六）四月より検定制度が始まると、それ以前に編集されていた中学校・師範学校兼用のものから、訓点や注釈が少なく、難易度が高いと判断されたものが師範学校用の教科書として検定を通過した。師範学校専用の漢文教科書はしばらく編まれずに、中学校との兼用のものが使われていたようである。

明治二十年代に入ってもまだ師範学校用の新しい教科書は編まれず、明治三十年代に入り高等女学校用に作られたものが女子師範用の教科書として検定を通過し始め、続いて男子用のものも編集が始まる。

明治三十年代に編集が始まった師範学校用の教科書は、当時流行した中学校用漢文教科書の編集方針の影響を受け、句例を巻頭に置き、総合的な教材構成をとる教科書が少なくない。中学校用漢文教科書も編集した土岐政孝は、明治三十九年（一九〇六）に編集した〈725〉『師範学校漢文教科書』の教材の選択について、

二、編纂の材料は、倫理、文学、史伝、地理、博物、実業等の教科に適したる者を取り、格言及び詩を交えたり

（「例言」、〈725〉巻一、［例言］）。

と説明する。土岐の中学校用教科書は前述したが（九章）、中学と師範は同じ方針であり、中学校用の教科書の編集方針が師範学校にも生かされている。解題に後述する法貴の教科書は難易度に配慮しているが、同じ編者の中学校用と師範学校用の漢文教科書を比べると全体の構成も共通していることが多く、両者の違いは女子師範用の教材に見られる。

明治四十年（一九〇七）に公布された「師範学校規程」（文部省令第一二号）には「教授法ヲ授クヘシ」と定められたことは前述した。ここに中学校用と師範学校用の違いが現れている。中学校の漢文教科書では漢文への導入や題材の偏りを防ぐために小学校の教科書を参考に教材の選択がなされたが、師範学校では次のような理由で小学読本が参照された。

一　本書が掲載するものは多くが現行の小学読本と同じ材料であり、難易繁簡の差があるだけである。これは将来児童の教育に役立てるためである（一　本書所レ載多下与二現行小学読本一同二其材料一者上。唯有二難易繁簡之差一耳。是欲レ資下他日教二授児童一之用上也。）（「緒言」、〈743〉『師範学校漢文教科書』巻一、緒言一頁）。

小学読本と同じ題材のものを揃えたのは、師範学校卒業後、小学生を教えることに役に立つとの判断である。小学校の教科書と漢文教材との関係については三章に述べたが、この教科書には重野安繹「山林」や大槻修二「大阪」「東京」等が収められている。小学校では漢文を教えることはないが、その内容を学んでおくことが将来役に立つという判断だろう。中学校ばかりではなく、一部の師範学校の教科書も小学読本に教材の選択を左右されることがあった。

明治四十年の「師範学校規程」では本科と予備科に分けられたことは前述の通りである。各学科の修業年限を見ると、予備科は男女ともに一年、本科第一部は男女ともに四年、本科第二部は男子が一年、女子が一年または二年と定められた。それぞれの学科の修業年限に合わせて巻数を揃えた漢文教科書が編まれたが、収録された教材に大きな差は見られない。中学校と師範との違いはまず女子用の教材にあり、次に師範学校では教授法の指導がなされていたことにある。教科書の教材構成からだけでは判断できないが、実際の授業の内容に違いがあった可能性がある。

これまで見てきた高等女学校、師範学校の漢文教科書は中学校と同程度の水準であったが、中学校を卒業した生徒を対象とした中学校補習科はそれまでの既習内容をふまえており、難易度にも違いがあることが予想される。次に補習科の教科書を見ていきたい。

十五　補習科の漢文教科書

中学校の補習科は高等学校の受験準備教育機関として機能していた。明治三十二年（一八九九）二月の「中学校令」（勅令第二八号）によって「一箇年以内ノ補習科ヲ置クコトヲ得」と定められた（『官報』第四六七八号、印刷局、一八九九二月七日、九七頁）。明治三十四年（一九〇一）の「中学校令施行規則」では、補習科の学科目は同規則の第一条に基づくことが定められた。この時点で漢文を扱うのは国語及漢文科である。

補習科の生徒は、中学校を卒業してさらに上級学校に進学を希望していたため、既習内容を復習し、さらに受験対策も行うことが求められた。教科書編集においては中学校の漢文教科書の教材構成や練習問題が意識された。

中学校の漢文教科書〈171〉『漢文新読本』も編集した清水平一郎による〈675〉『補習漢文新読本』の編集方針を見ていきたい。教材は中学校の読本に採られないものを選んだと説明している（「凡例」、〈675〉巻一、一頁）。例えば『荘子』『韓非子』『春秋公羊《くよう》伝』『春秋穀梁伝』等が該当するだろう。四書を中心に学んできた中学校ではあまり採られなかった諸子の文章が見られる。『春秋』の注釈書も中学校は『春秋左氏伝』が中心であったので、上級学年用として他の注釈も取り入れたのだろう。このように中学校ではあまり採られなかった教材を収録することが補習科用教科書の特色である。

中学教科書ではあまり採録されなかった教材を収める一方で、唐宋八家文や『史記』等、中学校用教科書によく見られるものも選んでいる。補習科用では中学校の漢文教科書と同じ教材が選ばれていることは少なくない。中学校の漢文教科書の流行を受けて時文を採録した教科書もある（〈673〉国語漢文研究会『補習漢文教科書』等）。〈681〉田沼書店編輯所『補習科用漢文読本』は、中学教科書採録の教材を採った理由を復習によって新しい知識を得るためであると述べる（巻下、「漢文読本例言」、一―二頁）。上級学校に進むための基礎固めという目的のためであろう。

生徒を飽きさせないように教材を揃えた教科書もある。〈688〉安武磯熹『補習漢文読本』は、生徒の興味を引くために、まず『蒙求』三十二篇から始め、『世説新語』十一篇に進む。次に『孟子』『戦国策』『史記』を数篇置き、故事類や古語類を収める。関心を持たせるためといっても、中学校用のように幅広い題材の教材を揃えるのではなく、『蒙求』や故事の出典を多く取り入れた。これはやはり故事成語を理解すれば作文の試験にも活かせるので、受験対策が念頭にあったと考えられる。

教材には訓点のないものが多い。これは中学校を卒業した生徒を対象としているばかりではなく、やはり試験対策の一つでもある。〈679〉田沼書店編輯所『補習科用漢文読本』では、試験会場で生徒を慌てさせないために、平易なものは句読点を省いて白文に慣れされるようにしたと述べている（「例言」、二頁）。細部にも補習科の生徒への配慮がなされている事例である。

練習問題や付録には補習科用教科書の特色がよく現れている。『補習漢文新読本』は、『漢文新読本』の熟語や格言等の項目をさらに充実させて、典故・格言・詩歌・批評文・用字格・漢和対訳等の部類を設けた。他の教科書でも故事や文法の説明に力を入れているものが多い。例えば〈685〉普通教育研究会『中学補習科漢文読本』は、各種学校の受験生にとって「漢文自修用書として、亦最適当の書たるを信ずるなり」（「凡例」、凡例一頁）と述べている。ここから補習科用教科書は自習用の参考書としても使われていたこともわかる。同書には漢字の用法を説明した「弁似」、故事の説明をした「故事略解」等や、「試問十五題」として白文に句読点、返点、送り仮名を付ける問題を取り入れている。これは受験のためであり、自習もできるように解説類にも工夫がなされた。

受験準備機関としての補習科用教科書の最も大きな特色は過去に出題された問題を掲載していることである。〈675〉『補習漢文新読本』には明治三十七年度の教員検定試験と高等学校入試試験の漢文と作文の問題を載せている。これは応用力を養い、高等諸学校入学試験の程度を知らせるためであると説明がある（〈675〉、凡例一頁）。試験問題は白文に句読点・訓点・送り仮名を付け、解釈を行うものや、身近なテーマ等について、書き下し文をもとにした普通文による作文の問題が紹介されている。例えば明治三十七年度の高等学校では、「真勇トハ何ゾ」という問題が出され、これについて「文体ハ普通文トシ言文一致体ヲ用フベカラズ」と、普通文で答えるように指示がある（同上、九頁）。文体の指示がないものもあるが、おそらく漢文ではなく普通文で解答したものと思われる。

補習科は受験準備機関であるため、道徳教育と合わせて試験の合格を目指し、教材選択、訓点の有無、練習問題の内容等に試験対策の工夫がなされている所に、補習科の漢文教科書の特色があった（注）。

補習科の教科書は中学校より難易度の高い内容であり、さらに上級の学校ではどのような教科書が用いられていたのだろうか。次に、中学校の卒業生が直接、または補習科を経て進学する高等学校の漢文教科書を見ていきたい。

（注）中学校の補習科については次の文献を参考にした。佐々木享「予備校の歴史（3）―予備校の起源ア・ラ・カ・ル・ト―」大学入試の歴史（第39回）、『大学進学研究』第一四巻第五号、大学進学研究会、一九九三年一月。吉野剛弘「受験準備教育機関としての旧制中学校の補習科　東京府立中学校を事例として」、『慶応義塾大学大学院社会学研究科紀要　社会学・心理学・教育学　人間と社会の探究』第六六号、慶応義塾大学大学院社会学研究科、二〇〇八年十一月。同「明治後期における旧制中学校補習科関係法令の変遷とその影響」、『慶応義塾大学大学院社会学研究科紀要　社会学・心理学・教育学　人間と社会の探究』第七六号、慶応義塾大学大学院社会学研究科、二〇一三年十二月。同「明治30年代前半の旧制中学校補習科の実態調査―大阪府公文書所蔵・梅川卓家文書―」、『中等教育史研究』第二三号、中等教育史研究会、二〇一六年四月。

十六　高等学校の漢文教科書

『集成』Ⅲ解説には、明治から昭和十八年（一九四三）までの旧制高等学校用漢文教科書の一覧が掲載されている（「付録三」）。ここでは同書ですでに紹介されているものもふまえ、数点の教科書を追加して、明治期の高等学校用漢文教科書の特色について、中学校との相違点を簡単に述べておきたい。なお高等学校の教科書は検定制度下にはないが、高等という名を冠した教科書が中学校用で検定を通過したものもある（〈168〉『高等漢文新読本』等）。

高等学校の前身は高等中学校である。中学校は明治十四年（一八八一）の「中学校教則大綱」では初等科、高等科の二段階編制となり、いずれも和漢文科が設置された。続いて同年の「中学校令」により中学校は尋常中学校と高等中学校とに分けられた。高等中学校も尋常中学と同じく和漢文科から国語及漢文科に改称された。その後明治期において教科名の変更はない。高等中学校は明治二十七年（一八九四）の「高等学校令」によって高等学校となった。漢文を扱う教科名は高等中学と同じく国語及漢文科である。高等中学校では帝国大学に進むための本科の他に法科・医科・工科・文科・理科・農業・商業等の専門学科を設けることができた。しかし高等学校は専門学科が本科となり、帝国大学進学のための授業は予科で行われた。

高等学校の教科書は数が少ないため、高等中学用のものも含めて見ておきたい。明治十九年度の第三高等中学校では、頼山陽編『謝選拾遺』（予科第一級）、『春秋左氏伝』（予科第一級・第二級）、『文章軌範』（予科第三級）、姚培謙ほか『通鑑擥要』（別課第一級）、『日本外史』（別課第二級）が使用されていた。漢文以外の教科では、倫理科では『大学』『中庸』『論語』『小学』が用いられていた。

同年度の第三高等中学校予科では、『孟子』（第一級）、『文章軌範』正篇（第二級）、『日本政記』または土屋栄『近世名家小品文鈔』（第三級。補集Ⅰ収録）が用いられていた。さらに倫理科では『大学』『中庸』『論語』を学び、歴史科で『皇朝史略』、石村貞一『続続皇朝史略』、『十八史略』後藤芝山『元明史略』を学んでいた。

山口高等中学校は明治二十五年度には予科では『文章軌範』正篇（第一年級）、『史記伝抄』（第二年級）、『八大家文読本』（第三年級）を学び、本科の漢文では『左伝』（法科・文科、第一年級・第二年級）を学んでいた（旧制高等学校資料保存会編『旧制高等学校全書』第三巻教育編、旧制高等学校資料保存会刊行部、一九八五年十二月訂正版、四二三―四二八頁）。漢文科では『文章軌範』や『八大家読本』の他に小品文を学び、倫理科では経書、歴史では『十八史略』や『史記』が用いられ、『左伝』は漢文と歴史の双方で使われていた。このように厳密ではないが古典の用い方に区別があったことがわかる。そして日本人の著作が多いことにも注意したい。

続いては高等学校用に編まれた教科書の例である。〈763〉第一高等学校漢文科教員（那珂通世・宇田廉平・塩谷時敏・

島田鈞一）編『高等漢文読本』八巻の構成は次の通りである。

巻一：『資治通鑑』、『五代史記』、『続資治通鑑』、『繹史』、『聖武記』／巻二：宋文／巻三：唐文／巻四：『戦国策』、『史記』／巻五：『漢書』、『後漢書』、『三国志』／巻六：『楚辞』、漢文附魏晋文／巻七：『春秋左氏伝』、『国語』／巻八：『尚書』、『孫子』、『列子』、『荘子』、『荀子』、『韓非子』（「高等漢文読本総目略」、〈763〉巻一、総目略一―二頁）

前述の高等中学校と異なるのは日本漢文を用いていないことと、思想教材をより多く扱っていることにあるだろう。『論語』や『孟子』は選ばれていないが、四書は倫理科の教科書として使用されていたと考えられる。

練習問題等は、〈765〉平井参『新撰高等漢文』は教材の間に四声・類字・反切・用字・故事熟語等の説明がある。〈760〉久保得二『高等補習漢文新読本』には頭注があり、〈761〉興文社『高等予備精選漢文』二巻には故事の解説も盛り込まれている。しかし『高等補習漢文新読本』と『高等予備精選漢文』は「高等」の文字がタイトルにあるので、ここでは高等学校用に含めたが、前者は各種学校に対応すると序文にあり、後者は補習科用の可能性が高い。やはり句例や練習問題はない。やはり高等学校用教科書は、句読点や注釈も少なく、教材のみを配列した体裁が多い（注）。

高等学校の教科書と中学校教科書とを比較すると、『尚書』等の中学校用教科書では格言等で断片的に学んだ古典を高等学校ではまとまった分量の教材として学び、『楚辞』『荘子』等の中学校では採録数の少ない教材も扱われていた。確かに高等学校のほうが難易度は高いが、高等学校用教科書の編者達がどの程度中学校等の教科書をふまえて連携をはかっていたのかは今回扱った教科書には記されていない。これについては、これまで述べてきた高等女学校、師範学校・女子師範学校、補習科の漢文教科書と同じく、教材の比較検討と授業の実態の調査によって各学校の漢文教育、漢文教科書の特色が明らかになるだろう。

（注）高等学校については注記した文献の他に筧田知義『旧制高等学校教育の成立』（ミネルヴァ書房、一九七五年二月）を参照した。

おわりに

補集Ⅰ・補集Ⅱを通して、編集者達が文部省による教科書調査への対策を講じながら、漢文教育の目的を議論し、編集上の新しい試みを取り入れてきた奮闘の過程を中心に、明治期における漢文教科書・漢文教材の変遷を眺め渡してきた。本解説では十分に展開できなかったことをもとに、今後の課題を述べておきたい。

補集Ⅱ解説では部分的に述べた中学校の漢文教科書と小学校・中学校の他教科との関連や、「教育勅語」と漢文教育の関係について調査・研究を進めることで、負の側面が強調され、イメージが先行している「戦前の漢文教育」の実態をより明らかにできるだろう。

今回取り上げた「烈士喜剣碑」は、教科書からはすでに姿を消したが、喜剣には村上という姓がつけられて浪曲等の世界で語り継がれており、人々の感性に訴えかけるものがあったのであろう。本解説では編集者側に重点を置いたため、学習者の視点については全く触れていない。生徒達が漢文教科書をどのように受け止めたのかを考察する際に、漢文教材は強制的に押しつけられたものばかりではないこともふまえておく必要があると考える。

補集Ⅱでは中学校の漢文教科書と、他校種の教科書について初歩的な比較を試みた。高等女学校や女子師範学校には古典中から女子用の教材が選ばれていた。また忠義の士のことを知識として学ぶ必要はあったが、壮士が好んで朗誦するような詩を女子が学ぶのは適切ではないという検定時の意見をもとに、同じ教材でも男女での扱いに差が見られたことを確認した。今後の課題として、男子生徒用の教科書にも山内一豊の妻のように数多くの女性が登場するが、女子用にのみ登場する模範的女性を扱った教材の有無等、男子用と女子用の教材の違いについてさらに調査すれば、それぞれの教科書の特色が浮かびあがるだろう。

師範学校・女子師範学校は、中学校と同じ程度であるため教科書や教材だけでは中学校と明確な違いは見られない。しかし師範学校には教授法を指導するという規則があったように、授業の内容が中学校とは異なっていた可能性がある。今後は学校別に授業の実態を調査することで中学校と師範学校との違いがより明確になると考えられる。

中学校補習科用の教科書は受験に特化した編集方針が見られた。今後は中学校で採られなかった教材を特定することで教材の難易度の基準がさらに明確になるだろう。そして、受験用参考書の調査へと発展させることも可能である。

高等学校の漢文教科書は確かに中学校よりも難易度が高いが、共通する教材も見られる。やはり補習科と同様に中学校や師範学校用の教科書に未収録の教材を特定することによって、高等学校漢文教科書の特色を把握できるだろう。

さらに今回扱うことができなかったが、実業系の漢文教科書を見ると、やはりそれぞれの分野に即した古典が採られており、個性がはっきりしている。こうした教科書群も扱うことで明治期の漢文教育の全体像が明らかになると考えられる。これらの課題については後日の研究に俟ちたい。

補集Ⅱ　解題

凡例

一、「底本・編者」には使用したテキストと編者の教科書編集時前後の略歴等を述べた。編者の生涯にわたる経歴や学術・教育面の業績については後掲の「参考文献」を参照してほしい。

一、「編集方針」には各教科書の序文を要約または訳出し、補足説明を加えて編集上の特徴を述べた。訳出にあたって補った箇所は（　）で示した。

一、「修正意見」には文部省の教科書検定において調査の担当者が記した修正意見が現存している場合、教材の変遷や教科書編集に関わるものを選んで紹介した。

一、「参考文献」には主な参考文献を掲げた。

一、「目次」には原教科書の表記に基づいて、その目次を載せた。原教科書の番号をそのまま使用し、錯簡がある場合は原書の体裁に従って番号を付け直した。番号がない教科書には解説の都合上算用数字を付した。目次と本文とで教材名が異なる場合、出典と同じ教材名をまず記し、続けて必要に応じて（　）内に別タイトルを記した。出典が確認できない場合や、編者が命名したものは目次の表記を優先させた。解説の都合上、詩教材には（詩）と記した。作者名は最初に出た箇所に、解題の目次内での別名を（　）内に記し、中国の作者は作者名の前に王朝名を記した。原教科書に出典名が記されている場合、補集Ⅱ目次掲載のものに限って、その作者名を（　）内に記した。

一、「異同」には版によって教材の異同がある場合、変更箇所を記した。

1　中等漢文（山本廉）

底本・編者

底本は山本廉編『中等漢文』五巻、東京・吉川半七、明治三十年（一八九七）十一月五日発行、明治三十一年（一八九八）十一月四日検定済を使用した〈291〉。各巻上中下巻に分かれている。本文の丁数は、巻之一：三十、三十二、二十二丁、巻之二：三十、二十九、二十五丁、巻之三：二十九、三十一、二十二丁、巻之四：二十七、三十三、二十一丁、巻之五：二十四、二十四、十九丁。頭注や練習問題等はない。

編者である山本廉は明治十八年（一八八五）に修身漢文の教員免許状を取得しているが（桜井役『中学教育史稿』受験研究社増進堂、一九四二年二月、二〇八頁）、経歴等は不明。編集した教科書には〈505〉『纂評史記列伝抄』三巻一冊（一八八七年十一月）（国立国会図書館デジタルコレクションで閲覧可。以降、国会デジと記す）、山本廉編書『新撰中等習字帖』上中下巻（能勢鼎三、一九一一年四月。巻下未見）等がある。

編集方針

「凡例」は和文であるため要約をして内容を紹介する。全文は第十一巻を参照のこと。

一、本書は尋常中学校の漢文教科書用に編集した。全五冊で一冊を上中下巻に分け、一学期で一巻、一学年で一冊を学び終える。

一、材料の選択は生徒が知っている史実で名教（儒教の教え）を学ぶのに役立つものを中心とし、地理や博物に関する文章にも及んだ。

一、日清戦争に関する教材は正確な記事文を編者が漢訳した。拙い訳とはいえ将卒の忠勇義烈の一斑を見るには十分であろう。
一、巻一・二は邦人、巻三以降は漢人の文章を採り、学年に合わせて難易度に配慮した。
一、訓点は国語の語法に合致させたが、無理にこだわらなかった。漢文には漢文の読み方があるからである。
一、巻一・二は返り点と送り仮名を施したが、巻三は返り点のみとし、巻四・五は句読点のみとした。傍訓は初学者に白文を読ませるためのものであり、高学年では省略した。
一、一章を数節に分けたのは教授上の便宜を計ってのことで、必ずしも原典の段落通りではない。
明治三十年（一八九七）三月　編者識す

『中等漢文』は難易度に配慮して邦人の作から漢人の作に進み、訓点を段階的に減らしていくという編集方法をとっている。名教を学ばせる上で役に立つものを中心とし、史伝の他に序・題・跋・記等の文体を収めるという教材の選び方は、明治十年代に主流であった教材構成の系統にある。さらに近い時代の出来事を題材とした教材を揃え、『博物新編』等の洋学系教材も含めている所に明治三十年代前半に編まれた教科書の特色が現れている。

修正意見
『中等漢文』発行当時は文部省の図書局が検定を行っていた（「文部省官制改正」〔勅令第三四二号〕、明治三十年十月九日）。検定時に用いられた教科書には「林」というサインと「隈本」の朱印が残されている。「林」というサインは明治三十一年（一八九八）二月から明治三十九年（一九〇六）五月までの三十七点の漢文教科書に残され、「林」が漢文科の教科書検定に大きく関わった人物であることがわかる。さらに修正意見も教材変遷を考察する手がかりを与えてくれる内容が多い。しかし、当時図書局には林という姓の人物は所属していない。そこでこの教科書の検定が行われた明治三十一年までの文部省の『職員録』を見ると、明治二十九年（一八九六）六月から明治三十年十一月まで東京帝国大学文科大学助教授であった、林泰輔（一八五四－一九二二）が該当しそうである。

もう一人の検定担当者は隈本繁吉（一八七三－一九六五）であろう。隈本は福岡県下妻郡の生まれ、明治三十年七月、東京帝国大学文科大学史学科を卒業後、国学院講師嘱託を経て、明治三十一年六月より文部省図書審査官補に任ぜられた。現存する教科書をもとにすると、明治三十一年十月から明治三十二年（一八九九）七月までに七点の漢文教科書の検定に関わったことが確認できた。

この教科書については次のような修正意見が付けられた。

本書ハ材料ノ選択甚精ナラス。難易ノ順序亦整ハス。且自作ノ文章ニハ漢文ノ格ニ合ハザル処アレハ不適当ノモノト存す（林印）（巻一・凡例一丁表・下・黒。以下、教科書の付箋や書き入れを引用する際には、巻数・丁数または頁数・位置・墨などの色を記す）

まず教材の選択・配列についての不適切さを指摘している。次に「自作ノ文章ニハ漢文ノ格ニ合ハザル処」があると述べている。目次にはタイトルに朱点が付けられている教材が五篇あり、すべて山本の作である（巻一上第十七「戦死喇叭卒」、第十八「小野口徳次破永安門」、巻一中第二十九「玄武門先登」、第三十「樺山中将胆略」、巻一下第二十九「川崎軍曹乱大同江」）。この教科書は訂正版が編まれず、初版がそのまま検定済となったため、これらの教材は削除されなかった。誤字についても数箇所書き入れによる指摘があるが、こちらも未修正である。「不適当ノモノ」という意見があっても全体的に問題が少なければ未修正で検定済となったようである。

参考文献
「[林泰輔]年譜」、林泰輔『支那上代之研究』、光風館書店、一九二七年五月。

千葉県図書館史編纂委員会編『千葉県図書館史』、千葉県立中央図書館、一九六五年九月。

鎌田正「林泰輔」、江上波夫編『東洋学の系譜』、大修館書店、一九九二年十一月。

「文部省視学官　文学士　隈本繁吉君」、大日本小学教師協会編『日本之小学教師』第四巻第三九号、国民教育社、一九〇二年三月。

「隈本繁吉先生年譜」、『隈本繁吉先生の想い出』、又信会、一九九一年九月。

目次

巻之一上
第一　神武申孝　青山延光（佩弦斎）
第二　播殖穀麻　青山延光
第三　家給人足　青山延光
第四　多開池溝　山県禎
第五　道首名《みちのおびとな》　星野恒《ひさし》
第六　農功　要言類纂（貝原益軒）
第七　喩言　依田百川（学海）
第八　文教始興　青山延光
第九　天智中興　星野恒
第十　奨励学生　星野恒
第十一　学校本旨　貝原篤信
第十二　学　要言類纂
第十三　紀徳民　石川義形
第十四　膳臣巴提使《かしわでのおみはてす》　巌（岩）垣松苗
第十五　調伊企難《つきのいきな》　星野恒
第十六　上毛野形名《かみつけののかたな》妻　巌垣松苗
第十七　戦死喇叭卒　山本廉
第十八　小野口徳次破永安門　山本廉
第十九　石勝《いわかつ》三児　大槻清崇（磐渓）
第廿　下毛野公助《しもつけののきんすけ》　大槻清崇
第廿一　羽書　巌垣松苗
第廿二　倉舒称象　蒙求

第廿三　宇多訓誡　石川義形
第廿四　義元誡子　石川義形
第廿五　芸候戒諸子　大槻清崇
第廿六　毛利元就　菊池（地）純（三渓）
第廿七　青砥藤綱　菊池純
第廿八　楊震四知　蒙求
第廿九　後三条禁奢　青山延光
第卅　木丸殿《きのまるどの》　巌垣松苗
第卅一　林羅山　原善
第卅二　林春斎　原善
第卅三　中村惕斎　原善
第卅四　伊藤仁斎　原善
第卅五　貝原益軒　原善
第卅六　少年亢顔　原善
第卅七　多言　貝原篤信
第卅八　不忍　貝原篤信
第卅九　張公芸　小学
第四十　張思叔　小学
第四十一　暴怒　貝原篤信
第四十二　劉寛　小学

第四十三　赴約　貝原篤信
第四十四　堅忍不抜　要言類纂
第四十五　本体之楽　要言類纂
第四十六　思惟　要言類纂
第四十七　深慮　芳野長毅
第四十八　秀忠舎箸　土屋弘
第四十九　台徳公美事　大槻清崇
第五十　高倉天皇　青山延于《のぶゆき》
第五十一　至尊敬親　山県禎
第五十二　愛親　小学
第五十三　伯兪　小学
第五十四　子路負米　蒙求
第五十五　中将道信　大槻清崇
第五十六　兄媛慕父母　大槻清崇
第五十七　山田宿禰　大槻清崇
第五十八　茅容危坐　小学
第五十九　車胤聚蛍　蒙求
第六十　匡衡鑿壁　蒙求
第六十一　孟母三遷　小学
第六十二　叔敖陰徳　蒙求

第六十三　嘉明毀器　土屋弘
第六十四　政宗寛容　土屋弘
第六十五　時頼巡国　土屋弘
第六十六　頼宣攬涕　土屋弘
第六十七　大助倉外　土屋弘
第六十八　康政牌書　芳野長毅
第六十九　貞次之母　大槻清崇
第七十　陵母伏剣　蒙求
第七十一　時平笑疾　青山延光
第七十二　大窪佳譴　大槻清崇
第七十三　本多重次　大槻清崇
第七十四　不摂生　貝原篤信
第七十五　居室　要言類纂
第七十六　飲食　要言類纂
第七十七　蕎麦麵　林恕
第七十八　七兵衛妻　飯田忠彦（黙叟）
第七十九　義宗妻盧氏　小学
第八十　安詳恭敬　小学
第八十一　王覧友弟　蒙求
第八十二　舞女微妙　大槻清崇

第八十三　鈴木宇右衛門妻　飯田忠彦
第八十四　義農救飢　小笠原勝彦
第八十五　吉田雨岡　依田百川
第八十六　伊達治左　石川義形
第八十七　曾我兄弟　大槻清崇
第八十八　日野阿新　大槻清崇
第八十九　獅識奴　依田百川
第九十　祐清重恩　土屋弘
第九十一　宗清西行　土屋弘
第九十二　忠光絶食　土屋弘
第九十三　坐中失笑　土屋弘
第九十四　将門出将　中井積善
第九十五　大高納糧　菊池純
第九十六　照祖下床　芳野長毅
第九十七　晴信抜海野口城　菊池純
第九十八　山本晴行　菊池純
巻之一中
第一　東京　大槻如電（修二）
第二　人力車　大槻如電
第三　電話　大槻如電

第四　日光廟成　飯田忠彦
第五　重次薦医　飯田忠彦
第六　孝　小学
第七　楽正子春　小学
第八　記阿辰磯吉事　大岡忠時
第九　記松本長七事　大岡忠時
第十　熊沢蕃山　原善
第十一　仁斎化賊　原善
第十二　喩言　依田百川
第十三　知人　貝原篤信
第十四　林羅山　原善
第十五　樊噲排闥　蒙求
第十六　闇斎三楽　原善
第十七　親戚不可失歓　世範
第十八　厚於責己而薄責人　世範
第十九　小人当敬遠　世範
第二十　藤原惺窩《せいか》　原善
第二十一　青木昆陽　原善
第二十二　梨　要言類纂
第二十三　柑類　要言類纂

第二十四　坂本藤吉製茶　信夫粲《しのぶあきら》（如軒）
第二十五　日本武尊討熊襲　青山延光
第二十六　三韓征伐
第二十七　清正虜王子　菊池純
第二十八　碧蹄館之戦　菊池純
第二十九　玄武門先登
第三十　樺山中将胆略　山本廉
第三十一　観鎮遠艦　大槻如電
第三十二　高津宮　山県禎
第三十三　稚郎子《わきいらつこ》譲位　山県禎
第三十四　仏像渡来　青山延光
第三十五　捕鳥部万《ととりべのよろず》　青山延光
第三十六　狗説　頼襄（山陽）
第三十七　犬　博物新編（合信）
第三十八　志　貝原篤信
第三十九　鎌足奉鞋　徳川光圀
第四十　清麻呂使宇佐　星野恒
第四十一　坂上田村麿　徳川光圀
第四十二　本朝通鑑　青山延于
第四十三　黄門義公　大槻清崇

第四十四　紀公生母　大槻清崇
第四十五　怪猴　大槻清崇
第四十六　義猴　芳野長毅
第四十七　狩虎記　塩谷世弘（宕陰）
第四十八　那波活所　原善
第四十九　正成応徴　青山延光
第五十　尊雲親王　巌垣松苗
第五十一　村上登楼　土屋弘
第五十二　高徳題桜樹　山県禎
第五十三　車駕還京　青山延光
巻之一下
第一　小山田高家　徳川光圀
第二　正行詣行宮　徳川光圀
第三　匡房強記　徳川光圀
第四　宗矩剣法　飯田忠彦
第五　塚原卜伝　依田百川
第六　板倉重宗　塩谷世弘
第七　西人遺言　依田百川
第八　大岡忠相　木村芥舟
第九　秀吉和輝元　菊地純
第十　山崎之戦　菊地純
第十一　浪速夢　大槻清崇
第十二　太閤雑事　大槻清崇
第十三　大阪　大槻如電
第十四　京都　大槻如電
第十五　嵐山　大槻清崇
第十六　下田湊　大槻禎
第十七　相州洋航海　大槻禎
第十八　吉田松陰　小笠原勝彦
第十九　咬菜軒扁額　重野安繹《やすつぐ》（成斎）
第二十　柳玭　小学
第二十一　義僕万助　蒲生重章
第二十二　罧《しん》犬説　塩谷誠（簣山）
第二十三　記虎獅子　信夫粲
第二十四　捕鯨　斎藤正謙（謙　拙堂）
第二十五　赤壁戦　十八史略（曾先之）
第二十六　標註十八史略序　島田重礼（篁村）
第二十七　紀新寨之捷　中井積善
第二十八　両王子謝状　飯田忠彦
第二十九　川崎軍曹乱大同江　山本廉

巻之二上

第一　立志論　頼襄
第二　塙保己一伝　蒲生重章
第三　安松鑿新渠　大槻清崇
第四　力士雷電　佐久間啓（象山）
第五　象山詩鈔序　中村正直（敬宇）
第六　山岡静山先生伝　中村正直
第七　游瀬戸記　太田元遵
第八　猪苗代湖疏水　川田剛（甕江）
第九　霧島山　安積信
第十　浜田弥兵衛　斎藤正謙
第十一　山田長正　斎藤正謙
第十二　蒲生君平伝　蒲生重章
第十三　紀仁熊事　信夫粲
第十四　明暦之火　青山延光
第十五　記信州地震　塩谷誠
第十六　姨捨山観月　大槻如電
第十七　河中島之戦　菊地純
第十八　厳島之戦　宮田敏
第十九　長氏東行　宮田敏
第二十　游国府台記　芳野世育
第二十一　雛僧三条　大槻清崇

巻之二中

第一　顔氏家訓　小学
第二　唐太宗　資治通鑑（司馬光）
第三　山鹿素行　東条耕
第四　長矩創義英　青山延光
第五　四十七士伝序　藤田彪（東湖）
第六　祭大石良雄文　信夫粲
第七　海軍少尉鈴木君墓銘　大槻如電
第八　護国会記　大槻如電
第九　東湖文鈔序　林長孺（鶴梁）
第十　阿閉《あべ》掃部《かもん》　大槻磐渓（清崇）
第十一　杉田壱岐　大槻磐渓
第十二　子思諫衛侯　資治通鑑
第十三　平宗清　徳川光圀
第十四　忠勝忠勇　岡松甕谷
第十五　題豊公裂封冊図後　安井衡（息軒）
第十六　題平手清秀上書図　安井衡
第十七　細川忠興夫人　飯田忠彦

第十八　無塩女　劉向新序
第十九　游東叡山記　青山延于
第廿　晃山　大槻禎
第廿一　霧降瀑　大槻禎
第廿二　中禅寺　大槻禎
第廿三　送高山生序　柴野邦彦
第廿四　高山彦九郎　頼襄
第廿五　随鑾《らん》紀程（節録）　川田剛

巻之二下
第一　迪彝《てきい》篇序　藤田彪
第二　弘安役　青山延光
第三　林子平　斎藤馨（竹堂）
第四　渡辺華山伝　石川英
第五　興荒田記　三島毅（中洲）
第六　故文定公　小学
第七　孔明出蘆（廬）　資治通鑑
第八　猿演劇　斎藤馨
第九　猴類（猿侯）　博物新編
第十　猫説　栗山愿
第十一　虎　博物新編

第十二　観戯馬記（観洋人戯馬記）　信夫粲
第十三　観墨水走舸記　信夫粲
第十四　阿部忠秋水馬　菊地純
第十五　御苑記　藤堂高猷《たかゆき》
第十六　粥蕎麺者伝　中井履軒（積徳）
第十七　蝋燭記　頼襄
第十八　瞽者秉燭説　円山葆
第十九　藤原藤房　徳川光圀
第二十　天祥不屈　宋史
第二十一　書文天祥忠孝二大字後　佐藤晋用

巻之三上　史記
第一　管晏列伝
第二　司馬穰苴《じょうしょ》列伝
第三　孫子列伝
第四　呉起列伝
第五　伍子胥列伝
第六　蘇秦列伝
第七　樗《ちょ》里子甘茂列伝
第八　孟嘗君列伝

巻三中　史記
第一　平原君列伝
第二　信陵君列伝
第三　范雎列伝
第四　蔡沢列伝
第五　廉頗《れんぱ》藺相如《りんしょうじょ》列伝
第六　貨殖列伝
第七　滑稽列伝
巻三下　史記
第一　斉太公世家
第二　孔子世家
巻之四上　漢書　班固
第一　高帝紀
第二　蕭何伝
第三　曹参《しん》伝
巻四中　漢書　班固
第一　張良伝
第二　韓信伝
第三　婁敬伝
第四　叔孫通伝
第四　張釈之伝
第五　汲黯伝
第六　枚乗
第七　路温舒伝
第八　蘇武伝
第九　朱雲伝
第十　梅福伝
巻之四下　漢書　班固
第一　文帝除誹謗罪詔
第二　文帝除肉刑詔
第三　文帝遺匈奴書
第四　景帝令二千石修職詔
第五　昭帝賜燕王旦璽書
第六　賈誼上務農積貯疏
第七　鼂錯上言兵事書
第八　劉向諫起昌陵疏
第九　劉歆責譲太常博士書
第十　董仲舒賢良策対
第十一　司馬相如諭巴蜀檄

第十二　司馬相如諫猟書
第十三　徐楽上言世務書
第十四　厳安上言世務書
第十五　東方朔客難
第十六　楊惲報孫会宗書
第十七　魏相諫伐匈奴書
第十八　匡衡政治得失疏
第十九　楊雄諫不許単于朝書

巻之五上

第一　梁恵王　周・孟軻
第二　霊台　孟軻
第三　五十歩百歩　孟軻
第四　文王之囿　孟軻
第五　天時地利　孟軻
第六　景春　孟軻
第七　公都子　孟軻
第八　斉人驕妻妾　孟軻
第九　伯夷　孟軻
第十　魚我所欲　孟軻

第十一　報燕恵王書　燕・楽毅
第十二　遺燕将書　斉・魯仲連
第十三　逐客上書　秦・李斯
第十四　説難　韓非
第十五　管仲論　宋・蘇洵（老泉）
第十六　始皇論　宋・蘇軾（東坡）
第十七　孟子論　頼襄
第十八　書孟母断機図後　安井衡
第十九　読孟嘗君伝　宋・王安石
第二十　過秦論中　漢・賈誼
第二十一　過秦論下　賈誼
第二十二　高祖論　蘇洵
第二十三　項羽賛　司馬遷
第二十四　范増論　蘇軾
第二十五　留侯論　蘇軾
第二十六　書留侯伝後　清・袁枚（随園）
第二十七　三傑佐漢孰優論　斎藤謙
第二十八　三傑賛　張良　古賀樸（精里）
第二十九　蕭何　古賀樸
第三十　韓信　古賀樸

第三十一　陳平論　安井衡
第三十二　鼂錯論　蘇軾
第三十三　七国反漢論　頼襄

巻之五中
第一　師説　唐・韓愈（退之）
第二　争臣論　韓愈
第三　応科目時与人書　韓愈
第四　送楊少尹序　韓愈
第五　送李愿帰盤谷序　韓愈
第六　祭十二郎文　韓愈
第七　鱷《がく》魚文　韓愈
第八　桐葉封弟弁　柳宗元（柳州）
第九　箕子碑　柳宗元
第十　与韓愈論史官書　柳宗元
第十一　梓人伝　柳宗元
第十二　論選皇子疏　宋・欧陽修（永叔）
第十三　朋党論　欧陽修
第十四　縦囚論　欧陽修
第十五　明論　蘇洵
第十六　送石昌言為北使引　蘇洵
第十七　木仮山記　蘇洵
第十八　名二子説　蘇洵
第十九　潮州韓文公廟碑　蘇軾
第二十　方山子伝　蘇軾
第二十一　上枢密韓太尉書　宋・蘇轍（潁浜）
第二十二　為兄軾下獄上書　蘇轍
第二十三　六国論　蘇轍
第二十四　戦国策目録序　宋・曾鞏《きょう》（南豊）
第二十五　墨池記　曾鞏
第二十六　進戒疏　王安石
第二十七　遊褒禅山記　王安石
第二十八　泰州海陵県主簿許君墓誌銘　王安石

巻之五下
第一　酒味色論　魯・共公
第二　潜夫貴忠篇　漢・王符
第三　顔真卿論　明・侯方域
第四　愛蓮説　宋・周敦頤《とんい》
第五　観八駿図説　柳宗元
第六　捕蛇者説　柳宗元
第七　売柑者言　明・劉基

第八　雑説上　韓愈
第九　雑説下　韓愈
第十　獲麟解　韓愈
第十一　家蔵古硯銘　宋・唐子西
第十二　書洛陽名園記後　唐・李格
第十三　袁州州学記　宋・李覯《こう》（泰伯）
第十四　岳陽楼記　宋・范仲掩
第十五　喜雨亭記　蘇軾
第十六　象祠記　明・王陽明（守仁）
第十七　松風閣記　劉基
第十八　白雲山舎記　劉基
第十九　前赤壁賦　蘇軾
第二十　後赤壁賦　蘇軾
第二十一　弔古戦場文　唐・李華
第二十二　祭曰横墓文　韓愈
第二十三　祭亡弟文　侯方域
第二十四　代三省督府張公祈雨文　侯方域
第二十五　前出師表　蜀・諸葛亮
第二十六　後出師表　諸葛亮
第二十七　陳情表　晋・李密

第二十八　上高宗封事　宋・胡銓（澹《たん》庵）
第二十九　郤聘書　宋・謝枋《ぼう》得

2　中等漢文読本（遊佐誠甫・富永岩太郎）

底本・編者

底本は、遊佐誠甫・富永岩太郎合編、黒板《くろいた》勝美校『中等漢文読本』十巻、東京・小林八郎、明治三十一年（一八九八）三月十四日─七月七日発行、明治三十二年（一八九九）一月二十五日検定済を用いた〈292〉。本文の丁数は、巻之一：二十三丁、巻之二：三十二丁、巻之三：四十一丁、巻之四：四十四丁、巻之五：四十四丁、巻之六：四十五丁、巻之七：四十八丁、巻之八：四十八丁、巻之九：五十丁、巻之十：五十二丁。頭注や練習問題はない。

遊佐誠甫は、万延元年（一八六〇）三月、福島県二本松の郭内に生まれる。幼少期には丹羽藩の藩校で学び、明治八、九年（一八七五、一八七六）頃に小学校教則講習所（明治九年より師範伝習校に改称）に入り、卒業後小学校教員となる。その後新潟学校助教諭、岩船郡村上町小学校校長を経て、明治二十五年（一八九二）より高等師範学校訓導（小学校教員）。著書には相沢英二郎共著『新編教授法』（成美堂、一九〇一年八月）、遊佐誠甫増述、富永岩太郎講述、前田又吉編『小学各科教案範例』（森山章之丞、一九〇二年七月。以上国会デジ）等、教授法に関するものが多い。『中等漢文読本』は高等師範学校在任中に編集されたものであり、共編の富永岩太郎も同じ時期に同校に勤務していた。

富永岩太郎（一八六六─一九〇七）は、長崎県東彼杵《そのぎ》郡に生まれる。苦学を重ねて小学校教員検定試験に合格し、長崎市の勝山尋常小学校に勤務する。明治二十八年（一八九五）、高等師範学校長嘉納治五郎が同小学校を視察し、富永の授業を参観したことにより、明治三十年（一八九七）一月、高等師範学校附属小学校に招かれ、同校の嘱託教員となり、後に訓導となった。同校の樋口勘治郎・森岡常蔵・棚橋源太郎・佐々木吉三郎等、教授法で知られた同僚達との議論により研鑽を積み、教授法研究者としての名声を高めた。『中等漢文読本』や後述する『初学漢文教授法』は、高等師範附属小学校在任中の業績の一部である。明治三十七年（一九〇四）二月、宮城県師範学校附属小学校主事となるが、三十八年（一九〇五）一月、病により右足大腿部以下を切断、辞職して東京に戻る。その後は著述活動と各地の講習会への出講に専念した。著作には、佐々木吉三郎閲『教育の基礎としての心理学』（集英堂、一九〇〇年十二月）、『教育的遊戯の原理及実際』（同文館、一九〇一年七月）、『書取及綴方を中心としたる国語教授法』上中巻（学海指針社、一九〇四年五月）、『大教授法　実験講話』上中下巻（同文館、一九〇六年五月―一九〇七年六月。以上すべて国会デジ）等がある。

校閲者は歴史学者の黒板勝美（一八七四―一九四六）、号は虚心。長崎県東彼杵郡下波佐見村に生まれる。第五高等学校を卒業後、帝国大学文科大学国史科に進む。明治二十九年（一八九六）に卒業し、帝国大学大学院に進学。『中等漢文読本』の校閲は大学院在学中になされたようである。明治三十四年（一九〇一）、東京帝国大学史料編纂員となる。その後は史料編纂官、東京帝国大学教授等を歴任する。著書は『国史の研究』（文会堂書店、一九〇八年三月）、『西遊二年　欧米文明記』（文会堂書店、一九一一年九月。国会デジ）、『虚心文集』八巻（吉川弘文館、一九三九年十月―一九四〇年九月。国会デジ）等多数。さらに『日本歴史』（吉川弘文館、一九〇五年二月訂正再版、検定済）、『新訂日本歴史』（吉川弘文館、一九〇六年十二月訂正六版、検定済）、『女学校用日本歴史』（吉川弘文館、一九〇五年二月訂正再版、検定済）等の教科書編集にも携わった。

編集方針

「凡例」を訳出して編集方針を検討する。

一、この書は尋常中学校の教科書として十巻に分け、学年ごとに二巻を課し、五年で終える。同等の学校でも用いることができる。

一、各巻に収録したものは、おおむね卑近な作品で、初めに小品を採り、次第に長篇に及び、受講生の学力を考慮した。
一、書中に掲載したものは、つとめて諸般の事実を網羅した。これは諸文体を区別し、実用に役立てるためである。
一、訓点は国語と矛盾しないようにしたが、つとめて繁雑さを避けて簡潔にするようにしたのは、初学者への便宜をはかってのことである。
一、巻六以下は送り仮名を省き、返り点のみ施して、白文を採らなかったのは、おそらく初学者には講読が難しいと思われるためである。
一、漢文の講読は、初学者にとっては非常に難しく、教師の苦心する所である。そこで別に漢文教授法を著して刊行するので、これを読めば大体の見当がつくだろう。
明治三十一年二月　編者識す

教材の特色は第三条のように「諸般の事実を網羅」している所にある。総説に述べたように（二章）、漢文が他教科にも関連する幅広い分野の語彙を学ぶことができることを示し、その実用性を主張するために卑近な題材を揃えた教科書である。

訓点は巻五まで返り点と送り仮名が施され、巻六以降は返り点のみである。白文の用い方については編者によって異なるが、この教科書は初学者への配慮として白文は用いなかった。

「凡例」中に見える漢文教授法は、同著者、校閲者による『初学漢文教授法』（集英堂、［一八九八年］。国会デジ）を指している。「凡例」からも『中等漢文読本』の編集方針はうかがえるが、『初学漢文教授法』を参照することで編者の意図がより理解できると思われるため、その概要を見ておきたい。同書は以下のような構成である。

第一節　教授総論／第二節　漢文の現在及び将来に就きて／第三節　天爾波に就きて／第四節　助語に就きて／第五節　中等教育に課する漢文の撰定法に就きて

第二章　教授の順序

第一節　詞の性質／第二節　文章組立法／第三節　虚字の解／第四節　組立法の続／第五節　虚字の解／第六節　点例／第七節　組立法の続／第八節　虚字の解／第九節　組立の練習の続き《ママ》／第十節　組立法の続／第十一節　組立法の続き《ママ》／第十二節　霊字の解／第十三節　文章段落の解／第十四節　虚字の解／第十五節　句法／第十六節　支那近世文に関する文話

附録　儒者学派一覧表／〔日本の儒者・文学者の略伝〕／支那著名なる文学者略伝

第一章の第一節では難易度をふまえた漢文の教授法が説かれる。これまでは漢文を教授する者に一定の順序をふまえた方法がなく、初めから古人の文章をただ誦読するようなやり方であった。そのため表面上の大意の理解にとどまり、一字一句の深い意味までは気づかない。そのため、まず既修の仮名交じり文と漢文との関係を明らかにすることから入り、助詞や送り仮名の規則、名詞と動詞の性質、助字の用法、単語の組み立て方を説明する。返り点の教授の仕方もレ点から繁雑なものへと進める。このように段階をふんだ教授法を提案する。著者は、新しく学習する内容とすでに学び得た知識とが無関係であれば生徒にとっては学習が難しく、興味も湧かないため、指導順序の改善が求められているとする。そして教授法の改良について注意すべきことを次のように述べる。

されば初学者に漢文を教授するの任に当るものは先づ従来教授の仕方より改良しよく児童心意発達の順序を考へ教授の原則に則り苟も教へたる事物に就きての観念は個々独立する事なく他の諸学科と連絡して心念界に留まり其意志行為となりて機に臨み変に応じて自在に活用の出来るやうにして与へざるべからず（三―四頁）

著者の教授法改良の要点は、他の諸学科も含めた既習内容との関連によって、新しく学習する内容に興味を持たせて学ばせることにあると考えられる。

続いて現在の漢文教授に携わる者はひたすら暗誦させるという陋習にとらわれているが、むしろ孔子は現代の教授法に共通する要素を備えていたことを指摘する。孔子が易より難に入る順序を取っていること、比喩を巧みに用いて指導したこと、時機をうまくとらえて心から理解させていたことを指摘し、孔子や先哲の教授上の意見を遂行する方法について第一節は次のように総括している。

唯能く分解してこれを熟考せしめ連絡ある順序によりて譬喩を設け機に応じ以て反復丁寧に練習せしめ終はりに総括して其意を会得せしめ遂に其観念は意志行為となりて適宜に表出する事を得せしむるやうにするに在り（六頁）

著者は学習内容を関連させてこそ実際に活用できると主張し、既修内容を応用して新しく学ぶ内容の概要を推究させることを特に重視している。

第一章第二節では、今は漢文が実用的ではないと見なされたり、蔑視されたりすることもあるという現状を述べる。しかし、日本の文物は漢学が根底にあること、中国の現在の文章を理解するために漢文の知識が必要であることから、漢文は蔑視されるようなものではないと主張する。一方で、漢文が蔑視される原因には、漢学者自身が長い年月をかけなければ漢学は学ぶことはできないとして、後進の向学心を失わせていることにもあると指摘する。その方法を次のように述べる。

第一に教授法より改良せざるべからず第二に漢文は序文碑文等の如く金石に伝ふるものゝ外実用の文章には用ふべからざるものとの謬見を破る事に務め如何なる文章にも容易く使用せらるゝものなる事を世間に紹介せざるべからず（九頁）

と、教授法の改良と、漢文が「実用の文章」には使うことができないという「謬見」を正すために、漢文が様々な文体に応用が利くことを示さなければならないと提案する。そして、いわゆる漢学者の域に達しなくても十分に漢文を活用することができると説く。

第一章第三節と第四節は初学者に教えるべき助詞と助字について述べられる。第五節では題材について、日本では唐宋以上のものを模範として主に用いるが、各時代の様々な文体を示して近世文から最近の官話（清代の公用語）や俗語に至るまで一通り紹介すべきであるとする。この官話については『中等漢文読本』に教材として採録していないが、『初学漢文教授法』の第二章で紹介している。

第二章は第一章で述べた教授法や手順について具体例を挙げて説明を加えている。官話の紹介は第十六節に『文学書官話』（一八六九年）を収録することにより行った。同書はアメリカ人宣教師クロフォード(T.P.Crawford 漢名、高第丕)と中国人張儒珍による、中国語で書かれた最初の中国語口語文法書である。刊行後間もなく日本に伝えられ、大槻文彦解『支那文典』（小林新兵衛、一八七七年十一月）等の和刻本が編まれた。編者は大槻に許諾を取り、一部抜粋をして巻末に採録したという。

大槻文彦は『支那文典』の「例言」において、当時は漢文の文法と言えば文体を論じるか、助辞の説明をする程度であり、『文学書官話』のように品詞を分解して論究するものはなかった。そのため該書には漢文の初学者にも有益であり、さらに今後完全な文典を作る基礎にもなる意義を持つと述べている。『支那文典』が刊行された明治十一年（一八七八）において、まだ小中学校の教育課程に漢文学習は組み込まれず、後に漢文を扱う教科が成立してもしばらくは語法的な側面からの教授法は主流ではなかった。明治二十年代後半から明治三十年代前半にかけて漢文教育の教授法に関する議論が盛んになり、漢文の構造を指導すべきであると主張する編者、教育家が増えた。『初学漢文教授法』の著者も同様に文の分析を提唱していたが、特に『文学書官話』に着目したのは、その精密な分析法だけではなく、官話も読ませるべきであるという著者の主張に合うものであったと考えられる。

『初学漢文教授法』は漢文教師に対して教授法の改革を説いたものであり、生徒が使用する『中等漢文読本』に上記の内容は記されていない。注釈も練習問題もなく、一見すると体裁上は明治十年代より続く教科書と変わらない。しかし『中等漢文読本』は、漢文の実用性を主張し、他教科も含めた指導内容の関連付けを試み、幅広い題材を揃えた教科書であり、漢文教育に関する議論が盛んになった明治三十年代前半の風潮が反映されている。これは編者が教授法の専家であったことも大きく預かっているだろう。

参考文献

「教員の名誉　其五　東京高等師範学校訓導　遊佐誠甫君」、大日本小学教師協会編『日本之小学教師』第五巻第五〇号、国民教育社、一九〇三年二月。

「東京高等師範学校訓導　遊佐誠甫君」、大日本小学教師協会編『日本之小学教師』第五巻第五四号、国民教育社、一九〇三年六月。

富永岩太郎「教授上智識統一の必要を論じ併せて之れが方法を略述す。」、『教育報知』第四三七号、東京教育社、一八九四年九月。

相島亀三郎「富永岩太郎君逝けり」、『教育研究』第五七号、大日本図書、一九〇八年十二月。

野地潤家「書取及綴方を中心としたる国語教授法上巻　解題」・「書取及綴方を中心としたる国語教授法上巻　解説」、井上敏夫ほか編『近代国語教育論大系３明治期Ⅲ』光村図書出版、一九七五年三月。

大場一義・吉原瑛「高島平三郎・富永岩太郎著『体操及遊戯法精義（前編体操の部）』（明治四十年）菊判　解説」、『近代体育文献集成第Ⅰ期・別冊解説編』日本図書センター、一九八二年九月。

和田軍一「人7　黒板勝美」、文化財保護委員会監修『月刊文化財』昭和四八年九月号、第一法規出版、一九七三年九月。

大久保利謙「黒板勝美先生の風格と学問」、古代文化刊行委員会編『古代文化』第四九巻第三号、古代学協会、一九九七年三月。

黒板伸夫・永井路子編『黒板勝美の思い出と私たちの歴史探究』、吉川弘文館、二〇一五年五月。

大槻文彦解、大槻磐渓閲『支那文典』乾坤、大槻文彦、一八七七年十一月（六角恒広編『中国語教本類集成』第四集、不二出版、一九九四年四月所収のものを使用）。

六角恒広「『中国語教本類集成第四集』所収書目録及び解題」、『中国語教本類集成』第四集、不二出版、一九九四年四月。

内田慶市「《文学書官話》（1869）の文法論―19世紀中国語文法研究の金字塔―」、関西大学アジア文化交流研究センター編『アジア文化交流研究』第三号、関西大学アジア文化交流研究センター、二〇〇八年三月。

伊伏啓子「『文学書官話』（1869）の和刻本について」、松浦章編『東アジアにおける文化情報の発信と受容』、雄松堂出版、二〇一〇年二月。

目次

巻之一

1 地球 第一 地球略説（地球説略）
2 地球 第二 地球略説
3 日本国 地球略説
4 日本人風俗 第一 地球略説
5 調伊企儺 巌垣松苗
6 公助受撻 徳川光圀
7 松下禅尼 服部元喬
8 青砥藤綱 山本信有
9 石田三成 第一 大槻清崇
10 石田三成 第二 大槻清崇
11 月蝕 地球略説
12 地球旋転 地球略説
13 大洋 地球略説
14 貝原益軒 角田簡
15 釈月仙 角田簡
16 紀平洲 東条耕
17 伊藤仁斎 原善
18 藤原保昌 服部元喬
19 阿部忠秋 塩谷世弘
20 榕樹 地球略説
21 闘牛之戯 地球略説
22 隊商 地球略説
23 濠洲奇獣 地球略説
24 北条泰時 頼襄
25 北条時頼 服部元喬
26 毛利元就 大槻清崇
27 僧西行 服部元喬
28 鎌倉権五郎景政 青山延光
29 野見宿禰 青山延光
30 牛若丸 青山延于
31 上毛野形名妻 青山延光
32 細川幽斎 大槻清崇
33 外人賷綿種 青山延于
34 印度風俗 地球略説
35 義犬救遭難者 地球略説
36 日本人風俗 第二 地球略説
37 保科正之 青山延于
38 烈奴 大槻清崇

39　岩間大蔵　大槻清崇
40　稲葉一徹　大槻清崇
41　元気　塩谷世弘
42　忠興譬喩　塩谷世弘
43　甲斐徳本　角田簡
44　三浦梅園　角田簡
45　大政奉還　小笠原勝長（勝修《かつなが》）
46　白虎隊　小笠原勝長
47　義農救飢　小笠原勝長
48　舞妓阿国　大槻清崇
49　上杉景勝　大槻清崇
50　善射者某　大槻清崇
51　右府察徴　大槻清崇
52　義犬　菅野潔
53　義猴　芳野世育
54　岐蘇深谷民　山田球

巻之二

1　天体　気海観瀾
2　光　気海観瀾
3　三有　気海観瀾
4　鍾馗　斎藤馨
5　藤原実資　頼襄
6　魚商八兵衛　蒲生秀実
7　示三上仲敬　柴野邦彦
8　示塾生　藤沢東畡（甫）
9　孝女阿富　松崎復
10　楠正行之母　頼襄
11　瓜生保母　徳川光圀
12　分類　気海観瀾
13　仮性　気海観瀾
14　桜井駅訣別　頼襄
15　児島高徳題桜樹　頼襄
16　元軍来寇　其一　頼襄
17　元軍来寇　其二　頼襄
18　元軍来寇　其三　頼襄
19　朝鮮地図　松林漸
20　朝鮮之沿革　桂山義樹（彩巌）
21　冤鬼　其一　博物新編
22　冤鬼　其二　博物新編

23 寃鬼　其三　博物新編
24 忠勝辞封　青山延光
25 川越県令某　塩谷世弘
26 加藤嘉明　大槻清崇
27 戸川肥後　大槻清崇
28 小田原之役　大槻清崇
29 長湫《ながくて》之役　大槻清崇
30 澳太利亜《オーストラリア》人　地球略説
31 亜米利加《アメリカ》　地球略説
32 亜米利加合衆国之独立　随園漫筆
33 四条畷《しじょうなわて》　青山延于
34 南木夢　青山延光
35 正成城赤阪　其一　青山延光
36 正成城赤阪　其二　青山延光
37 正成迎龍駕　青山延光
38 塚原卜伝　中村栗園（和）
39 雲居《うんご》和尚　大槻清崇
40 岡野左内　大槻清崇
41 翁嫗　帆足万里
42 二女斃狼　安井息軒（衡）
43 武田勝頼夫人　飯田黙叟（忠彦）
44 捕鯨　斎藤正謙
45 小金原捉馬　佐藤坦（一斎）
46 土井利勝　大槻清崇
47 了伯聴平語　大槻清崇
48 大久保彦左衛門　塩谷衡

巻之三

1 稚郎子皇子譲位　巌垣松苗
2 仁徳天皇　青山延光
3 太田某　大槻清崇
4 月岡左門　中井積徳（履軒）
5 丁子風爐　大槻清崇
6 太田忠兵衛　大槻清崇
7 墨使彼理《ペリー》至浦賀　小笠原勝修
8 吉田松陰　小笠原勝修
9 望琵琶湖　斎藤正謙
10 漱玉園記　亀田興
11 植物成長　気海観瀾
12 花　気海観瀾

13 記廉爺事 信夫粲
14 記良秀事 伊藤維楨
15 狩虎 塩谷世弘
16 猫狗説 頼襄
17 捕雀説 頼襄
18 藤説 斎藤馨
19 駱駝説 斎藤正謙
20 御馬説 安井衡
21 鶏育鶩説 伊藤長胤
22 阿市 芳野世育
23 滝鶴台妻 林長孺
24 山内一豊妻 大槻清崇
25 売醴者愚水 土井士恭（有恪）
26 僧方壷伝 林長孺
27 義丐 大槻清崇
28 血液循環 気海観瀾
29 食物消化 気海観瀾
30 池田光政 塩谷世弘
31 阿若丸 巖垣松苗
32 阿王 中井積徳

---

33 無腸翁伝 村瀬之熙
34 群瞽（盲）図巻摹本序 林長孺
35 書蔵本皇朝史略後 松林漸
36 原田亀太郎画像記 森田謙（益）
37 書地獄図後 安井衡
38 傷児敬（傷児記） 塩谷誠
39 楠公墓記 貝原篤信
40 藤原藤房 清田儋叟
41 電報 随園漫筆
42 火輪車 其一 随園漫筆
43 火輪車 其二 随園漫筆
44 梅渓遊記 第一篇 斎藤正謙
45 梅渓遊記 第八篇 斎藤正謙
46 染井観菊記 南摩綱紀（羽峰）
47 粥蕎麺者伝 中井積徳
48 猪神童桃郎伝序 長野確
49 四河記 林長孺
50 吾妻橋 東条耕
51 木曾紀行 斎藤馨
52 千葉佐倉紀行 細川潤次郎

巻之四

1 後三条天皇　青山延于
2 延喜之治　青山延于
3 菅原道真　青山延于
4 鈴木清助殉難記　其一　佐倉孫三
5 鈴木清助殉難記　其二　佐倉孫三
6 火山記　第一　随園漫筆
7 火山記　第二　随園漫筆
8 盗喩　安井衡
9 雲喩　斎藤正謙
10 蝋燭説　頼襄
11 為学説　尾藤孝肇（二洲）
12 浜田弥兵衛　其一　斎藤正謙
13 浜田弥兵衛　其二　斎藤正謙
14 記卯兵衛谷平事　中井積徳
15 記越中魚津浦昼海市事　皆川愿
16 観不知火記　其一　菊池純
17 観不知火記　其二　菊池純
18 蝸説　松崎復
19 日本刀説　山田球
20 虚心平気説　尾藤孝肇
21 隣花楼記　室直清（鳩巣）
22 静古館記　林長孺
23 歌聖堂記　頼襄
24 蘇彝《スエズ》士河記　清・黎庶昌（純斎）
25 天士河記　随園漫筆
26 高橋生伝　林長孺
27 女丈夫伝　古賀皝（煜）
28 蒲生君平伝　其一　蒲生重章
29 蒲生君平伝　其二　蒲生重章
30 林子平伝　其一　斎藤馨
31 林子平伝　其二　斎藤馨
32 銀行　盛世危言（鄭観応）
33 三計塾記　安井衡
34 習説　尾藤孝肇
35 進学喩　其一　柴野邦彦
36 進学喩　其二　柴野邦彦
37 峡中紀行　第一　荻生茂卿（双松）
38 峡中紀行　第二　荻生茂卿

39　那智瀑　北圃恭

巻之五

1　勧諭子弟　藪弘篤
2　礼　佐藤坦
3　荘助兄弟　村瀬之熙
4　義奴市兵衛　荻生茂卿
5　山水小景記　藤森大雅
6　遊箕面山遂入京記　斎藤正謙
7　遊天王山記　市村謙
8　高山仲縄祠堂記　第一　川田剛
9　高山仲縄祠堂記　第二　川田剛
10　流灯会之碑　成島弘
11　断橋之難　松本原
12　摂生説　中村正直
13　紙鳶説　野田逸
14　猫説　野田逸
15　立志説　摩島弘
16　曾我兄弟復讐　中井積徳
17　伊賀復讐　塩谷世弘
18　慶安之変　菊池純
19　桜田之変　岡千仞（鹿門）
20　遊漢弁記　阪井華
21　遊松島記　阪谷素
22　紙奴説　奥野純
23　天野屋利兵衛伝　頼惟完
24　赤穂義士論　大槻清崇
25　米国独立　清・徐継畬《よ》
26　論道　頼襄
27　那須宗高射扇　第一　柴野邦彦
28　那須宗高射扇　第二　柴野邦彦
29　壇浦之戦　中井積徳
30　林子平画像記　松林漸
31　名和公画像記　森田益（謙）
32　鏡背輿図記　頼襄
33　公法　清・鄭観応
34　和気清麿論　頼襄
35　楠氏論賛　第一　頼襄
36　楠氏論賛　第二　頼襄
37　上楽翁公書　第一　頼襄

38 上楽翁公書　第二　頼襄
39 山田長正伝　斎藤正謙

巻之六

1 浅野長政諫太閤　中井積善
2 太閤遊醍醐　中井積善
3 豊太閤論　松林漸
4 大江広元論　頼襄
5 鳥獣略論　英・合信《ホブソン》
6 風論　合信
7 遊塩原記　黎庶昌
8 訪徐福墓記　黎庶昌
9 核舟記　明・魏学洢
10 下岐蘇川記　斎藤正謙
11 耶馬渓図巻記　頼襄
12 張巡守雍丘　資治通鑑
13 昆陽之戦　資治通鑑
14 岳忠武王小伝　明・単恂
15 洞庭之戦　南宋書
16 乞出師劄　宋・岳飛
17 陳情表　李密
18 前出師表　諸葛亮
19 赤壁之戦　第一　資治通鑑
20 赤壁之戦　第二　資治通鑑
21 前赤壁賦　蘇軾
22 後赤壁賦　蘇軾
23 周瑜卒　資治通鑑
24 邯鄲之囲　第一　資治通鑑
25 邯鄲之囲　第二　資治通鑑
26 郭泰奨訓士類　通鑑綱目
（綱目通鑑　資治通鑑綱目）（朱熹）
27 党錮之禍　第一　通鑑綱目
28 党錮之禍　第二　通鑑綱目

巻之七

1 房玄齢諫伐高麗疏　唐書
2 魏徴薨　唐書
3 十思疏　魏徴
4 大宝箴　唐・張蘊古
5 象祠記　王守仁（陽明）

6　貞節堂記　明・宋濂（学士）
7　厳先生祠堂記　范仲淹
8　跋外交余勢断腸記　黎庶昌
9　卜来敦記　黎庶昌
10　游歴　鄭観応
11　議院　鄭観応
12　動静論　合信
13　物質物性論　合信
14　甲越論　古賀精里（樸）
15　論東漢教化之効　資治通鑑
16　春山楼文牘序　黎庶昌
17　送田画秀才寧親万州序　欧陽修
18　梅聖兪詩集序　欧陽修
19　与小松生論出処書　林長孺
20　上枢密韓太尉書　蘇轍
21　論周命三晋為諸侯　資治通鑑
22　三晋滅智氏　資治通鑑
23　周徳威伝　第一　五代史
24　周徳威伝　第二　五代史
25　宦者伝　第一　五代史
26　宦者伝　第二　五代史
27　死節伝　第一　五代史
28　死節伝　第二　五代史
29　周臣列伝賛　五代史
30　伶官伝叙論　五代史
31　宦官伝論　五代史
32　一行伝叙論　五代史
33　唐六臣伝後論　五代史

巻之八
1　鈷鉧潭記　柳宗元
2　黄州快哉亭記　蘇轍
3　道山亭記　曾鞏
4　諫院題名記　宋・司馬光
5　愛蓮説　周敦頤
6　雑説四　韓愈
7　捕蛇者説　柳宗元
8　范文正公文集序　蘇軾
9　蘇氏文集序　欧陽修
10　釈祕演詩集序　欧陽修

11 書高松保郎断腕事 黎庶昌
12 王彦章画像記 欧陽修
13 学校 鄭観応
14 勧学 荀況
15 別三子序 王守仁
16 祭十二郎文 韓愈
17 周公論 王安石
18 荀卿論 蘇軾
19 韓非論 蘇軾
20 伯夷列伝 史記（司馬遷）
21 商君列伝 史記
22 范睢蔡沢列伝 史記

巻之九

1 楽毅列伝 史記
2 廉頗藺相如列伝 史記
3 屈原賈生列伝 史記
4 王好戦 孟子
5 牽牛而過堂下 孟子
6 不召之臣 孟子

---

7 為高必因丘陵 孟子
8 古聖之評 孟子
9 不託諸侯 孟子
10 郷原徳之賊 孟子
11 岳陽楼記 范仲淹
12 袁州学記 李覯
13 豊楽亭記 欧陽修
14 種樹郭橐駝《たくだ》伝 柳宗元
15 毛穎伝 韓愈
16 論養士 蘇軾
17 始皇論 蘇軾
18 管仲論 蘇洵
19 縦囚論 欧陽修
20 朋党論 欧陽修
21 晋文公問守原議 柳宗元
22 論仏骨表 韓愈
23 上張僕射書 韓愈
24 上田枢密書 蘇洵
25 上梅直講書 蘇軾
26 送石処士序 韓愈

27　送温処士赴河陽軍序　韓愈

巻之十

1　原道　韓愈
2　進学解　韓愈
3　上范司諫書　欧陽修
4　上韓枢密書　蘇洵
5　与韓愈論史官書　柳宗元
6　争臣論　韓愈
7　封建論　柳宗元
8　春秋論上　欧陽修
9　春秋論中　欧陽修
10　春秋論下　欧陽修
11　上高宗封事　胡銓
12　十漸疏　魏徴
13　審勢　蘇洵
14　審敵　蘇洵
15　張中丞伝後叙　韓愈
16　滝岡阡表《そうこうせんぴょう》　欧陽修
17　潮州韓文公廟碑　蘇軾

18　柳子厚墓誌銘　韓愈
19　弔古戦場文　李華
20　鱷《がく》魚文　韓愈
21　幽懐賦　唐・李翺《こう》
22　阿房宮賦　唐・杜牧之（牧）

3　中等教科漢文読本（福山義春・服部誠一）

底本・編者

底本は福山義春・服部誠一編『中等教科漢文読本』十巻、東京・阪上半七、明治三十二年（一八九九）二月二十三日発行、同年五月五日検定済を使用した（〈240〉）。本文の丁数は、巻之一：四十四丁、巻之二：三十五丁、巻之三：三十八丁、巻之四：四十丁、巻五：四十四丁、巻之六：四十八丁、巻之七：五十三丁、巻之八：五十八丁、巻之九：六十二丁、巻之十：五十六丁。頭注や練習問題はない。

福山義春は明治六年（一八七三）に熊本県玉名郡に生まれた。明治二十一年（一八八八）四月、第五高等中学校に入学、明治二十七年（一八九四）七月、帝国大学に進み、明治三十一年（一八九八）七月に文科大学漢学科を卒業。明治三十二年五月、師範学校、中学校、高等女学校の漢文科・日本史科・万国史科の教員免許状を取得。同年六月、茨城県中学校教諭、明治三十三年（一九〇〇）、土浦中学校長。著に『華盛頓《ワシントン》』世界歴史譚第一三編（博文館、一九〇〇年五月）等がある。文科大学卒業後から免許取得までの経歴は未詳であるが、『中等教科漢文読本』の編集はその間になされた。

服部誠一（一八四一―一九〇八）、号は撫松。福島県二本松の藩儒の家に生まれる。嘉永五年（一八五二）、藩学に入り和漢の学を修め、後に江戸の聖堂にて国漢学を修める。元治二年（一八六五）、藩学の教授となる。明治四年（一八七一）、廃藩のため廃官となり、翌年上京して開成学校教授となる。明治七年（一八七四）、独自の漢文体による『東京新繁昌記』五編（一八七四年四月―十二月）を刊行、破格の売れ行きを見せ、文名を上げる。明治九年（一八七六）には同書の六編を刊行、著名人の艶聞や政治批評を扱った雑誌『東京新誌』を発行する。明治十五年（一八八二）、立憲改進党の結成に参加し、雑誌『内外政治事情』を発行して政治評論を展開する。多くの雑誌を発行するが反官的な姿勢によりたびたび発売禁止となった。

明治二十四年（一八九一）から明治二十六年（一八九三）までは、文部省図書課の嘱託や大臣官房図書課詰となる。明治二十九年（一八九六）三月より宮城県尋常中学校に招聘され、作文と漢文を担当した。かつて藩学の教授であった撫松が初心に帰り、忘れがたい東北の地に赴き、著述業から教員へ転身したことは、繁昌の地への訣別であると同時に、政治の放棄を意味していると指摘されている（遠藤鎮雄「解説　服部撫松と『東京新繁昌記』」、二七一頁）。

宮城県尋常中学校で服部の授業を受けた吉野増造は、文章については服部とは反対の考えを持っていたが、普通の生徒として以上に服部とは親しかったという。よく引用される文献ではあるが、人となりや授業の様子等に関する部分を一部抜粋しておきたい。

只今の記憶によると、其頃の服部先生は漢文崩しでなければ文章でないといふのであつた。（中略）一体に詞藻の豊富な人と見えて、例へば先生春風駘蕩といふやうなことを外にまた何とか云ひ様はありませんかなどゝいふと、直ぐ得意になつて黒板へ二十三十位の熟字を書き示さるゝを常とした。之には生徒一同煙に捲かれて仕舞つたものである（「服部誠一翁の追憶」、三八頁）。

（生徒達が服部の訛りを笑ったことに対して）何を笑ふのかと、先生キョトンと真面目顔に済ましゐる。其顔がまた何ともいへぬ滑稽なものであつた。幾ら笑つたつて先生曾て怒つたことがない。笑はず怒らず、黙つて居て愛嬌のあること、当時の教師中の第一等の異彩であつた（同上、四〇頁）。

漢文をも教へられたのは私共の卒業した後である。漢文の講義はなか〳〵評判が良かつた（同上）。

先生の仙台に流れて来られたのは、多分落魄の結果であつたらう。併し私共は曾て一言の不平を先生の口から聞いたことがない。職務は極めて愉快に執られたやうだ。別に謹厳といふ程ではなかつたが、冗談口をきいたことも聞かぬ。江湖新報などに政論を書いた人としてならば格別、東京繁昌記等の著者としてはどうしても思へぬ。斯うした著書に依て想像さるゝ撫松居士と私の親炙した服部先生とは丸で別人の観がある（同上、四〇―四一頁）。

尋常中学時代の教員生活の一端がうかがえる。この時期に編まれたのが『中等教科漢文読本』である。

山敷和男『論考服部撫松』所収の年表によれば、明治三十三年に「服部誠一編中学作文参考中学教科作文課程の出版契約を水野慶次郎とむすぶ」（三九二頁）とある。これはおそらく、『中等教科作文全書』前後篇（水野書店、一九〇一年七月―一九〇二年一月）であろう。

該書は前篇で各学年で学ぶ文体の種類や文章を書くための思想、文字の用法を説明する。第一学年は書牘文・書取文・紀事文、第二学年は贈答文と紀事文中の叙事文・雑記文・紀行文、第三学年は紀事文中の叙事文・遊記文・雑記文・報告文及び雑説体・贈答送迎の文体・祝辞体、第四学年は寓記・遊記・伝記・題辞・序文・論文体、第五学年は記事論説のさらに高尚なものという段階を踏む。後篇は日常使用する文体の他に国語や漢文の教科書に採られる材料を用例として挙げている。これらの用例は普通文（訓読の語法を基礎とした文）を書くための模範というばかりではなく、作文を書くための思考力を高めるためのものでもある。

上記の年表には明治三十五年に「中等教科国語漢文読本二種を編輯して阪上半七と出版契約を結《ママ》ぶ」（同上）とあり、ここに言う漢文読本が底本で用いた『中等教科漢文読本』であると思われるが、国語読本のほうは現段階では未詳である。

編集方針

巻之一に収録されている「中等教科漢文読本凡例」を訳出して編集方針を確認したい。

一、本書編纂の基礎は、編者が長年積んできた経験によるものである。そのため収集した文章は、内外を問わず、選択の基準を各学年の学力に置き、その長短難易を区分した。

一、本書は多数の教育家の説も参照して順序を定めた。さらに文部省尋常中学教科細目調査委員による報告を参考にし、これを基準とした。

一、材料の選択には最も注意を払い、古臭くて陳腐なものを採らず、専ら有益で斬新なものを選んで収録することで、我が国で最近行っている普通教育の要旨に適合させた。これは編者の特に力を用いた所である。

一、本書に収めた材料は、内外の群書から収集した。遺漏のないように取り上げたが、たとえば日清戦争の事跡、愛国談・地理的話題等も、我が国の中等教科書に欠かせない事項である。そこで編者はこれらを起草して本書に採り入れた。

一、本書の編纂に当たって、編者が最も苦心したことは、その難易度である。そこで本書を十巻に分け、学年ごとに二巻を課した。易より難に入り、短より長に及んだ。各学年の学力に適合させるばかりではなく、高等小学校での読書の程度もふまえ、分かりやすく適切に学生が（漢文の学習を）始め、かつ進めやすいように努めた。

一、高等小学校第二学年を終えた生徒は、中学に入る資格を得て、すぐに本書第一巻を読むことになる。そのためまず漢文学習を始める入門書を提供することも、極めて必要なことである。これが第一巻前半に訳文を付した所以である。つまり原文と訳文の二種を対照させて生徒が理解しやすいようにしたのである。

一、文章の配列については、（難易度に）入念な配慮をしただけではなく、趣向を凝らした所もあり、事実の連絡に基づき、学習の際、自然と興味を覚え、飽きさせないように努めた。

明治三十二年一月　　編者識す

難易度への配慮としては、初めて漢文を学ぶ生徒のために巻一は（一）から（二七）までの作品に書き下し文を付け、和漢対照により漢文の構造を理解させる方法がとられている。訓点については、巻一から巻四までは返り点と送り仮名が施され、巻五から巻八は返り点のみ、巻九・十は白文という段階を踏んでいる。

教材の特色としてはまず第二条に見えるように、総説二章に述べた『尋常中学校教科細目調査報告』「尋常中学校漢文科教授細目」(以下「細目」)に基づいて編まれたことにある。教材構成について「細目」の試案と比べてみたい。「細目」の第一学年には『皇朝史略』『国史略』『日本政記』『日本外史』が挙げられている。『中等教科漢文読本』は一年で二巻を仕上げる配分なので、第一学年では巻一と巻二を学ぶ。この二巻は上記の出典のほかに日本人の地理・歴史に関する教材を中心とし、題跋や記の文体も収め、さらに西洋・中国の自然科学や西洋事情に関する作品も載せている。

第二学年では国史や日本近世名家の文を学ばせるという「細目」の提案に基づき、当該読本巻三・四はすべて日本人の作を収め、史伝教材のほかに、題・跋・記・説・喩・碣・碑等の文体の作品を載せている。

第三学年では『通鑑攬要』『通鑑輯覧』『通鑑綱目』や明清諸家の文を扱うという「細目」の提案に基づき、当該読本の巻五は巻四に続いて日本人の作のみであるが、巻六は『通鑑擥要』・本邦史論・明清文を収めた。

第四学年は『通鑑綱目』『資治通鑑』や唐宋諸家の文を扱うという「細目」の提案に基づき、当該読本の巻七は『資治通鑑』、巻八は宋文で構成されている。

第五学年は細目では唐宋諸家の文、『資治通鑑』『史記』『孟子』を学ぶように提案し、当該読本の巻九は唐文、巻十は『史記』と『戦国策』を収めた。このように「細目」を基準として編者の判断で調整して編集されたことがわかる。

次に第四条に見られるように、編者による自作教材が多いことも特色である。「編者」という作者名の記載のある教材と無記名の教材が編者の作であろう。「1　中等漢文」と同様に日清戦争に関する教材と地理に関する自作教材を採録している。こうして揃えた各教材を内容を関連させて配列している所に独自性があると編者は自負している。

服部撫松の文学を研究する上では晩年の教育界での活動はあまり重視されないのかもしれない。しかし漢文教育史から見れば、発表当時批判の多かった「細目」を受け止めながら、自作教材も用いてどのように独自性を打ち出そうとしたのかが注目される教科書である。

修正意見

検定の担当者に関するサインや捺印は残されていない。教材に関する修正意見は編集上の問題点を指摘したものが残されている。

【巻三（五）】青山延于「逆臣伏誅」〔舒明天皇〕は、「年代及ビ節ヲ異ニセル文章ヲ一括ニス不可ナリ、此伝最多シ（朱）○（黒）」（三丁裏下）という編集上の問題点が指摘された。この付箋のほかに段落を区切るべき箇所にカギ括弧（朱）の書き入れがある。この教材は原典では「冬十一月」から始まる蘇我入鹿の横暴ぶりを描いた箇所と、すぐ後に続く「四年夏六月」から始まる中大兄皇子と中臣鎌足らのクーデターを描いた二つのエピソードを中心に編集したものである。原典は歴史書なので年月を記してから事項を記す。両者は「○冬十一月。……其僭擬如レ此。○四年夏六月。三韓入貢《ス》。」（○冬十一月。……蘇我氏の僭越ぶりはこのようであった。○四年夏六月。三韓が入貢した）と年月によって区切られている（〈611〉『皇朝史略』第一冊巻二、二十七丁表）。しかし教材は「冬十一月」を削り、「四年夏六月」を注として扱い、「……其僭擬如此。三韓入貢皇極帝四年」と書き換えた。こうした処理を検定の担当者は段落の区別が不明瞭であると見なしたのである。

【巻三（十二）】岩垣松苗「砥浪山之戦」〔安徳天皇・寿永二年・義仲攻平氏・実盛勇闘〕には「以下註文ニシテ本文ニアラズ（朱）」（九丁裏下）という修正意見が付けられ、教科書には本文と注の境目にカギ括弧（朱）が書き込まれている。九丁表の教材の冒頭から九丁裏五行目「久等死之」までが原典『国史略』巻之三の本文で、九丁裏五行目「実盛」から教材の最後までは原典の注である。注が教材になることは珍しくないが、同一教材内で本文と注との区別がなされていないことを問題視したのであろう。

編集上の問題点が指摘されたものの、内容に不適切な箇所もなく、修正せずに検定済となった。

参考文献

服部鉄石「福山義春君」、『茨城人物伝』、服部鉄石、一九〇二年七月。

高橋刀川「福山義春君」、『常陽人物寸観』、高橋刀川、一九〇四年七月。

吉野作造「服部誠一翁の追憶」、『新旧時代』、明治文化研究会、一九二五年十一月。

三木愛花「服部撫松伝」、早稲田文学社編『早稲田文学』大正一五年四月号、東京堂、一九二六年四月。

野崎左文「服部撫松居士の評判」、『私の見た明治文壇』、春陽堂、一九二七年五月。

興津要「服部撫松研究」、『明治開化期文学の研究』、桜楓社、一九六八年一月。

塩田良平「解題」、同編『成島柳北　服部撫松　栗本鋤雲』明治文学全集4、筑摩書房、一九六九年八月。

遠藤鎮雄「解説　服部撫松と『東京新繁昌記』」、『東京風俗探訪』、学芸書林、一九七六年十月。

山敷和男『論考服部撫松』、現代思潮社、一九八六年五月。

本多隼男「二本松出身の漢学者　服部撫松の研究」、福島女子短期大学編『福島女子短期大学研究紀要』第二一号、福島女子短期大学、一九九一年三月。

朝倉治彦「解題」、朝倉治彦・槌田満文監修『東京新繁昌記』文学地誌「東京」叢書第一巻、大空社、一九九二年二月。

山本洋・寺谷隆「服部誠一『東京新繁昌記』翻刻と注釈」(上)・(下)、龍谷大学仏教文化研究所編『仏教文化研究所紀要』第三一―三二集、龍谷大学、一九九二年十一月―一九九三年十二月。

中野三敏「服部撫松と『東京新繁昌記』」、『開化風俗誌集』新日本古典文学大系明治編1、岩波書店、二〇〇四年二月。

目次

巻之一

（一）三種神器　藤田彪
（二）草薙剣　青山延于
（三）国体　会沢安
（四）皇基　頼襄
（五）稼穡　青山延光
（六）書挿秧図後　斎藤馨
（七）帝政　佐久間啓
（八）仁徳天皇聖徳　巌垣松苗
（九）高倉天皇仁恕　林恕
（十）孝徳　林恕
（十一）孝子愛敬　藤井臧
（十二）東村教化頑夫　角田簡
（十三）教化　貝原篤信
（十四）学問之道　東条耕
（十五）惜時日　貝原篤信
（十六）義家兵略　頼襄
（十七）義光伝秘曲　巌垣松苗
（十八）経正還琵琶　頼襄
（十九）忠度遺和歌　頼襄
（二十）除日起講　原善
（二一）徳川頼信智勇　頼襄
（二二）神童　東条耕
（二三）敏少年　原善
（二四）為父待罪　巌垣松苗
（二五）池尼救頼朝　巌垣松苗
（二六）文覚励頼朝　青山延于
（二七）頼朝度量　青山延于
（二八）三浦義明先見　其一　頼襄
（二九）三浦義明先見　其二　頼襄
（三十）実盛染鬚髪　青山延于
（三一）豪胆　岡田僑
（三二）真丈夫　岡田僑
（三三）勝戌愛士　岡田僑
（三四）快男子　頼襄
（三五）截蜻蛉《とんぼきり》　頼襄
（三六）飯田覚兵衛戒主君　青山延光
（三七）加藤清正剛毅　青山延光
（三八）加藤嘉明寛大　青山延光

（三九）林羅山諷諫井伊侯　原善
（四十）父子異心　頼襄
（四一）義経襲八島　巌垣松苗
（四二）宗高断扇轂　頼襄
（四三）嗣信代主死　頼襄
（四四）源平戦争図　斎藤馨
（四五）後醍醐天皇感夢召楠氏　青山延于
（四六）義貞挙義兵　頼襄
（四七）高徳謀奪駕　青山延于
（四八）正行殉国　其一　頼襄
（四九）正行殉国　其二　頼襄
（五十）義光義勇　林恕
（五一）瓜生保母　徳川光圀
（五二）蜂谷半之丞母　大槻清崇
（五三）成歓之役　其一
（五四）成歓之役　其二
（五五）成歓之役　其三
（五六）怯士改心　大槻清崇
（五七）勇者之甲　中村和（栗園）
（五八）弘安之役　大橋順
（五九）勤倹率下　頼襄
（六十）倹簿自奉　頼襄
（六一）君子五楽　佐久間啓
（六二）義損建黌　角田簡
（六三）足利学校　青山延于
（六四）銃術之伝来　飯田忠彦
（六五）以砲換孤矢　佐久間啓
（六六）題西洋城郭図　斎藤正謙
（六七）巴黎《パリ》　清・斌椿《ひんちん》
（六八）倫敦《ロンドン》　其一　斌椿
（六九）倫敦　其二　斌椿

巻之二

（一）覇府之始　頼襄
（二）諸侯
（三）平貞盛誅賊　頼襄
（四）足利四将軍　其一　頼襄
（五）足利四将軍　其二　頼襄
（六）足利四将軍　其三　頼襄
（七）毛利元就伝　宇津宮三近

（八）　北条氏康伝　宇津宮三近
（九）　伊達政宗伝　宇津宮三近
（十）　蔚山城《ウルサン》　其一　青山延光
（十一）　蔚山城　其二　青山延光
（十二）　上杉景虎智謀　飯田忠彦
（十三）　武田晴信謀略　飯田忠彦
（十四）　名将訓言　飯田忠彦
（十五）　佳士赤心　岡田僑
（十六）　信吉諫諍　岡田僑
（十七）　直言之功　頼襄
（十八）　藤綱至言　林恕
（十九）　忠勝三辞厚禄　青山延光
（二十）　正信仕旧君　中井積善
（二一）　信綱蔽主過　安積信
（二二）　鬼作左　安積信
（二三）　忠秋放鶉　青山延于
（二四）　康政頓智　安積信
（二五）　直孝果断　安積信
（二六）　奇計蓋世　安積信
（二七）　寛永三輔　佐藤坦

（二八）　尚倹戒奢　青山延于
（二九）　為夫甘艱辛　角田簡
（三十）　示塾生　藤沢甫（東畡）
（三一）　士之二楽　安積信
（三二）　勝高殺身全使命　頼襄
（三三）　豪胆少年　大槻清崇
（三四）　義直容直言　安積信
（三五）　寛仁赦刺客　岡田僑
（三六）　臨別受授兵器　岡田僑
（三七）　活眼相人　原善
（三八）　慶安之変　其一　青山延光
（三九）　慶安之変　其二　青山延光
（四十）　国家之元気　塩谷世弘
（四一）　負帝脱虎口　青山延于
（四二）　設疑兵破賊　巌垣松苗
（四三）　平壌《ピョンヤン》之戦　其一
（四四）　平壌之戦　其二
（四五）　平壌之戦　其三
（四六）　台湾府　青山延光
（四七）　題軍国諸船図　斎藤正謙

（四八）蒸気
（四九）火輪車　合信
（五十）電気　合信
（五一）電信機　合信
（五二）観臓之挙　東条耕
（五三）甘諸先生　東条耕
（五四）空気　合信
（五五）熱　合信
（五六）桜花譜跋　佐藤坦
（五七）題雲洞山水図　芳野世育
（五八）角力　村瀬之熙
（五九）散楽　村瀬之熙
（六十）熊説　斎藤馨
（六一）駱駝説　斎藤正謙
巻之三
（一）三韓征伐　頼襄
（二）韓王李氏
（三）鎌足苦心謀匡済　青山延于
（四）用明天皇崇奉仏法　頼襄
（五）逆臣伏誅　青山延于
（六）清麻呂一言全皇基　巌垣松苗
（七）浮雲掩月光　頼襄
（八）題菅公愛梅図　斎藤馨
（九）平治之乱　其一　頼襄
（十）平治之乱　其二　頼襄
（十一）富士河対陣　頼襄
（十二）砥浪山之戦　巌垣松苗
（十三）宇治河先登　其一　頼襄
（十四）宇治河先登　其二　頼襄
（十五）粟津之戦　巌垣松苗
（十六）鞆絵《ともえ》美而勇悍　青山延于
（十七）一谷之戦　頼襄
（十八）花篏横笛　巌垣松苗
（十九）逆櫓之争論　頼襄
（二十）壇浦之戦　頼襄
（二一）功不掩罪　栗山愿
（二二）腰越状　頼襄
（二三）何為怯哉　巌垣松苗
（二四）歌舞悽惋　青山延于

（二五）湊川之役　頼襄
（二六）楠氏之偉勲　頼襄
（二七）記江都火災　答芳川波山別紙　其一　安積信
（二八）記江都火災　答芳川波山別紙　其二　安積信
（二九）東都沿革　並新盛況　其一　編者
（三十）東都沿革　並新盛況　其二　編者
（三一）東都沿革　並新盛況　其三　編者
（三二）劫賊改心　原善
（三三）馬夫守道　原善
（三四）国役義務　編者
（三五）挹翠園記　頼襄
（三六）観曳布瀑游摩耶山記　斎藤正謙
（三七）五勝楼記　阪井華
（三八）京洛雑記　並勝区　其一
（三九）京洛雑記　並勝区　其二
（四十）跋嵐峡図巻　頼襄
（四一）天橋記　新宮碩
（四二）游松島記　平沢元愷
（四三）示塾生　柴野邦彦
（四四）垂松鷲　安井衡
（四五）雲喩　斎藤馨
（四六）水喩　斎藤馨

巻之四

（一）武門武士之称　頼襄
（二）桶峡之戦　中井積善
（三）論桶峡　佐藤楚材
（四）川中島（嶋）之戦　巌垣松苗
（五）志津嶽之戦　其一　青山延于
（六）志津嶽之戦　其二　青山延于
（七）黄海之戦
（八）山田長政戦艦図　塩谷世弘
（九）海防　佐久間啓
（十）林子平伝　其一　斎藤馨
（十一）林子平伝　其二　斎藤馨
（十二）高山彦九郎伝　其一　頼襄
（十三）高山彦九郎伝　其二　頼襄
（十四）読文天祥正気歌　芳野世育
（十五）兵要　佐久間啓
（十六）陪騎観放砲記　其一　斎藤正謙

（十七）陪騎観放砲記　其二　斎藤正謙
（十八）威海衛之役　其一
（十九）威海衛之役　其二
（二十）狩虎記（虎狩記）　塩谷世弘
（二一）猫狗説　頼襄
（二二）進学喩　其一　柴野邦彦
（二三）進学喩　其二　柴野邦彦
（二四）習説　尾藤孝肇
（二五）遊大滝記　斎藤馨
（二六）日光山行記　佐藤坦
（二七）南遊雑記　其一　安積信
（二八）南遊雑記　其二　安積信
（二九）大阪（坂）殷賑　其一
（三十）大阪殷賑　其二
（三一）従大坂至須磨明石記　其一　斎藤正謙
（三二）従大坂至須磨明石記　其二　斎藤正謙
（三三）耶馬溪図巻記　頼襄
（三四）題赤壁図後　安積信

巻之五

（一）請修史書　上水野越前守　塩谷世弘
（二）上楽翁公書　頼襄
（三）与青山総裁書　藤田彪
（四）贈桑名大夫吉村君序　野田逸
（五）送安井仲平東游序　塩谷世弘
（六）詩仙堂志序　柴野邦彦
（七）東湖遺稿序　林長孺
（八）洲崎八景巻序　安積信
（九）元寇紀略序　大橋順
（十）得月楼記　篠崎弼
（十一）遊千綿渓記　松林漸
（十二）杉田村観梅記　佐藤坦
（十三）五鬣館記　野田逸
（十四）月瀬記　斎藤正謙
（十五）霧嶋山記　安積信
（十六）呑山楼記　古賀樸
（十七）春雨楼記　藤森大雅
（十八）御馬説　安井衡
（十九）紙鳶説　野田逸

（二十）虚心平気説　尾藤孝肇
（二一）書群芳譜後　川田剛
（二二）名弁　安井衡
（二三）題村上義光碑陰　塩谷世弘
（二四）題楠中将画像　斎藤正謙
（二五）題擲冕服図　川田剛
（二六）畑六郎左衛門碣　安積信
（二七）井上竹笣翁墓碣　森田益
（二八）菅公神廟碑　藤森大雅
巻之六
通鑑擥要
（一）斉侯封即墨大夫。烹阿大夫　周烈王六年
（二）蘇秦相六国　周顕王三十六年
（三）秦趙会于澠池　周赧王三十六年
（四）秦白起坑趙卒四十万　周赧王五十五年
（五）秦伐魏。公子無忌敗之　自東周滅後三年
（六）秦初并天下。更号皇帝　秦王政二十六年
（七）焼詩書百家語　始皇三十四年
（八）陳勝自立為王（楚人陳勝呉広起兵）　秦二世元年
（九）項籍攻破函谷関。遂屠咸陽　漢王元年
（十）漢王以韓信為大将　漢王元年
（十一）韓信背水陣　漢王三年
（十二）漢韓信撃破楚軍　漢王四年
（十三）漢王囲項籍垓下　漢王五年
（十四）将軍周亜夫　漢文帝後六年
（十五）蘇武使匈奴　前漢武帝天漢元年
（十六）疏広疏受請老　前漢宣帝元康三年
（十七）伏波将軍馬援　後漢光武帝建武二十四年
（十八）曹操与卓兵戦於栄陽　後漢献帝初平元年
（十九）公孫瓚攻袁紹。以劉備為平原相　後漢献帝初平二年
（二十）王允使中郎将呂布誅董卓　後漢献帝初平三年
（二一）曹操撃呂布殺之　後漢献帝建安三年
（二二）劉備見諸葛亮於隆中　後漢献帝建安十二年
本邦史論
（二三）源義家論　斎藤馨
（二四）源頼朝論　安積信
（二五）源義経論　阪井華
（二六）楠正成論　頼襄

（二七）北条早雲論　青山延光
（二八）甲越論　中井積徳
（二九）毛利元就論　青山延光
（三十）織田信長論　塩谷世弘
（三一）豊臣秀吉論　安積信
（三二）伊達政宗論　岡田僑
明清文
（三三）群居課試録序　明・帰震川
（三四）前後入蜀稿序　明・唐荊川
（三五）送史大梅君応召序　明・王遵厳
（三六）秋水集序　清・朱彝尊
（三七）白渡汎舟記　清・魏禧
（三八）洞泉記　王遵厳
（三九）匏《ほう》斎記　朱彝尊
（四十）竹渓記　唐荊川
（四一）耐斎記　帰震川
（四二）棣華堂記　宋学士（濂）
（四三）人虎説　宋学士
（四四）招魂章碑　王遵厳
（四五）相臣論　魏禧
（四六）六国論　清・沈徳潜
（四七）三国論　清・呉成佐
巻之七
資治通鑑
（一）三晋滅智氏　周威烈王二十三年
（二）三晋為侯　周威烈王二十三年
（三）六国合従　周顕王三十六年
（四）長平之戦　周赧王五十五年
（五）邯鄲之囲　周赧王五十七年
（六）荀卿論兵　秦昭襄王五十二年
（七）韓非説秦王　秦始皇十四年
（八）陳勝唱乱　秦二世元年
（九）群雄競起　秦二世元年
（十）昆陽之戦　後漢淮陽王更始元年
（十一）王莽伏誅　後漢淮陽王更始元年
（十二）白馬之戦　後漢献帝建安五年
（十三）赤壁之戦　後漢献帝建安十三年
（十四）肥水之戦　晋孝武帝太元八年
（十五）玉壁之囲　梁武帝中大同元年

（十六） 貞観之治　唐太宗貞観年中

巻之八

宋文

（一） 豊楽亭記　欧陽修

（二） 厳先生祠堂記　范仲淹

（三） 岳陽楼記　范仲淹

（四） 袁州州学記　李覯

（五） 喜雨亭記　蘇軾

（六） 黄州快哉亭記　蘇轍

（七） 道山亭記　曾鞏

（八） 待漏院記　宋・王禹偁

（九） 諫院題名記　司馬光

（十） 蘇氏文集序　欧陽修

（十一） 贈黎安二生序　曾鞏

（十二） 送郭拱辰序　宋・朱熹（晦庵）

（十三） 彭和甫族譜跋　宋・文天祥（文山）

（十四） 愛蓮説　周敦頤

（十五） 前赤壁賦　蘇軾

（十六） 後赤壁賦　蘇軾

（十七） 上范司諫書　欧陽修

（十八） 上田枢密書　蘇洵

（十九） 上梅直講書　蘇軾

（二十） 表忠観碑　蘇軾

（二一） 上高宗封事　胡銓

（二二） 朋党論　欧陽修

（二三） 管仲論　蘇洵

（二四） 高祖論　蘇洵

（二五） 諫論上　蘇洵

（二六） 策略一　蘇軾

（二七） 論養士　蘇軾

（二八） 始皇論　蘇軾

（二九） 六国論　蘇轍

五代史

（三十） 唐臣伝

（三一） 雑伝

（三二） 死節伝

巻之九

唐文

（一）　十思疏　魏徴

（二）　大唐中興頌　唐・元結

（三）　上張僕射書　韓愈

（四）　代張籍与李浙東書　韓愈

（五）　与韓荊州書　唐・李白（太白）

（六）　送石処士序　韓愈

（七）　送温処士赴河陽軍序　韓愈

（八）　送楊少尹序　韓愈

（九）　送孟東野序　韓愈

（十）　賀進士王参元失火　柳宗元

（十一）　論仏骨表　韓愈

（十二）　争臣論　韓愈

（十三）　原道　韓愈

（十四）　師説　韓愈

（十五）　雑説一　韓愈

（十六）　雑説四　韓愈

（十七）　捕蛇者説　柳宗元

（十八）　鈷鉧《こぼ》潭記　柳宗元

（十九）　鈷鉧潭西小邱記　柳宗元

（二十）　至小丘西小石潭記　柳宗元

（二一）　袁家渇記　柳宗元

（二二）　石渠記　柳宗元

（二三）　石澗記　柳宗元

（二四）　小石城山記　柳宗元

（二五）　藍田県丞庁壁記　韓愈

（二六）　柳州羅池廟碑　韓愈

（二七）　陸文通先生墓表　柳宗元

（二八）　柳子厚墓誌銘　韓愈

（二九）　種樹郭槖駝説　柳宗元

（三十）　梓人伝　柳宗元

（三一）　毛穎伝　韓愈

（三二）　阿房宮賦　杜牧

孟子

（三三）　見牛未見羊　梁恵王上

（三四）　与民同楽　梁恵王下

（三五）　教玉人彫琢　梁恵王下

（三六）　若時雨降　梁恵王下

（三七）　養浩然之気　公孫丑上

（三八）　不忍人之心　公孫丑上

（三九）　不如人和　公孫丑上

（四十）進退有余裕　公孫丑下
（四一）非其招不往　滕文公下
（四二）子食功也　滕文公下
（四三）何待来年　滕文公下
（四四）豈好弁哉　滕文公下
（四五）仲子非廉士　滕文公下
（四六）自取之也　離婁上
（四七）養親之志　離婁上
（四八）有本者如是　離婁下
（四九）易地則皆然　離婁下
（五十）孔子集大成　万章下
（五一）猶水之就下　告子上
（五二）平旦之気　告子上
（五三）十日寒之　告子上
（五四）舎生而取義　告子上
（五五）無以小害大　告子上
（五六）有貴於己者　告子上
（五七）王覇之罪人　告子下
（五八）生於憂患　告子下

巻之十

史記

（一）項羽本紀
（二）伯夷列伝
（三）荘周列伝
（四）楽毅列伝
（五）廉頗藺相如列伝
（六）屈原列伝

戦国策

（七）司馬錯駁張儀　秦策
（八）蔡沢感悟応侯　秦策
（九）居奇貨収巨利　秦策
（十）馮煖為主市義　斉策
（十一）巧舌瞞着楚王　楚策
（十二）張儀主張連衡　楚策
（十三）触讋《しょう》諷諫威后　趙策
（十四）蘇代説燕昭王　燕策

4　訂正中学漢文読本（弘文館）

底本・編者

『中学漢文読本』の初版は〈98〉弘文館編『中学漢文読本』十巻（東京・弘文館、明治三十四年〔一九〇一〕十月三十日発行）であり、明治三十五年（一九〇二）二月二十五日発行の訂正再版が同年三月十日検定済となった（〈99〉）。底本で用いたのは、巻数を減らした〈100〉弘文館編、深井鑑一郎訂正『訂正中学漢文読本』五巻（東京・弘文館、明治三十五年十二月五日訂正三版）である。その後修正を加えた明治三十六年（一九〇三）三月三十一日発行の訂正四版が同年四月十三日検定済となった（〈101〉）。

本文の頁数は、巻一：八八頁、巻二：八〇頁、巻三：一一二頁、巻四：一六二頁、巻五：一五六頁。巻一は巻頭に句例を置き、巻四の巻末には用語練習・用字練習、巻五の巻末には用語練習・用字格を収める。

弘文館は安政四年（一八五七）に吉川半七が創業、明治三十三年（一九〇〇）に弘文館を商号とし、明治三十七年（一九〇四）に合資会社吉川弘文館が設立する。周知の通り、歴史学系の書籍を中心とした出版社であるが、明治期には各種教科の教科書も出版していた。漢文科については前述した「1　中等漢文」も含めて明治九年（一八七六）から三十九年（一九〇六）までに二十五種の教科書を確認した（〈70〉〈173〉〈174〉〈221〉〈222〉〈224〉―〈229〉〈231〉〈263〉―〈267〉〈456〉〈547〉〈604〉〈620〉〈675〉〈676〉〈697〉）。しかし大正から昭和初期までに出版された漢文教科書は確認できていない。

訂正者である深井鑑一郎（一八六五―一九四三）は明治三十一年（一八九八）より昭和十三年（一九三八）まで東京府立第四中学の校長を勤めた。漢文教科書も多数編集し、明治・大正期の漢文教育を考察する上でも注目すべき人物の一人である。深井の経歴や著述については『集成』Ⅰ・Ⅱ解説及び『集成』Ⅲ解説を参照のこと。

編集方針

『中学漢文読本』訂正三版には序文がないので、初版の「凡例」から教材選択の基準に関する箇所を訳出することで編集方針を考察したい。まず作品の配列順に関する箇所である。

一、本書は初めに短文を選び、次第に長篇を収めた。初めに邦人の文を載せ、次第に漢人の文に及んだのは、易より難に入るという順序である。最近はこのような順序が一般的であるが、間に漢人の文を採り、邦人の文中に雑然と入れたのは、必ずしも前例に従わなかったからである（一、本書初選二短文一。漸次収二長篇一。初載二邦人文一。漸次及二漢人文一。是自レ易入レ難之序次。勢不レ得レ不レ然。而間有下採二漢人文一。雑レ於二邦人文中一者上。不三必拠二前例一也。）〈98〉巻一、凡例、一丁表）。

基本的には邦人から漢人の作へ進むという難易度の順序を取るが、完全には分けていないと説明がある。次に収録作品の選択方法を述べた箇所を引用する。

一、本書に収録したものは、つとめて諸般の事実を網羅した。修身・歴史・地理から、理化・博物の諸学科に及んだ。これは少年の心の開発に、補益することがあるだろう（一、本書所二収録一。務網二羅諸般事実一。自二修身・歴史・地理一。以及二理化・博物諸科一。是於レ開二発少年心地一。未三必無二補益一也。）（同上、一丁表―裏）。

訂正三版は巻数が半分になり教材も減ったが、採録された教材の配列と傾向は初版を継承し、明治三十年代前半に流行した総合的な教材構成の系統にある教科書である。

修正意見

この教科書には「林」の印と、判読不明の印が押されている。教材の内容に関する修正意見を見ていきたい。

【巻四7】「日本之漢学其二」〔黄遵憲『日本国志』学術志一・漢学〕、「曾我景章、林長孺ハ明治ノ初マテ存在セシ人ナレハ佐久間啓ノ後ニ移シタシ　コノ処人物ノ排列甚タ乱雑ナリ」（一五頁・下・黒）。教材は程朱の学、陽明学、古学、史学の代表人物を挙げ、続けてその他の人物を列挙する。問題視されたのはその配列順である。三十六番目に曾我景章（一八一六―一八七〇　教材は曾我章に作る）が置かれ、次いで佐藤坦（一七七二―一八五九）、安積信（一七九一―一八六一）、柴野允升（一七七三―一八三五）、斎藤馨（一八一五―一八五二）、林長孺（一八〇六―一八七八）と並べられている。修正意見は曾我と林を最後の佐久間啓（一八一一―一八六四）の後に置くべきであるとする。この箇所は他の教科書でも検定時に問題視されることがあったが、『中学漢文読本』は訂正せずに検定を通過した。

【巻二40】青山延光「宗行家士斃虎（宗行の家士虎を斃す）」には「新羅ノ時代ニハ非ルヘシ」（四二頁・下・黒）という修正意見が付けられた。さらに「新羅」の右に黒の傍線が引かれ、下部に先端破損の付箋がある。壱岐の守の宗行に些細な事で殺されそうになった家臣が新羅に逃げ、そこで猛威を振るっていた虎を弓で射止めたという内容で、『宇治拾遺物語』の「宗行が郎等虎を射る事」を漢文に改めたような作品である。修正意見の通りに「朝鮮」に訂正された。

【巻五24】劉向「宣王拝醜女為后（宣王醜女を拝して后と為す）」〔『新序』雑事17〕は「差支ナキカ」（四一頁・上・青鉛筆）という意見が付けられた。この付箋の下に鉛筆で「差支ナシ」とあるように、訂正四版においても入れ替えや削除はなかった。教材は、斉の国に極めて容貌の醜い無塩女と呼ばれた女性がいた。無塩女は宣王に現在の斉の国が抱える問題点を解決する策を申し述べたところ、宣王はその見識に感じ入り、后としたという内容である。どの箇所が問題視されたのかは判断しにくい。醜女という表現が問題になったのであろうか。

【巻五51・52】『孟子』「斉人有一妻一妾而処室者（斉人に一妻一妾にして室に処る者有り）」〔離婁下33〕には「削」（一三六頁・上・朱）という意見が付けられた。合わせて採録された伴蒿蹊《こうけい》「斉人有一妻一妾而処室者の章を訳す」も同じく「削」

（一三七頁・上・朱）と判断され、訂正四版ではどちらも削除された。

問題点を確認するために教材の内容を見ておきたい。斉の国に妻一人、妾一人とともに暮らす男がいた。男は外出すると必ず満腹になって帰宅する。男によれば富貴な人と食事をしているという。不審に思った妻が、外出した夫のあとをつけてみると、あちこちの祭りに出かけて残り物をもらっていた。妻は先に帰り、妾と夫の情けなさについて語り、涙を流した。何も知らない男は帰宅後、妻と妾にいつも通りに自慢気に話をした。富貴を求める人間の実態を描いた一篇であり、教訓を含み、話としても面白みのある教材として適当であると編者は判断したのであろう。しかし、明治三十一年（一八九八）には一夫一婦制も定められており、妻と妾が登場するこの教材は、主旨とは異なる箇所によって教育上不適切であると見なされたのではないだろうか。

参考文献

吉川圭三・鈴木敏夫「日本一の歴史をもつ出版社そのバック・ボーン―吉川弘文館社長・吉川圭三氏に聞く―」、『出版ニュース』一九六六年三月上旬号、出版ニュース社、一九六六年三月。

塩沢実信「戦後名編集者列伝　良書一筋の三代目・吉川圭三」、『新刊展望』第二九巻第九号、日本出版販売、一九八五年九月。

同「吉川弘文館　専門書一筋の一世紀半」、『出版社大全』、論創社、二〇〇三年十一月。

「吉川弘文館創業１５０年のあゆみ」、『本郷』ＮＯ．６９、吉川弘文館、二〇〇七年五月。

目次

巻一

1 句例一
2 句例二
3 句例三
4 句例四
5 句例五
6 句例六
7 句例七
8 学校 貝原篤信
9 過目皆憶 近世叢語（角田簡）
10 以継述為志 続近世叢語（角田簡）
11 宣長国学 校正続国史略（小笠原勝修）
12 群書類従 国史略（巌垣松苗）
13 雪山学書 近世叢語
14 静心以書 日本智嚢（中村栗園）
15 探幽為画伝 国史略
16 国瑞洋学 日本国志（黄遵憲）
17 勘兵数学 編者
18 山陽歴史 校正続国史略
19 白石史論 校正続国史略
20 赤水地理 近世叢語
21 地理学 斎藤拙堂（正謙）
22 貞頼検出無人島 国史略
23 蘭山博物 続近世叢語
24 米穀 日本国志
25 始伝草綿 国史略
26 雌雄双蕊 日本国志
27 動物 格物探原
28 運動四肢 佐藤一斎（坦）
29 康健之福 西稗雑纂（中村正直）
30 上野公園 菊地三渓
31 浅草寺 扶桑遊記（王紫詮）
32 軍旗授与式 国史略
33 徴兵 国史略
34 赤心報国 先哲叢談（原念斎）
35 西洋銃法 国史略
36 始得自鳴鐘 日本国志
37 横浜 川北梅山
38 漆器 日本国志

39　織（撤）扇　日本国志
40　神戸港　川北梅山
41　楠公廟　扶桑遊記
42　大日本史　校正続国史略
43　筑波山　菊池三渓
44　勿来関　安井息軒
45　八幡太郎　日本外史（頼山陽）
46　仙台　川北梅山
47　松島　日本国志
48　金華山　大槻磐渓
49　伊達政宗　日本智囊
50　林子平　随鑾紀程（川田剛）
51　米沢　林鶴梁（長孺）
52　治憲起興譲館　校正続国史略
53　紀徳民　校正続国史略
54　平田篤胤　随鑾紀程
55　秋田款冬　随鑾紀程
56　北海海産　日本国志
57　小樽鰊　随鑾紀程
58　函館港　川北梅山

59　五稜郭氷　随鑾紀程
60　蝦夷人種　川北梅山
61　伊久波獲羆　久坂江月斎
62　巴提便《はてす》刺虎　国史略
63　虎　博物新編
64　馬　博物新編
65　鹿　本草綱目
66　奈良　川北梅山
67　大和　大八洲遊記（青山延寿）
68　紀元節　国史略
69　宝祚無窮　日本書紀（舎人親王）
70　君子国　国史紀事本末（青山延光）
71　富士山　日本国志
72　百不二図　校正続国史略
73　山愈高愈泠　格物探原
74　琵琶湖　日本国志
75　始試蒸気船　米利堅志（岡千仞）
76　湖鮒瀫鯉　羽倉簡堂
77　魚類　漢学入門
78　鰷《あゆ》　寺島杏林堂

79	利根川	扶桑遊記
80	白山	日本国志
81	金沢	大八洲遊記
82	九谷焼	日本国志
83	順菴仕加賀侯	近世叢語
84	技芸有四等	先哲叢談後編（東条耕）
85	頼宣封紀伊	日本智嚢
86	和歌山	川北梅山
87	紀州柑園	大八洲遊記
88	枇杷	本草綱目
89	義直封尾張	渉史続筆
90	名古屋	川北梅山
91	静岡	大八洲遊記
92	家康麦飯	渉史偶筆（岡千仞）
93	必非常人	近世人鏡録（角田簡）
94	岡山	
95	熊沢藩山	先哲叢談
96	近江聖人	近世叢語
97	貝原益軒	近世叢語
98	福岡	大八洲遊記

99	時宗鏖元寇	牧百峰
100	黒田如水	頼山陽（襄）
101	不欲使習奢	近世叢語
102	安芸孝子	近世叢語
103	広島	
104	毛利元就	日本智嚢
105	幸盛忠義	武乗
106	錦帯橋	報桑録（斎藤竹堂）
107	隆景老兵	渉史偶筆
108	清正守蔚山	国史略
109	熊本	大八洲遊記
110	熊本囲城	国史略
111	鹿児島	
112	薩摩薯	日本国志
113	蕃薯済人	国史略
114	農業	
115	食力無已時	譚海
116	寒夜脱御衣	皇朝史略（青山延于）

巻二

1	国体	川北梅山
2	天長節	日本国志
3	追賞忠義	国史略
4	君平作山陵志	続近世叢語
5	正之勤王	塩谷宕陰（世弘）
6	高徳題桜樹	日本外史
7	桜花	稲生若水
8	墨田川	扶桑遊記
9	吾妻橋	潭海
10	新燧社	扶桑遊記
11	工業	川北梅山
12	日光廟	扶桑遊記
13	東照宮石華表	藤野海南
14	奈良大仏	重野成斎（安繹）
15	半田銀山	随鑾紀程
16	北海炭坑	随鑾紀程
17	汽車	随鑾紀程
18	人力車	大槻如電
19	上海	観光紀游（岡鹿門）
20	長崎	日本国志

21	朱印船	日本国志
22	砂糖	随鑾紀程
23	永富製糖	国史略
24	源内製寒暖計	片山沖堂
25	気候	川北梅山
26	北海道	川北梅山
27	台湾	重野成斎
28	鄭成功	国史略
29	後楽園	扶桑遊記
30	戒太田秀実書	徳川景山（斉昭）
31	遊学中第一緊要事	山田方谷
32	習説	尾藤二洲（孝肇）
33	熊説	斎藤竹堂（馨）
34	象	博物新編
35	暹羅《シャム》	瀛《えい》環志略（涂継畬）
36	長政入暹羅	羽倉簡堂
37	政宗偵羅馬	斎藤竹堂
38	羅馬	重野成斎
39	獅識奴	潭海
40	宗行家士斃虎	青山佩弦斎（延光）

41 朝鮮　桂山彩巌（義樹）
42 碧蹄館之戦　日本外史
43 我軍攻旅順　重野成斎
44 金鵄勲章　依田学海（百川）
45 軍制　川北梅山
46 電報　随園漫筆
47 商業　三島中洲（毅）
48 商人本色　西稗雑纂
49 尺糸亦係天物　名賢言行略（安積信）
50 貿易　三島中洲
51 水産　依田学海
52 鯨鯢　博物新編
53 捕鯨　斎藤拙堂
54 紀文海運　菊池三渓
55 相州洋　大槻西磐
56 軍艦　依田学海
57 観横須賀造船場　得間瑣録（川田甕江）
58 富士艦の廻航　佐佐木高志
59 富士艦廻航（国文漢訳）　依田学海

巻三
1 宮城　依田学海
2 江戸城　塩谷宕陰
3 江戸水道　重野成斎
4 江戸大火（節録）　青山佩弦斎
5 靖国神社　依田学海
6 東海道鉄道　重野成斎
7 京都　依田学海
8 平安京　国史略
9 平安神宮（詩）　小野湖山
10 嵐山　大槻西磐
11 護王神社　橋本晩翠
12 石川丈山　塩谷宕陰
13 富士山（詩）　石川丈山（四）
14 題豊公神廟壁（詩）　石川丈山
15 大阪　依田学海
16 浪華（詩）　岡本黄石
17 高津宮　皇朝史略
18 湊川之戦　日本外史
19 楠公別子図（詩）　頼山陽

20 楠氏論　日本外史
21 新田義貞（詩）　副島種臣
22 日本刀説　阪田警軒
23 士規七則　吉田松陰（矩方）
24 男児（詩）　尾藤二洲
25 教育　三島中洲
26 観墨水走舸記　信夫恕軒（粲）
27 書二松学舎生徒写真図背　三島中洲
28 送三菱商業学校生員往香港上海各地序
南摩羽峰（綱紀）
29 会社　三島中洲
30 勧業博覧会　依田学海
31 陶器　重野成斎
32 陶工巴律西《パリッシー》　中村敬宇（正直）
33 忠益説　中村敬宇
34 科倫布《コロンブス》検出新地　其一　岡鹿門（千仞）
35 科倫布検出新地　其二　岡鹿門
36 米国独立　瀛環志略
37 吉田佐久間二氏下獄　岡鹿門
38 送吉田松蔭（詩）　佐久間象山（啓）
39 下岐蘇川記　斎藤拙堂
40 下岐蘇川（詩）　頼山陽
41 記信州地震　塩谷簣山（誠）
42 磐梯山噴火記　依田学海
43 赤十字社　依田学海
44 送岡山県近衛将卒出征序　三島中洲
45 故近衛師団長陸軍大将大勲位功三級能久親王墓誌銘
川田甕江（剛）
46 阿閉掃部（国文）　室鳩巣（直清）
47 尚武之俗可想（国文漢訳）　大槻磐渓

巻四
1 霞関臨幸記　重野成斎
2 十一月之吉上親行大祭恭記其事（詩）　鷲津毅堂
3 明治孝節録序　元田東野
4 賀立皇太子表　島田重礼
5 奉送皇太子遊西京（詩）　三島中洲
6 日本之漢学　其一　清・黄遵憲
7 日本之漢学　其二　黄遵憲
8 晰文法　斎藤拙堂

9 読書法　清・魏東房
10 学説贈葉徂徠　清・魏祐斎
11 幼学所当先　小学
12 十四歳時述懐（詩）　山田方谷
13 格言三則　荀子　晋・陶侃　陶潜
14 日本之西学　黄遵憲
15 奉使倫敦記　黎庶昌
16 倫敦繁盛　清・薛福成
17 巴黎斯繁華　清・王紫詮
18 贈人赴仏国博覧会序　竹添井井（進一郎　竹添漸卿）
19 仏郎《フランス》王歌（詩）　頼山陽
20 普法戦紀序　清・陳桂士
21 読孛仏戦争紀（記）略（詩）　鷲津毅堂
22 中東戦紀本末初編叙　清・龔心銘
23 大日本帝国皇帝宣戦の詔
24 訳日本宣戦書（訳日本皇帝宣戦詔）　韓国・尹致昊
25 清国皇帝宣戦詔
26 聞黄海捷報作（詩）　藤沢南岳
27 論鴉片《アヘン》　清・彭玉麟
28 曾文正公神道碑　其一　清・李鴻章

---

29 曾文正公神道碑　其二　李鴻章
30 与李鴻章書　竹添井井
31 岳飛　廿一史約編
32 題青泥市寺壁（詩）　岳飛
33 擬褒崇岳忠武王議　魏祐斎
34 上高宗封事　胡澹庵（詮）
35 文天祥　元史（節録）
36 正気歌　文文山（天祥）
37 和文天祥正気歌　有序　藤田東湖（彪）
38 述懐（詩）　明・朱舜水
39 格言四則　書経　詩経　論語　孝経
40 諸葛亮　十八史略
41 蜀相（詩）　唐・杜子美（甫）
42 赤壁之戦　資治通鑑綱目
43 前赤壁賦　蘇東坡（軾）
44 前赤壁の賦に擬す（漢文国訳）　伴蒿蹊
45 後赤壁賦　蘇東坡
46 赤壁図（赤壁図賛）　明・方正学（孝孺）
47 赤壁（詩）　袁随園（枚）
48 黄州快哉亭記　蘇穎浜（轍）

49 早発白帝城（詩） 李太白（白）
附 用語練習 用字練習

巻五
1 陳情表 李密
2 格言四則 礼記 孝経（二則） 小学
3 孝子（詩） 唐・狄仁傑
4 慈烏夜啼（詩） 唐・白楽天（居易）
5 格言三則 左伝 論語（二則）
6 撫州顔魯公祠堂記 曾南豊（鞏）
7 過平原作（詩） 文文山
8 雑説上 韓退之（愈）
9 雑説下 韓退之
10 王彦章画像記 欧陽永叔（修）
11 豊楽亭記 欧陽永叔
12 喜雨亭記 蘇東坡
13 雷雨（詩） 宋・劉克荘
14 田家行（詩） 唐・王建
15 織女詞（詩） 唐・孟東野（郊）
16 格言三則 史記 書経 礼記
17 送薛存義序 柳柳州（宗元）
18 捕蛇者説 柳柳州
19 種樹郭橐駝伝 柳柳州
20 王無罪歳 孟子
21 孟母断機 蒙求
22 孟母三遷の教（漢文国訳） 女郎物語
23 仲尼之徒無道桓文之事君 孟子
24 宣王拝醜女為王后 劉向新序
25 管仲伝 史記
26 管仲論 宋・蘇老泉（洵）
27 上尚徳緩刑書 漢・路温舒
28 商君伝 史記
29 除肉刑詔 漢・孝文帝
30 報任安書 漢・司馬遷
31 答蘇武書 漢・李陵
32 蘇武伝 漢書（班固）
33 蘇武（詩） 李太白
34 胡歌曲（詩） 唐・無名氏
35 諫伐匈奴書 漢・主父偃
36 上范司諫書 欧陽永叔

37　義田記　宋・銭公輔
38　岳陽楼記　范仲淹
39　登岳陽楼（詩）　杜子美
40　初至巴陵与李十二白同泛洞庭湖（詩）　唐・王維
41　偃虹堤記　欧陽永叔
42　新修滕王閣記　韓退之
43　袁州州学記　李泰伯（覯）
44　師説　韓退之
45　格言八則　孟子　礼記　論語六則
46　小学題辞　朱晦庵（熹）
47　符読書城南（詩）　韓退之
48　独楽園記　司馬光
49　躁進徒為耳　小学
50　三戒并序　柳柳州
臨江之麋／黔之驢／永之鼠
51　斉人有一妻一妾而処室者　孟子
52　斉人有一妻一妾而処室者の章を訳す（漢文国訳）　伴蒿蹊
53　帰去来辞　晋・陶淵明（潜）
附　用語練習　用字格

異同

底本とした訂正三版と検定を通過し訂正四版との相違点を挙げる。巻一38「漆器」は「輸出一宗」、39「繖扇」は「偏伝於泰西（偏《あまね》く泰西に伝ふ）」に教材名が変更になった。本文は同じ内容である。

巻二52「鯨鯢」は訂正四版では削除された。

巻三24「男児」は訂正四版では教材名が「男子」に変更された。内容は同じである。45「故近衛師団長陸軍大将大勲位功三級能久親王墓誌銘」、46「阿閉掃部」、47「尚武之俗可想（尚武の俗想ふべし）」は底本では目次に記載がないが本文に収録されている。訂正四版では目次にも教材名が追加された。

巻五23「仲尼之徒無道桓文之事者（仲尼の徒桓文の事を道ふ者無し）」は訂正四版の目次のみ、「宣王問孟子斉桓晋文之事（宣王孟子に斉桓晋文の事を問ふ）」と教材名が変更になったが、本文のほうは変更がない。51「斉人有一妻一妾而処者」（目次「有斉人一妻一妾而処者」）、52「斉人有一妻一妾而処者の章を訳す」（目次「有斉人一妻一妾而処者の章を訳す」）は、訂正四版では前述の通り検定時の指示によりどちらも削除された。

5　漢文読本（法貴慶次郎）

底本・編者

法貴慶次郎編、服部宇之吉校『漢文読本』五巻（東京・元元堂書房）は、明治三十七年（一九〇四）十二月十二日発行の初版を底本とした〈256〉。明治三十八年（一九〇五）五月十一日発行の訂正再版が、同年五月十六日検定済となっている〈257〉。さらに改訂を加えた訂正三版が同年九月二十三日に発行され〈258〉、明治三十九年（一九〇六）一月十日修正再版が、同年一月十九日検定済となった〈259〉。

本文の頁数は、巻一：九八頁、巻二：一九一頁、巻三：二〇八頁、巻四：二〇〇頁、巻五：二二〇頁。匡郭は二段で頭注が付けられている。巻一には教材の出典一覧が掲載され、出典確認の参考になる。

法貴慶次郎は東京高等師範学校教諭兼助教授。著書に『山崎闇斎及其学派』（佐藤政二郎、一九〇二年六月）、『中世哲学史綱』（金港堂書籍、一九〇三年七月。以上国会デジ）等がある。編集した教科書には、〈749〉『師範教科漢文読本』三巻（元元堂書房、明治三十八年九月三十日発行）、〈750〉『師範教科漢文読本』三巻（明治三十九年一月十日訂正再版、明治三十九年一月十九日検定済）がある。

校閲者の服部宇之吉（一八六七―一九三九）は福島県二本松の生まれ。中国哲学者。著に『東洋倫理綱要』（大日本漢文学会、一九一六年二月）、『孔子及孔子教』（明治出版社、一九一七年一月）。東京帝国大学文科大学哲学科を卒業後、文部省に勤務し、第三高等中学校教授、高等師範学校教授、東京帝国大学文科大学教授等を歴任し、明治三十五年（一九〇二）十月より北京大学堂師範館正教習となる。当時北京では、国を救うには教育の改善によって人材育成をしなければならないと新教育の建設が叫ばれていた。そこで西洋の文物を採り入れて同化し、東洋風にした日本に学ぶことが最も速いとして、日本から教師を招き、日本に留学生を送り出すことになった。そしてまず現在の日本では程度が高いため明治初年の日本を学ぼうとした。新教育を興すために教員養成の学校を開設し、服部宇之吉らが日本から派遣された（服部宇之吉「服部先生自叙」、一七―一八頁）。服部は中国における師範教育の基礎作りに貢献をし、明治四十二年（一九〇九）一月に契約満期となり帰国した。

服部は日本から師範館の教習を招聘していた。その中の一人が法貴慶次郎である（謝群「清末の日本人教習の「行動」と「思想」」、六一頁）。法貴は明治三十八年（一九〇五）から明治四十一年（一九〇八）まで京師大学堂で教習を勤め、倫理学、教育学を講じた。『漢文読本』の編集と校閲は主に北京で行われたものと考えられる。

題字を書いたのは袁励準（一八七五―一九三六　一説に一八七七―一九三五）、河北宛平の人、字は珏《かく》生、号は中洲。書画・古墨・古硯の収集家として知られ、工業学堂監督、清史館纂修、輔仁大学教授等を歴任した。著に『中州墨録』三巻等。光緒三十年（一九〇四）一月から緒三十三年（一九〇七）九月まで、京師大学堂の斎務提調（各学科の寄宿舎の整頓・日常生活の監督等、すべての事務を管理）を勤めていた。これが機縁となり、『漢文読本』に題字を寄せることになったのであろう。封面には漢文教科書に時折見られる日中交流の一面が現れている。

服部が校閲を担当した教科書は『漢文読本』の他に〈689〉岩谷英太郎編『女子漢文読本』四巻（集英堂、明治三十二年（一八九九）十二月八日発行）がある。さらに自らも編者として多数の漢文教科書を手掛けており、明治期に出版されたものには、〈210〉服部宇之吉編『漢文新読本』五巻、東京・明治図書、明治四十一年十一月二十二日発行、〈211〉明治四十二年（一九〇九）十一月二十一日発行・同年一月二十六日訂正再版、同年二月四日検定済、〈212〉『服部漢文新読本』五巻、東京・明治図書、明治四十四年（一九一一）十月三十日発行（〈213〉明治四十五年（一九一二）一月十六日訂正再版、同年二月一日検定済）がある。教材の特色としては清国国文教科書、『文学初階』『蒙学読本』等、同時代の中国の教科書から教材を採っている所に特色がある。

教科書編集にも携わったが、明治期の漢文教育における服部の活動としては、訓点の規則を定めた「漢文教授ニ関スル調査報告」（『官報』第八六三〇号、印刷局、一九一二年三月二十九日）がよく知られており、今日にも続く規定となっている。当該報告書は「句読法」、「添仮名法」、「句読法以下諸則適用ノ例」により構成され、今日においても基準となっている。『官報』は国会デジでも閲覧可能であるが、『漢字漢文』第四巻第九号（全国漢字漢文教育研究会編、秀英出版、一九七二年四月）において「〔資料〕漢文の句読・返点・添仮名・読方法」として全文が掲載され、原田種成による解説が付されている。「添仮名法」は江連隆『漢文教育の理論と実践』（大修館書店、一九八四年十月）に一部が資料として収録されている（三二三―三三六頁）。また、例文の出典を記し、誤字等を訂正した、佐藤進・日野俊彦による補注がある（http://www.nishogakusha-kanbun.net/kanp8630.pdf/　2018.9.2 閲覧）。

ここで触れておきたいのは、これを作成した「服部宇之吉外十人」についてである。この書き方であれば服部の他に十人いるので合計十一人が作成に関わったことになるが、その全員を特定はできていない。人数も足りず未確定ではあるものの、ここでは可能性の一つとして明治四十二年（一九〇九）に発表された「内国彙報・漢文調査会設立」という記事に見える調査会の人員を挙げておきたい（『教育界』第九巻第三号、金港堂、一九〇九年十二月、一〇五頁）。記事によればこの調査会は毎週土曜日に例会を開き、中等教育における漢文科の現在を調査し、教授法の調査研究に従事する予定であると述べられる。そこに挙げられた十名の会員を掲載順に掲げる。

星野恒（一八三九―一九一七）　東京帝国大学文科大学教授
服部宇之吉（一八六七―一九三九）　東京帝国大学文科大学教授
市村瓚次郎（一八六四―一九四七）　東京帝国大学文科大学教授
岡田正之（一八六四―一九二七）　東京帝国大学文科大学助教授・学習院教授
安井小太郎（一八五八―一九三八）　第一高等学校教授
小柳《おやなぎ》司気太《しげた》（一八七〇―一九四〇）　東京帝国大学文科大学講師
上田万年（一八六七―一九三七）　東京帝国大学文科大学教授・文官普通試験委員

芳賀矢一（一八六七―一九二七）　東京帝国大学文科大学教授
松井簡治（一八六三―一九四五）　東京高等師範学校教授
大橋銅道

所属・役職は『職員録（甲）』明治四十三年五月一日現在に基づき、小柳については「小柳司気太略年表」（西村欣策編『近世之醇儒　小柳司気太』、如沢寛、一九九九年三月）を参照した。大橋銅道という人物については探すことができなかった。おそらく国語や漢文の教授法について論文や著書もある、東京高等師範学校教諭の大橋銅造（生没年未詳）の誤記と思われる。仮にこれらの人々が関わっていたとするなら、東京帝国大学、東京高等師範学校、第一高等学校の国語、漢文関係の教授陣が中心となり、近代の漢文訓読の規則が作成されたと考えられる。正確な人員については後日を俟ちたい。

編集方針

「例言」は和文なので要約して内容を紹介する。全文は第十三巻を参照のこと。

一、本書は中学校を主とし師範学校、陸海軍予備校および同程度の各種学校の漢文用教科書に編集した。

二、教材の内容は特に皇国青年の英気を鼓舞し、忠君愛国の精神と高尚な情操との修養に資するものを基準とした。

三、材料は、①著名な史伝説話、②偉人豪傑を描いた文学、③自然の美しさを描写した文学、④古来皇国民性の教化の源泉となってきた文学、⑤将来皇国民性を発展させるために有力な根底になる文学、⑥世間一般に流行している文学、⑦音調・風格が高尚で永久に尊重すべき文学、⑧情意・音調ともに青年の意気を鼓舞するに足る文学、⑨現今の科学思想と矛盾しない文学、⑩青少年には難しい語句や典故を含まない文学を選択した。

さらに教材は国語科だけではなく、修身科、歴史科と関連させ、特に初年級の教材を小学校で学んだ内容と繋がりを持たせることに注意する。

四、材料の種類と分量は文部省の教授要項に従って各学年に配当した。

三《ママ》、送り仮名は、語根のほかはすべて施し、国語の語法に適合させ、初年級では小学校で学んだ国語と連絡させることに配慮した。

四《ママ》、句読点に○印のみを用いたのは生徒を混乱させないためである。返り点はレ、一二三四、甲乙丙丁戊己などを用いた。初巻は会話文を『　』で示した。文字と文字の間に—印を用いて熟語の記号とした。

五、欄上には①作者の略歴、②固有名詞の略解、③難語の略解、④教授上必要な摘字、⑤解釈には点を施し、摘字は点を省いて両者の区別をした。

六、各巻に一枚、現在の東洋地図または日本地図を付した（底本には未収）。

七、さらに詳細は教師用参考書に譲る（未見）。

八、主な教材の出典の一覧

明治三十七年十二月　編者

第四条に文部省の教授要項に従ったとあるが、これは明治三十五年（一九〇二）公布の「中学校教授要目」であろう。しかし、皇国民の養成を重視する法貴が徳育を重視しない要目に必ずしも賛同していなかったことは総説に述べた通りである（八・九章）。この教科書の特色として、詩の多さが挙げられる。詩は教材総数五〇六篇のうち二二五篇で、約四四パーセントにのぼる。これは詩によって青年の意気を鼓舞することをねらいとしたのだろう。

法貴が編集した師範学校用の『師範教科漢文読本』は中学校用とは編集上の違いが見られる。中学校用は単句から学習が始まるが、師範学校用は分量のある返点と送り仮名が施された教材を巻頭に置き、文法事項は巻末にまとめている。

参考文献

服部武「服部先生追悼録・浜尾先生と父」、『漢学会雑誌』第七巻第三号、岩波書店、一九三九年十一月。

服部宇之吉「服部先生自叙」、服部先生古稀祝賀記念論文集刊行会編『服部先生古稀祝賀記念論文集』、冨山房、一九三六年四月。

「服部先生年譜」、同上。

「京師大学堂同学録」、房兆楹輯『清末民初洋学学生題名録初輯　宜梂室叢編』中央研究院近代史研究所史料叢刊』、中央研究院近代史研究所、一九六二年四月。

劉勲著、夏駿声整理「我所知道的京師大学堂」、一九六五年。全国政協文史委員会編『文史資料存稿選編（教育）』二四巻、中国文史出版社、二〇〇二年八月所収。

荘吉発著、屈万里・許倬雲主編『京師大学堂』文史叢刊之三三、国立台湾大学文学院、一九七〇年八月。

服部武・竹田復・阿部吉雄・加藤常賢・宇野精一「先学を語る—服部宇之吉博士—」、東方学会編『東方学』第四六輯、東方学会、一九七三年七月。

大塚豊「中国近代高等師範教育の萌芽と服部宇之吉」、国立教育研究所編『国立教育研究所紀要』第一一五集、国立教育研究所、一九八五年三月。

汪向栄『日本教習』、三聯書店、一九八八年十月。

同著、竹内実ほか訳『清国お雇い日本人』、朝日新聞社、一九九一年七月。

謝群「清末の日本人教習の「行動」と「思想」―京師大学堂師範館正教習服部宇之吉を中心に―」、愛知大学国際問題研究所編『愛知大学国際問題研究所紀要』第一四九集、愛知大学国際問題研究所、二〇一七年三月。

今関天彭「民国初年の文人たち」、中国文学研究会編『中国文学』第七〇号、一九四一年三月（『中国文学』第六巻、汲古書院復刻、一九七一年三月を使用）。

「袁励準」、陳玉堂編著『中国近現代人物名号大辞典（全編増訂本）』、浙江古籍出版社、二〇〇五年九月第二次印刷。

鈴木直治『中国語と漢文　訓読の原則と漢語の特徴』中国語研究・学習双書12、光生館、一九七五年九月。

大島晃「江戸時代の訓法と現代の訓法」、宮地裕ほか編『講座日本語学7　文体史Ⅰ』、明治書院、一九八二年八月。

目次

巻一

1　単句　一
2　単句　二
3　単句　三
4　単句　四
5　単句　五
6　単句　六
7　単句　七
8　荒木村重（删修）　頼襄
9　言行　貝原篤信
10　徳川秀忠　塩谷世弘
11　徳川光圀　中村和
12　荻生徂徠　原善
13　井伊直孝　角田簡
14　織田信長　大槻清崇
15　徳川家康　一　頼襄
16　徳川家康　二　青山延于
17　本多忠勝　中村和
18　板倉重矩　青山延光
19　上杉謙信　頼襄
20　謙信撃信玄図（詩）　大槻清崇
21　石田三成（詩）　大槻清崇
22　北条時宗　頼襄

23 小早川隆景　頼襄
24 望富士山（詩）　新宮碩
25 択師友　貝原篤信
26 貝原益軒　原善
27 北条時頼　頼襄
28 黒田孝高　岡田僑
29 野中兼山　原善
30 毛利元就 一　頼襄
31 毛利元就 二　中村和
32 松平忠直　長野確
33 加藤清正 一　中村和
34 加藤清正 二　大槻清崇
35 加藤公像（詩）　新宮碩
36 函人　中村和
37 梶原景季　堤正勝
38 本荘（庄）宗資　青山延光
39 徳川頼宣　安積信
40 藤原保昌　青山延于
41 源義家　青山延于
42 八幡公画像（詩）　新宮碩

---

43 馬上吟（詩）　梁川孟緯
44 平教経　堤正勝
45 岩間大蔵　大槻清崇
46 平敦盛　堤正勝
47 鳥羽僧正　服部元喬
48 森蘭丸　大槻清崇
49 酒井忠勝　青山延光
50 朝夷《あさひな》三郎　堤正勝
51 義猴　芳野世育
52 児島高徳　堤正勝
53 備後三郎題詩桜樹図（詩）　新宮碩
54 千利休　大槻清崇
55 細川幽斎　大槻清崇
56 冬夜（詩）　菅晋卿
57 素戔（盞）嗚尊　堤正勝
58 神武天皇　頼襄
59 日本武尊　巌垣松苗
60 日本武尊（詩）　中井積善
61 日本武尊像（詩）　大槻清崇
62 神功皇后　青山延于

63 三韓来（詩） 頼襄
64 仁徳天皇 青山延光
65 炊烟起（詩） 頼襄
66 中大兄皇子 青山延于
67 大兄靴（詩） 頼襄
68 大和路上懐古（詩） 菅晋卿
69 和気清麻呂 巌垣松苗
70 和気清（詩） 頼襄
71 拝桓武陵（詩） 頼襄
72 醍醐天皇 青山延于
73 菅原道真 青山延于
74 菅公自詠（詩） 菅原道真
75 太宰府謁菅廟 新宮磧
76 村上天皇 頼襄
77 山亭読書図（詩） 菅晋卿
78 暁望（詩） 頼惟完
巻二
1 壁書（詩） 釈月性
2 中江藤樹 原善
3 源義光 堤正勝
4 題八幡太郎過勿来関図（詩） 頼襄
5 新羅三郎足柄山吹笙図（詩） 大槻清崇
6 平安城（詩） 服部元喬
7 入京城（詩） 梁川孟緯
8 又（詩） 梁川孟緯
9 桂川（詩） 服部元喬
10 嵐山（詩） 頼襄
11 嵐山帰路（詩） 新宮磧
12 熊沢藩山 原善
13 松平信綱 塩谷世弘
14 本多氏絶命詞 大槻清崇
15 上杉景勝 大槻清崇
16 板倉勝重 青山延光
17 本多正重 大槻清崇
18 土井利勝 大槻清崇
19 荒木又右衛門 松島坦
20 芭蕉翁 青山延寿
21 駿相紀行（節録） 斎藤馨
22 函嶺（詩） 梁川孟緯

23　久能山（詩）　新宮礩
24　斎藤実盛　堤正勝
25　天徳寺了伯　大槻清崇
26　柴田勝家　大槻清崇
27　大谷吉隆　堤正勝
28　曾呂利某　大槻清崇
29　甘諸先生　原善
30　挿秧歌（詩）　篠崎弼
31　頼山陽　菊池純
32　聞頼子成訃音詩以哭寄（詩）　梁川孟緯
33　春末書懐（詩）　梁川孟緯
34　滝沢馬琴　菊池純
35　愛日　貝原篤信
36　自警詩（詩）　那波方
37　蒲生氏郷　大槻清崇
38　加藤嘉明　大槻清崇
39　飯田覚兵衛　大槻清崇
40　阿王　中井積徳
41　阿閉掃部　大槻清崇
42　大久保忠教　塩谷世弘

43　題富士山図　古賀煜
44　望富士山（詩）　新宮礩
45　豊臣秀吉　一　大槻清崇
46　豊臣秀吉　二　大槻清崇
47　豊臣秀吉　三　大槻清崇
48　豊臣秀吉　四　大槻清崇
49　書鷹山公事　斎藤馨
50　丹海刻仏殿　安積信
51　鳥居元忠守伏見城　安積信
52　源為朝勇戦　一（日本外史）　頼襄
53　源為朝勇戦　二（日本外史）　頼襄
54　平重盛諫父　一（日本外史）　頼襄
55　平重盛諫父　二（日本外史）　頼襄
56　平重盛諫父　三（日本外史）　頼襄
57　観曳布瀑游摩耶山記　斎藤正謙
58　源頼政戦死　一（日本外史）　頼襄
59　源頼政戦死　二（日本外史）　頼襄
60　源頼朝挙兵　一（日本外史）　頼襄
61　源頼朝挙兵　二（日本外史）　頼襄
62　南房遊記　安積信

63 千葉氏故墟歌（詩） 大槻清崇
64 源右府石橋山逃難図（詩） 新宮碽
65 平氏西走 一（日本外史） 頼襄
66 平氏西走 二（日本外史） 頼襄
67 見墳墓有所思（詩） 梁川孟緯
68 宇治河先登 一（日本外史） 頼襄
69 宇治河先登 二（日本外史） 頼襄
70 宇治河先登 三（日本外史） 頼襄
71 題佐佐木四郎騎渡菟道図（詩） 頼襄
72 木曾義仲戦死（義仲戦死） 一（日本外史） 頼襄
73 木曾義仲戦死（義仲戦死） 二（日本外史） 頼襄
74 粟津（詩） 菅晋卿
75 木曾義仲墓（詩） 梁川孟緯
76 望琵琶湖 斎藤正謙
77 湖上（詩） 梁川孟緯
78 登三井寺（詩） 新宮碽
79 石山旅亭（詩） 新宮碽
80 一谷之戦 一（日本外史） 頼襄
81 一谷之戦 二（日本外史） 頼襄
82 一谷懐古（詩） 梁川孟緯
83 又（詩） 梁川孟緯
84 一谷（詩） 安積信
85 鉄拐峰（詩） 松崎復
86 歳云暮（詩） 梁川孟緯
87 書閣寒月（詩） 新宮碽
88 鳴戸 青山延寿
89 源義経襲屋島（義経襲屋島） 一（日本外史） 頼襄
90 源義経襲屋島（義経襲屋島） 二（日本外史） 頼襄
91 檀浦（詩） 新宮碽
92 檀浦（詩） 安積信
93 厳島 斎藤馨
94 厳島（詩） 新宮碽
95 堀川夜襲 小川弘
96 過高館有感（詩） 新宮碽
97 遊鞍馬山（詩） 新宮碽
98 信州地震記 塩谷誠
99 山田長政伝 一 斎藤正謙
100 山田長政伝 二 斎藤正謙
101 猫狗説 頼襄

巻三

1 習説　尾藤孝肇
2 偶作（詩）　蒲生秀実
3 遊東叡山記　青山延于
4 暁望東叡山花已盛開（詩）　梁川孟緯
5 東叡山看花（詩）　梁川孟緯
6 経一谷有感（詩）　新宮碩
7 平武州知章墓　菅晋卿
8 紀那須与市事　柴野邦彦
9 曾我兄弟　一（大日本史）　青山延光
10 曾我兄弟　二（大日本史）　青山延光
11 曾我兄弟　三（大日本史）　青山延光
12 曾我兄弟（詩）　広瀬建
13 頼朝狩富士野時所用古銅竃歌（詩）　大槻清崇
14 時宗鏖元寇（日本外史）　頼襄
15 蒙古来（詩）　頼襄
16 読弘安紀（詩）　大槻清崇
17 筑前城下作（詩）　広瀬建
18 笠置山観元弘行在所作歌（詩）　頼襄
19 笠置山（詩）　篠崎弼

---

20 平城懐古（詩）　梁川孟緯
21 正成守千窟（日本外史）　頼襄
22 大塔宮古鎧片歌（為斎藤某賦）（詩）　梁川孟緯
23 湊川之戦（日本外史）　頼襄
24 楠正成賛　室直清
25 題楠公訣子図（詩）　頼襄
26 過桜井駅址（詩）　頼襄
27 書楠公碑拓本後（詩）梁川孟緯
28 湊川行（詩）　青山延于
29 湊川（詩）　安積信
30 宿生田（詩）　菅晋卿
31 過新田義貞墓（詩）　新宮碩
32 謁延元陵詩（詩）　頼襄
33 四条畷之戦　一（日本外史）　頼襄
34 四条畷之戦　二（日本外史）　頼襄
35 菊池武光双刀歌（贈菊池子固）（詩）　梁川孟緯
36 芳野懐古（詩）　菅晋卿
37 芳野懐古（詩）　藤井啓
38 奉母遊芳野（詩）　頼襄
39 楠氏論（日本外史）　頼襄

40 梅雨憶郷（詩）　頼襄
41 夢登富嶽記　斎藤正謙
42 富士山（詩）　柴野邦彦
43 富士山（詩）　石川凹（丈山）
44 芙蓉峰（詩）　梁川孟緯
45 又（詩）　梁川孟緯
46 又（詩）　梁川孟緯
47 望海（詩）　藤井啓
48 高輪望海（詩）　梁川孟緯
49 泊天草洋（詩）　頼襄
50 夏日夢遊松島（詩）　大槻清崇
51 夏夜読書（詩）　広瀬建
52 謾言（詩）　佐藤坦
53 紙鳶説　野田逸
54 捕雀説　頼襄
55 粥蕎麺者伝　中井積徳
56 山渓避暑（詩）　朝川鼎
57 霧島山記（訳楠南谿東西遊記）　安積信
58 登白根山記　安積信
59 甲越相戦　一（日本外史）　頼襄

60 甲越相戦　二（日本外史）　頼襄
61 題不識庵撃機山図（詩）　頼襄
62 甲越相戦　三（日本外史）　頼襄
63 筑摩河（詩）　頼襄
64 河中島（詩）　梁川孟緯
65 霜台謙公賛　佐藤坦
66 春日山（詩）　安積信
67 馬上吟（詩）　梁川孟緯
68 游箕面山遂入京記　斎藤正謙
69 箕面山（詩）　篠崎弼
70 桶峡之戦（桶峡之役）（日本外史）　頼襄
71 桶峡（詩）　太田元貞
72 桶峡（詩）　頼襄
73 織田氏旧墟（詩）　秋山儀
74 賤嶽《しずがたけ》懐古（詩）　新宮積
75 賤嶽（詩）　安積信
76 蔚山嬰守　一（日本外史）　頼襄
77 蔚山嬰守　二（日本外史）　頼襄
78 名古屋（肥前）（詩）　安積信
79 読征韓記　其一（詩）　大槻清崇

80 読征韓記　其二（詩）　大槻清崇
81 読征韓記　其三（詩）　大槻清崇
82 読征韓記　其四（詩）　大槻清崇
83 謁加藤清正祠（詩）　新宮碵
84 謁加藤清正廟（詩）　広瀬建
85 豊臣大閤論　青山延光
86 過関原有感（詩）　新宮碵
87 大坂城陥　一（日本外史）　頼襄
88 大坂城陥　二（日本外史）　頼襄
89 大坂城陥　三（日本外史）　頼襄
90 大坂城陥　四（日本外史）　頼襄
91 木村重成賛　室直清
92 浪華城春望（詩）　篠崎弼
93 赤穂遺臣復讐　一（野史纂略）　青山延光
94 赤穂遺臣復讐　二（野史纂略）　青山延光
95 赤穂遺臣復讐　三（野史纂略）　青山延光
96 弔大石良雄文　室直清
97 大石義雄旧邸垂糸桜引（詩）　青山延于
98 松（詩）　頼襄
99 烈士喜剣碑　林長孺

100 冬夜読書（詩）　菅晋卿
101 寒夜読書有感（詩）　梁川孟緯
102 書院月夜歌（詩）　新宮碵
103 歳暮書懐（詩）　青山延于
104 歳暮（詩）　広瀬建
105 高山彦九郎伝　頼襄
106 登二条城楼（詩）　中井積徳
107 偶感（詩）　蒲生秀実
108 獄中上家伯書　吉田矩方（松陰）
109 拝禁闕（詩）　吉田矩方
110 獄中有感（詩）　吉田矩方
111 又（詩）　吉田矩方
112 出獄帰省（詩）　吉田矩方
113 天橋立　新宮碵
114 天橋泛舟（詩）　新宮碵
115 震災行（詩）　斎藤正謙
116 梅谿遊記　一　斎藤正謙
117 梅谿遊記　二　斎藤正謙
118 天保火災記　安積信
119 登鋸山記　安積信

120 鋸山（詩） 安積信
121 西郷南洲伝 土屋弘
122 偶成（詩） 西郷隆盛
123 山行（詩） 西郷隆盛
124 失題（詩） 西郷隆盛
125 幽居（詩） 西郷隆盛
126 熊本城下作（詩） 平野聞慧
127 前孝丐行（詩） 大槻清崇
128 後孝丐行（詩） 大槻清崇

巻四

1 勧学文 白居易（楽天）
2 勧学歌（詩） 司馬光
3 勧学文 朱熹
4 符読書城南（詩） 韓愈
5 霞関感述（詩） 佐藤坦
6 春暁（詩） 唐・孟浩（浩然）
7 江南春（詩） 杜牧
8 伯叔諫武王（十八史略） 元・曾先之
9 伯夷頌 韓愈

10 管鮑之交（十八史略） 曾先之
11 貧交行（詩） 杜甫（子美）
12 感懐示弟妹（詩） 唐・沈千運
13 孔子（十八史略） 曾先之
14 孔子賛（史記） 司馬遷
15 弘道館記 徳川斉昭（景山）
16 呉越之怨（十八史略）曾先之
17 蘇台覧古（詩） 李白
18 越中懐古（詩） 李白
19 下岐蘇川記 斎藤正謙
20 下岐蘇川（詩） 頼襄
21 下江陵（詩） 李白
22 豫譲報讐（十八史略） 曾先之
23 郭隗自薦（十八史略） 曾先之
24 范雎報恩怨（十八史略） 曾先之
25 張良（十八史略） 曾先之
26 留侯論 蘇軾
27 留侯祠（詩） 竹添進一郎（井井 漸卿）
28 経下邳圯橋懐張子房（詩） 李白
29 韓信 一（十八史略） 曾先之

30 韓信　二（十八史略）　曾先之
31 読淮陰侯伝（詩）　斎藤正謙
32 経漂母墓（詩）　唐・劉長卿
33 馬道駅北一水曰樊河。相伝鄭候追淮陰至此及之（詩）　竹添進一郎
34 蘇武（十八史略）　曾先之
35 蘇武（詩）　李白
36 上妙義山記　安積信
37 遊妙義金洞山歌（詩）安積信
38 赤壁之戦　一（資治通鑑）　司馬光
39 赤壁之戦　二（資治通鑑）　司馬光
40 赤壁之戦　三（資治通鑑）　司馬光
41 赤壁（詩）　袁枚
42 壇浦行（詩）　頼襄
43 望廬山瀑布（詩）　李白
44 夏日作（詩）　白居易
45 登嶽記　松島坦
46 諸葛亮　一（靖献遺言）　浅見安正
47 前出師表　諸葛亮
48 諸葛亮　二（靖献遺言）　浅見安正
49 後出師表　諸葛亮
50 武侯墓（詩）　竹添進一郎
51 又（詩）　竹添進一郎
52 諸葛亮　三（靖献遺言）　浅見安正
53 三国論　蘇轍
54 南遊往反数望金剛山想楠河州公之事。慨然有作（詩）　頼襄
55 題楠公像（詩）　佐久間啓
56 下筑後河有感（詩）　頼襄
57 拝織田右府塑像引（詩）　頼襄
58 重謁加藤肥州廟引（詩）　頼襄
59 加藤公像賛　塩谷世弘
60 狩虎歌（詩）　塩谷世弘
61 日本刀歌（詩）　司馬光
62 顔真卿　一（靖献遺言）　浅見安正
63 顔真卿　二（靖献遺言）　浅見安正
64 顔真卿　三（靖献遺言）　浅見安正
65 秋涼閑臥（詩）　白居易
66 上菅茶山先生　頼襄
67 日光山行記（節録）　一　佐藤坦

68 日光山行記（節録）二　佐藤坦
69 日光山行記（節録）三　佐藤坦
70 静夜思（詩）　李白
71 秋思（詩）　李白
72 夜下墨水（詩）　服部元喬
73 上筑波山記（節録）　佐藤坦
74 東湖説　藤田彪
75 正気歌（詩）　藤田彪
76 述懐（詩）　藤田彪
77 張巡　一（靖献遺言）　浅見安正
78 張巡　二（靖献遺言）　浅見安正
79 張中丞伝後序　韓愈
80 送母路上短歌（詩）　頼襄
81 陳情表　李密
82 慈烏夜啼（詩）　白居易
83 冬初出遊（詩）　宋・陸游
84 除夜作（詩）　唐・高適
85 除夕有感（詩）　菅晋卿
86 読書（詩）　頼襄
87 題鞭苔録　塩谷世弘

---

88 種樹郭槖駝伝　柳宗元
89 送安井仲平東遊序　塩谷世弘
90 送岡永世襄序　安井衡
91 祭石丈山文　柴野邦彦
92 文天祥　一（靖献遺言）　浅見安正
93 文天祥　二（靖献遺言）　浅見安正
94 文天祥　三（靖献遺言）　浅見安正
95 衣帯中自賛　文天祥
96 正気歌（詩）　並其序　文天祥
97 零丁洋詩（詩）　文天祥
98 照鏡見白髪（詩）　唐・張九齢
99 謝枋得（靖献遺言）　浅見安正
100 初到建寧賦詩並序（詩）　宋・謝枋得
101 郤聘書　謝枋得
102 雑説　韓愈
103 感遇（詩）　安積信
104 自誨（詩）　白居易
105 廬山高（詩）　欧陽修

巻五

1 独楽園記　司馬光
2 司馬温公独楽園（詩）　蘇軾
3 勧学文　王安石
4 洛陽城（詩）　唐・許渾
5 三条橋行（詩）　頼襄
6 春夜（詩）　蘇軾
7 漢江（詩）　杜牧
8 孫子兵法（史記）　司馬遷
9 孟嘗君（史記）　司馬遷
10 函谷関（詩）　竹添進一郎
11 漁父辞　楚・屈原
12 帰田園居（詩）　陶潜（淵明）
13 又（詩）　陶潜
14 帰去来辞　陶潜
15 桃花源記　陶潜
16 桃源図（詩）　韓愈
17 桃源行（詩）　王安石
18 春夜宴桃李園序　李白
19 惜春（詩）　蘇軾
20 代悲白頭吟（詩）　唐・劉庭芝
21 祭楽翁公文　頼襄
22 謁楠河州墳有作（詩）　頼襄
23 江上花月歌（詩）　伊藤長胤
24 廉頗藺相如　一（史記）　司馬遷
25 廉頗藺相如　二（史記）　司馬遷
26 趙奢父子（史記）　司馬遷
27 相如賛（史記）　司馬遷
28 題藺相如奉璧図（詩）　安井衡
29 鎮西八郎歌（詩）　頼襄
30 毛遂（史記）　司馬遷
31 荊軻　一（史記）　司馬遷
32 荊軻　二（史記）　司馬遷
33 渡易水（詩）　竹添進一郎
34 詠史（詩）　秋山儀
35 侠客行（詩）　安積信
36 述懐（詩）　魏徴
37 感興（詩）　白居易
38 澗中魚（詩）　白居易
39 詣榛名山記　安積信

40 登榛名天神嶺歌（詩） 安積信
41 九十九里浜記 安積信
42 詠九十九里（詩） 安積信
43 前赤壁記 蘇軾
44 憎蒼蝿賦 欧陽修
45 六国論 蘇洵
46 項羽起兵（史記） 司馬遷
47 望天門山（詩） 李白
48 古長城吟（詩） 唐・王翰
49 項羽破秦軍（史記） 司馬遷
50 鴻門之会（史記） 司馬遷
51 鴻門（詩） 竹添進一郎
52 鴻門高（詩） 秋山儀
53 漢楚相戦（史記） 司馬遷
54 秋懐（詩） 陸游
55 新秋（詩） 白居易
56 項羽亡（史記） 司馬遷
57 項羽賛（史記） 司馬遷
58 大風歌（詩） 漢・高祖
59 高祖論 蘇洵

---

60 咸陽懐古（詩） 唐・劉滄
61 題烏江亭（詩） 杜牧
62 虞美人草（詩） 曾鞏
63 弔古戦場文（弔古戦場文） 李華
64 胡笳歌送顔真卿使赴河隴（詩） 唐・岑参
65 楓橋夜泊（詩） 唐・張継
66 再楓橋夜泊（詩） 張継
67 泛洞庭湖（詩） 唐・賈至
68 舟過千皺洋遇大風浪（舟過千皺洋遇大風浪殆覆得上嶹原宿漁戸賦此志懲）（詩） 頼襄
69 九月九日憶山中兄弟（詩） 王維
70 阿房宮賦 杜牧
71 范増論 蘇軾
72 秋声賦 欧陽修
73 後赤壁賦 蘇軾
74 題赤壁図後 安積信
75 川中島戦歌（詩） 安積信
76 従軍行（詩） 唐・楊炯
77 従軍北征（詩） 唐・李益
78 弔今川義元文 斎藤正謙

79 行路難（詩） 宋・張轂
80 蜀道難 李白
81 謁菅右府祠廟有作 頼襄
82 潮州韓文公廟碑（詩）蘇軾
83 左遷至藍関示姪孫湘（詩） 韓愈
84 始得西山宴游記 柳宗元
85 岳陽楼記 范仲淹
86 登岳陽楼（詩） 杜甫
87 早寒江上有懐（詩） 孟浩
88 耶馬渓図巻記 頼襄
89 画像自賛二首 頼襄
90 超然台記 蘇軾
91 雑詠 一（詩） 伊藤長胤
92 雑詠 二（詩） 伊藤長胤
93 雑詠 三（詩） 伊藤長胤
94 朋党論 欧陽修
95 牽牛（孟子）
96 豈好弁哉（孟子）
97 魚我所欲（孟子）
98 至誠之道 一（中庸）

99 至誠之道 二（中庸）
100 大学之道 一（大学）
101 大学之道 二（大学）

異同

訂正再版では巻三に教材の変更がある。73秋山儀「織田氏旧墟」を削除して初版にも採録されていた81大槻清崇「読征韓記」其三をその位置に移動した。74新宮碵「賤嶽懐古」、75安積信「賤嶽」、78同「名古屋（肥前）」、79・80・82大槻清崇「読征韓記」其一・二・四、84広瀬建「謁加藤清正廟」は削除された。86新宮碵「過関原有感」が柴野邦彦「拝畝傍山御陵」に入れ替えられた。123西郷隆盛「山行」、124同「失題」、125同「幽居」は削除された。削られた教材は、124を除いて本文に朱点や文字に関する書き入れが見られる。付箋も下部に貼られていた形跡があるが、糊を着けた箇所のみが残り、修正意見の内容は分からない。検定を担当した人物については「大江」という朱印が残されているが、人物を特定できていない。

6　新撰漢文読本（宇野哲人）

底本・編者

宇野哲人編『新撰漢文読本』五巻、東京・前川一郎、明治三十八年（一九〇五）二月十三日訂正再版、同年二月十五日検定済を底本とした〈56〉。この教科書の初版は『新撰漢文読本』五巻、東京・学海指針社、明治三十七年（一九〇四）十二月八日発行である〈55〉。本文の頁数は、巻一：八四頁、巻二：九四頁、巻三：一〇二頁、巻四：一二六頁、巻五：一三〇頁。頭注等はなく、各教材のタイトルの後に語釈がつけられている。

宇野哲人（一八七五―一九七四）は、熊本県熊本市の生まれ。中国哲学者。『新撰漢文読本』出版当時は東京高等師範学校講師であった。後に東京高等師範学校教授、東京帝国大学文科大学助教授を兼任し、三十八年十一月より清・独二カ国に留学。明治四十三年（一九一〇）三月に東京に帰任。その後『新撰漢文読本』の改訂版である〈57〉『訂正新撰漢文読本』五巻（東京・学海指針社、同年十一月十一日訂正三版）、〈58〉『訂正新撰漢文読本』五巻（東京・学海指針社、明治四十四年（一九一一）二月九日訂正四版、明治四十四年二月二十日検定済）を編集した。

他に明治期に編まれた漢文教科書には、師範学校用の〈698〉『師範教科新撰漢文読本』四巻、東京・学海指針社、明治四十三年十一月一日発行、〈699〉『師範教科新撰漢文読本』四巻、明治四十四年二月四日訂正再版、同年二月十日検定済がある。この教科書には刊行年の異なる〈700〉『師範教科新撰漢文読本』四巻、明治三十七年十二月八日発行、明治三十八年二月十三日訂正再版、明治四十三年十一月一日訂正三版、明治四十四年二月九日訂正四版も出版されている。大正期以降はさらに多くの漢文教科書を編集した。

編集方針

「凡例」は和文なので内容を要約して紹介する。

一、本書は中学校の漢文教科書として編集した。各学年で一巻ずつ終わらせる。

一、教材は主として倫理・文学・歴史・地理に関するものを取り、あわせて理化・博物などに広げ、各章の連絡をはかった。

一、本書に掲載した文章は原書に基づいたが新しく題名を付けたり、改訂を加えた。

一、講読は国文典の語法に一致させ、旧来の誤読を正した。

一、各章の始めに難しい字句を抜き出して解説を加え、講読および書取に便利なようにした。句点には（。）、読点には（、）を用い、引用語や対話には（「　」）（『　』）を加え、地名には右側に双線（＝）、官名は左側に単線（─）を加えた。人を呼ぶ時に用いる地名や官名および雅号・諡号はすべて人名として扱う。肖像・地図・器物の図を加えたのは講読の一助とするためである。

一、巻一は初めに句例を挙げて主語・説明語・客語・補足語の用法を示し、国文と異なり返り点が必要な理由を理解させ、次に簡単な文章を挙げる。巻二以降は次第に易より難に入り、単より複に至り、巻四には返り点を除いた文も加え、巻五には簡易な白文も加えた。

明治三十七年十月　編者識す

明治三十年代後半には一般的になった句例を巻頭に置き、練習問題も交えて漢文の基礎について理解を深めさせようとしている。教材は倫理・文学・歴史・地理に関するものを中心とし、理化・博物などに及んでいる。『新撰漢文読本』の改訂版である『訂正新撰漢文読本』は教材が吟味されて入れ替えが行われているが、「空気」等の自然科学に関する教材がすべて削除されている。ここには総合的な教材構成が流行した三十年代から、道徳教育が中心となる四十年代への転換が見られる。

前述したように法貴編の教科書には中学校用と師範学校用の区別が見られたが、『新撰漢文読本』と『師範教科新撰漢文読本』は教材の違いの他、両者の差は見られない。

『新撰漢文読本』の体裁としては豊富な挿図にも特色がある。挿図を入れた教科書は当時まだ少数であり、早い時期に多くの挿図を用いた事例となっている。例えば明治四十年（一九〇七）に編まれた、〈741〉中村久四郎『師範学校漢文教科書』には、「漢文教科書に絵画・地図等を挿入するは、其例少し。挿入の材料等についても示教を賜はらんことを切に希望するものなり」（例言二頁）と、挿図の方法について確証を得ていないことが述べられている。『新撰漢文読本』は挿図の選択にも注目すべき教科書である。

参考文献

宇野哲人・吉川幸次郎・阿部吉雄・宇野精一・石田一郎「学問の思い出―宇野哲人博士―」、東方学会編『東方学』第二四輯、東方学会、一九六二年九月。
宇野哲人『一筋の道百年』、集英社、一九七四年五月。
「宇野哲人先生略歴」、『斯文』第七七号、斯文会、一九七四年九月。
広常人世「宇野哲人」、江上波夫編著『東洋学の系譜』第二集、大修館書店、一九九四年九月。

目次

巻一

句例 一
演習 一
句例 二
演習 二
句例 三
演習 三
句例 四
演習 四
句例 五
演習 五
句例 六
演習 六
句例 七
演習 七
句例 八
演習 八
句例 九
演習 九
句例 十
演習 十
句例 十一
演習 十一
句例 十二
演習 十二

（一）惜陰　貝原篤信
（二）勧学文　朱熹
（三）格言 三則　論語 言志後録 小学
（四）徂徠惜分陰　原善
（五）蛍光　日記故事
（六）窓雪　日記故事
（七）狄《てき》仁傑　日記故事
（八）孟母断機　劉向
（九）格言　孝経
（一〇）宮崎筠圃《いんぽ》　角田簡
（一一）傷足憂色　日記故事
（一二）格言　韓詩外伝
（一三）風樹之歎　服部元喬
（一四）徐積　日記故事

（一五）格言　後漢書（范曄）
（一六）三種神宝　舎人親王
（一七）菅公忠愛　青山延于
（一八）長幼之序　会沢安
（一九）北条泰時　青山延寿
（二〇）司馬温公　小学
（二一）李勣《せき》　小学
（二二）格言　三則　史記　礼記　論語
（二三）人行有長短　世範
（二四）朋友　宋・張載
（二五）択友　貝原篤信
（二六）物色　智環啓蒙
（二七）虹霓　博物新編
（二八）空気　智環啓蒙
（二九）空気之色　博物新編
（三十）井水　格物入門
（三一）犬影　伊蘇普《イソップ》喩言
（三二）驢穿獅皮　伊蘇普喩言
（三三）野猪自護　伊蘇普喩言
（三四）豺害羊　伊蘇普喩言

（三五）瘤者（一）　太宰純
（三六）瘤者（二）　太宰純
（三七）北条時宗　頼襄
（三八）松寿　頼襄
（三九）石田三成　大槻清崇
（四十）家康幼時　中村和
（四一）徳川頼宣　安積信
（四二）清少納言　岸鳳質
（四三）湯浅常山母　角田簡
（四四）紫式部　徳川光圀
（四五）細川藤孝　大槻清崇
（四六）謙信賦詩　青山延于
（四七）青砥藤綱　頼襄
（四八）北条時頼　徳川光圀
（四九）松下禅尼　徳川光圀
（五十）上杉鷹山公　江木戩
（五一）謙信高議　頼襄
（五二）亢顔談経　原善
（五三）野中兼山　原善
（五四）義家学兵法　青山延于

(五五) 毛利元就訓戒　大槻清崇
(五六) 稲葉一徹　大槻清崇

巻二
(一) 教育勅語　訳文
(二) 学問　貝原篤信
(三) 格言　魏・董遇　未詳　程頤
(四) 怠惰　貝原篤信
(五) 詩(詩)　陶淵明
(六) 詩(詩)　朱熹
(七) 自警十条　室直清
(八) 知行　貝原篤信
(九) 借人典籍　北斉・顔之推
(一〇) 仁徳天皇　青山延光
(一一) 高倉天皇　青山延于
(一二) 白石篤朋　原善
(一三) 松尾芭蕉　青山延寿
(一四) 森蘭丸　大槻清崇
(一五) 斎藤実盛　中井積徳
(一六) 勝重薦子　青山延光
(一七) 三宅尚斎妻　角田簡
(一八) 山内一豊妻　大槻清崇
(一九) 甘諸先生　原善
(二〇) 花　気海観瀾
(二一) 草木養液　気海観瀾
(二二) 産綿地　重野安繹
(二三) 食物消化　気海観瀾
(二四) 血液循環　気海観瀾
(二五) 駱駝　博物新編
(二六) 猴　博物新編
(二七) 猿橋　荻生双松(茂卿)
(二八) 東京　大槻修二(如電)
(二九) 京都　大槻修二
(三〇) 大阪　大槻修二
(三一) 観曳布瀑游摩耶山記　斎藤正謙
(三二) 遊嵐山 一　斎藤正謙
(三三) 遊嵐山 二　斎藤正謙
(三四) 遊鷗水記　藪愨
(三五) 観不知火記 一　菊池純
(三六) 観不知火記 二　菊池純

(三七) 元寇　頼襄
(三八) 宇治河先登 一　頼襄
(三九) 宇治河先登 二　頼襄
(四〇) 宇治河先登 三　頼襄
(四一) 河中島之戦 一　頼襄
(四二) 河中島之戦 二　頼襄
(四三) 閣龍《コロンブス》伝 一　安積信
(四四) 閣龍伝 二　安積信
(四五) 華聖頓《ワシントン》伝 一　安積信
(四六) 華聖頓伝 二　安積信
(四七) 浜田弥兵衛伝 一　斎藤正謙
(四八) 浜田弥兵衛伝 二　斎藤正謙
(四九) 山田長正伝 一　斎藤正謙
(五〇) 山田長正伝 二　斎藤正謙

巻三

(一) 立志　佐藤坦
(二) 格言　佐藤坦
(三) 知要　貝原篤信
(四) 愛日　貝原篤信
(五) 三計塾記　安井衡
(六) 十箴　伊藤長胤
(七) 五楽　佐久間啓
(八) 君子之楽　貝原篤信
(九) 重宗聴訟　安積信
(一〇) 菅麟嶼　原善
(一一) 台湾　重野安繹
(一二) 阿嵎嶺《あぐね》　頼襄
(一三) 支那地理概略 一　那珂通世
(一四) 支那地理概略 二　那珂通世
(一五) 支那地理概略 三　那珂通世
(一六) 熱　格物入門
(一七) 波浪之理　格物入門
(一八) 蜃気楼　博物新編
(一九) 雲　気海観瀾
(二〇) 乳雀　塩谷世弘
(二一) 獅子　博物新編
(二二) 獅識奴　依田百川
(二三) 示諸生　室直清
(二四) 送安井仲平東游序　塩谷世弘

（二五）士規七則　吉田矩方
（二六）中江藤樹伝　塩谷世弘
（二七）藤樹書院　伊藤長胤
（二八）熊沢伯継　塩谷世弘
（二九）高山仲縄祠堂記　川田剛
（三〇）林子平伝　斎藤馨
（三一）蒲生秀実伝　塩谷世弘
（三二）下岐蘇川記　斎藤正謙
（三三）早発白帝城（詩）　李白
（三四）花朝下澱江（詩）　藤井啓
（三五）游国府台記　芳野世育
（三六）耶馬渓図巻記　頼襄
（三七）陪游笠置山記　斎藤正謙
（三八）楠正成　頼襄
（三九）湊川之戦　頼襄
（四〇）楠正行　一　頼襄
（四一）楠正行　二　頼襄
（四二）芳野懐古（詩）　藤井啓
（四三）芳野懐古（詩）　梁川孟緯
（四四）定軍山下作（詩）　竹添漸卿（進一郎　井井）
（四五）楠氏論　頼襄
（四六）和気清麻呂論　頼襄

巻四

（一）郭隗説燕昭王　十八史略
（二）報燕恵王書　楽毅
（三）田単列伝　司馬遷
（四）廉頗藺相如列伝　一　司馬遷
（五）廉頗藺相如列伝　二　司馬遷
（六）和氏璧　蒙求
（七）孫子呉起列伝　一　司馬遷
（八）孫子呉起列伝　二　司馬遷
（九）孫子呉起列伝　三　司馬遷
（一〇）斉威王以賢為宝　十八史略
（一一）蕭何薦韓信　十八史略
（一二）井径口之戦　司馬遷
（一三）垓下之役　十八史略
（一四）漢三傑　十八史略
（一五）蘇武　十八史略
（一六）朱雲請斬佞臣　司馬光

（一七）昆陽之戦　司馬光
（一八）馬援戒兄子　後漢書
（一九）大樹将軍　蒙求
（二〇）隆中之対　司馬光
（二一）前出師表　諸葛亮
（二二）後出師表　諸葛亮
（二三）蜀相（詩）　杜甫
（二四）赤壁之戦　一　司馬光
（二五）赤壁之戦　二　司馬光
（二六）赤壁之戦　三　司馬光
（二七）赤壁之戦　四　司馬光
（二八）周瑜卒　司馬光
（二九）唐太宗　十八史略
（三〇）趙石勒　十八史略
（三一）孔子　十八史略
（三二）論語抄　里仁二篇　述而一篇　子罕二篇
泰伯一篇　子張一篇
（三三）大学之道　大学
（三四）明道先生墓表　宋・程頤
（三五）祭十二郎文　韓愈

（三六）送董邵南序　韓愈
（三七）送楊少尹序　韓愈
（三八）送薛存義序　柳宗元
（三九）三戒并序　柳宗元
臨江之麋
黔之驢
永之鼠
（四〇）捕蛇者説　柳宗元
（四一）苛政猛於虎　檀弓
（四二）唐詩七首（詩）
峨眉山月歌　李白
黄鶴楼送孟浩然之広陵　李白
磧中作　岑参
別董大　高適
送李侍郎赴常州　賈至
淮上与友人別　唐・鄭谷
秋思　唐・張籍
（四三）売柑者言　劉基
（四四）深慮論　方孝孺
（四五）秦士録　宋濂

（四六）大鉄椎伝　魏禧
（四七）夜游孤山記　清・邵長蘅
（四八）山居　宋・羅大経

巻五
（一）上田枢密書　蘇洵
（二）送石昌言為北使引　蘇洵
（三）上梅直講書　蘇軾
（四）上枢密韓太尉書　蘇轍
（五）為兄軾下獄上書　蘇轍
（六）上范司諫書　欧陽修
（七）吉州学記　欧陽修
（八）豊楽亭記　欧陽修
（九）酔翁亭記　欧陽修
（一〇）黄州快哉亭記　蘇轍
（一一）岳陽楼記　范仲淹
（一二）登岳陽楼　杜甫
（一三）臨洞庭　孟浩然
（一四）王彦章画像記　欧陽修
（一五）段太尉逸事状　柳宗元
（一六）張中丞伝後序　韓愈
（一七）伯夷頌　韓愈
（一八）雑説　一　韓愈
（一九）雑説　二　韓愈
（二〇）柳子厚墓誌銘　韓愈
（二一）始得西山宴游記　柳宗元
（二二）鈷鉧潭記　柳宗元
（二三）鈷鉧潭西小邱記　柳宗元
（二四）至小邱西小石潭記　柳宗元
（二五）袁家渴記　柳宗元
（二六）石渠記　柳宗元
（二七）石澗記　柳宗元
（二八）小石城山記　柳宗元
（二九）漁翁（詩）　柳宗元
（三〇）新城遊北山記　宋・晁補之
（三一）前赤壁賦　蘇軾
（三二）後赤壁賦　蘇軾
（三三）望湖楼（詩）　蘇軾
（三四）出潁口初見淮山（詩）　蘇軾
（三五）阿房宮賦　杜牧

（三六）漢江（詩）　杜牧
（三七）江南春（詩）　杜牧
（三八）五柳先生伝　陶潜
（三九）帰去来辞　陶潜
（四〇）桃花源記　陶潜
（四一）雑詩（詩）　陶潜
（四二）四時（詩）　陶潜
（四三）春行寄興（詩）　李華
（四四）弔古戦場文　李華
（四五）従軍行（詩）　唐・王昌齢
其二　王昌齢
（四六）毛遂定従　司馬遷
（四七）管晏列伝　一　司馬遷
（四八）管晏列伝　二　司馬遷
（四九）鴻門之会　司馬遷
（五〇）過秦論　賈誼
（五一）唐詩七首（詩）
帰雁　唐・銭起
楓橋夜泊　張継
江楼書感　唐・趙嘏
夜雨寄北　唐・李商隠
送元二使安西　王維
送王永　唐・劉商
江村即事　唐・司空曙
（五二）軍形　斉・孫武
（五三）勧学　荀況
（五四）不忍人之心　孟軻
（五五）舎生而取義　孟軻
（五六）斉人驕妻妾　孟軻
（五七）牽牛章　孟軻

あとがき

作業が大幅に遅れてしまいましたが、無事に『集成』補集Ⅰ・補集Ⅱを刊行することができました。

何年か前のことですが、インターネット上に、佐藤剛・市川毅「明治期漢文教育における自然災害の扱い」（二〇一一年度日本地理学会春季学術大会）という記事を目にしました（https://www.jstage.jst.go.jp/article/ajg/2011s/0/2011s_0_204/_article/-char/ja/　2018.9.1閲覧）。塩谷簣山《きざん》「信州地震記」を取り上げ、明治期の防災教育について論じた発表の要旨です。私にとっては意外なアプローチのように思いましたが、確かに明治期の漢文教科書は、本文にも述べてきたように幅広い題材を揃えているので、思想・文学・言語・歴史以外の分野でも活用されることは当然のことかもしれません。『集成』第Ⅰ期～第Ⅲ期及び補集Ⅰ・補集Ⅱが様々な観点から活用され、これまで知らなかった古典作品に出会うきっかけになることを願います。

『明治期漢文教科書集成』第Ⅰ期から第Ⅲ期の編集・解説を担当なさった加藤国安先生には、補集Ⅰに引き続き補集Ⅱの編集と解説について多くのご批正を賜りました。不二出版編集部の仲村悠史様には、今回もご助言を頂き、編集作業も速やかに、丁寧に行っていただきました。また、補集Ⅰ出版後には、大学・大学院時代の先生方や先輩方、研究会の会員諸氏、社会人講座の先生や受講生諸氏からも激励のお言葉とご助言を賜りました。ここに心よりお礼を申し上げます。

平成三十年九月記す

参考教科書一覧（続）

凡例

一、『明治漢文教科書集成』補集Ⅰに付した「参考教科書一覧」の続編である。補集Ⅰの一覧では小中学校用漢文教科書を扱った。漢文を扱う教科の他に、漢文体の教科書、漢文教材を含む教科書も対象とした。「参考教科書一覧（続）」はそれを補い、さらに中学校補修科、高等女学校用、師範学校用、高等学校用の参考教科書を掲げた。〈通し番号〉編著者名『書名』巻数、出版者、刊行年・月・日、採用の可否、その他の情報の順に記した。〈通し番号〉は「参考教科書一覧」からの続きである。

一、小中学校用漢文教科書は「参考教科書一覧」にならい、「一、総集型」と「二、丸本・抄本型」に分けた。師範学校用、高等学校用は項目としては分けていないが、まず総集型の次に丸本・抄本型を置いた。

一、「一、総集型」には明治以降に刊行された、複数の古典から教材を採録して編集された教科書を掲げた。著者名の五十音読み順に列挙した。

一、「二、丸本・抄本型」には漢籍・準漢籍・和刻本と、単独の古典を編集した教科書を掲げた。「参考教科書一覧」の項目から小学、修身書、歴史書に該当するものを補足し、さらに鳥居美和子編『明治以降教科書総合目録』教育文献総合目録第三集Ⅰ小学校篇（小宮山書店、一九六七年三月）の「B明治初年教科書・1修身、5地理・地理学、13理科一般・博物・物理・化学」から漢文体の書籍を選び、漢訳洋書の項目を立てて記した。

一、人名の表記は教科書に従い、一覧内の教科書によって表記の違いがある場合等、必要に応じて名前の後に字や号を（ ）内に記した。

一、同一編者の教科書は基本的には発行年月日順に並べた。改訂版が発行された場合は続けて記し、必要に応じてどの教科書の改訂版であるかを（　）内に記した。

一、巻数の後には、和文や国語の教材とセットになっている漢文教科書は、（　）内に漢文教材が収められている巻や、その他の補足説明を記した。

一、刊行年月日は、明治期に発行されたものは「明」と記し、大正期に発行されたものは「大」と記して発行年を記した。明治以前に刊行されたものや中国で出版されたものは年号を略さずに記し、（　）内に西暦を漢数字で記入した。それぞれの項目の関連事項や教科書全般に関する補足説明は（　）で記し、書き入れやその他の資料で補った場合は［　］で記した。

一、採用の可否については『調査済教科用図書表』及び『検定済教科用図書表』に基づいた。『調査済教科用図書表』に記載されたものはまず採用可、採用不可を示し、続けて（　）内に該表の小学校（小）、中学校・師範学校（中師）の区別、号数、発行年月日を記した。

一、検定済の年月日は『検定済教科用図書表』に基づいた。年月日の後に、師範学校用教科書には（師）、高等女学校用教科書には（高女）と記し、さらに倫理科用教科書には（倫理）、国語科用教科書には（国語）、歴史科用教科書には（歴史）、と記した。

一、加藤国安編『明治期漢文教科書集成』所収の教科書は「集成Ⅲ」のように第何期に収録されているかを記した。

小中学校用漢文教科書

一、総集型

〈643〉松田斉編『実用漢文教科書』、三木佐助、明27・4・1訂正再版（〈262〉の改訂版）

〈644〉明治書院編輯部編纂『中学読本』六巻（全巻国漢混合。以下同様）、明治書院、明35・11・3発行

〈645〉同編纂『中学読本』六巻、明治書院、明36・4・5訂正再版、明36・4・8検定済（国語）

〈646〉同編纂『中学読本』十巻、明治書院、明36・4・30訂正三版

〈647〉同編纂『中学読本』十巻、明治書院、明36・12・16訂正四版、明36・12・25検定済（国語）

二、丸本・抄本型

小学（朱熹）

〈648〉大槻如電編纂『校訂小学摘要』、三木佐助、明29・3・3発行

〈649〉同編纂『校訂小学摘要』、三木佐助、明29・11・14訂正再版、明29・11・25検定済（倫理）

〈650〉五十川佐武郎類撰『小学類編』、吉岡平助、明33・2・7発行

修身書

〈651〉亀谷行編『修身児訓』十巻（漢文：巻八―十）、亀谷行、明13・11・25版権免許・明13・12・21―明14・12・31出版（巻三：明15・5・31再版）、巻一・二：採用不可（小第3号、明14・4・30）、巻三：採用可（小第5号、明14・7・31）、巻四・五：採用可（小第8号、明14・10・31）、巻六・七：採用可（小第13号、明15・7・31）

歴史書

〈652〉青山延于著、青山延光校『皇朝史略』［正］十二巻続五巻八冊、青山勇、明8・12・19版権免許・明22・1・14訂正再版（〈609〉―〈612〉の改訂版）、明22・1・17検定済（師・歴史）
〈653〉佐久間舜一郎編輯『漢史簡覧』五巻、岡山県師範学校、明10・12・6版権免許・明11・7出版
〈654〉同編輯『漢史簡覧』五巻、佐久間舜一郎、明15・9・13版権免許・明16・10出版
〈655〉同編輯『改正標註漢史簡覧』五巻、西尾吉太郎、明20・8・7誤字訂正御届、明20・10・18検定済（歴史）
〈656〉佐藤楚材編輯『清朝史略』十一巻十二冊、内藤伝右衛門、明13・5・18版権免許・明14・10出版
〈657〉同編輯『清朝史略』六巻、内藤伝右衛門、明20・7・19別製本御届
〈658〉同編輯『清朝史略』六巻、内藤伝右衛門、明21・11・16訂正再版、明21・12・5検定済（歴史）

漢訳洋書

〈659〉阿部弘国訓点『漢訳伊蘇普譚』、英華書院原刻・青山清吉、明9・8・14版権免許・明9・10・20出版発兌
〈660〉褘理哲（リチャード・クォーターマン・ウェイ Richard Quarterman Way）著述、箕作阮甫訓点『地球説略』上中下巻、老皀館、萬延元（一八六〇）刊
〈661〉合信（ベンジャミン・ホブソン Benjamin Hobson）著『博物新編』三集、［墨海書館蔵版］、咸豊5（一八五五）新鐫
〈662〉同著『再刻博物新編』三集、老皀館、明4［刊］
〈663〉同著、福田敬業英訓『増補博物新編』四巻、和泉屋孝之助、明8・3鐫
〈664〉［理雅格　ジェームズ・レッグ James Legge］、英華書院編『智環啓蒙』、［原田氏蔵版］、咸豊7（一八五七）活版印刷

〈665〉丁韙良（ウィリアム・アレクサンダー・パーソンズ・マーティン William Alexander Parsons Martin）撰著、本山漸吉訓点『格物入門』七巻、鴈金屋清吉、明2官許

〈666〉韋廉臣（アレキサンダー・ウィリアムソン Alexander Williamson）著、熊野与訓点、奥野昌綱校訂『格物探原』五巻、原胤昭、明9・12・28版権免許・明11・10・5—12・5出版

中学校補習科

〈667〉池田蘆洲編『補習漢文教科書』甲乙篇、興文社、明39・8・22発行

〈668〉同編『補習漢文教科書』甲乙篇、興文社、明40・3・14訂正再版、明40・3・16検定済

〈669〉興文社編『短期補習漢文難句読本』、興文社、明38・1・4発行

〈670〉興文社編輯所編『短期補習漢文難句読本』、興文社、明38・5・31訂正再版、明38・6・6検定済

〈671〉同編『短期補習高等漢文読本』、興文社、明38・12・7発行

〈672〉同編『短期補習高等漢文読本』、興文社、明39・11・13訂正再版、明39・11・14検定済

〈673〉国語漢文研究会編『補習漢文教科書』、明治書院、明37・3・13発行

〈674〉同編『補習漢文教科書』、明治書院、明38・3・10三版

〈675〉清水平一郎編、西村豊校『補習漢文新読本』、吉川弘文館、明38・4・［15］発行

〈676〉同編、同校『訂正補習漢文新読本』、吉川弘文館、明39・12・13訂正三版

〈677〉滝川亀太郎編纂『補修漢文教課書』、厚生堂、明39・11・3発行

〈678〉同編纂『補修漢文教課書』、厚生堂、明40・3・14訂正再版、明40・3・21検定済

〈679〉田沼書店編輯所編『補習科用漢文読本』、田沼書店、明36・2・1発行

〈680〉同編『補習科用漢文読本』、田沼書店、明36・9・11訂正三版

〈681〉同編『補習科用漢文読本』巻下、田沼書店、明37・12・16発行
〈682〉土岐政孝編『中等漢文教科書補習用』、興文社、明39・11・13発行
〈683〉同編『中等漢文教科書補習用』、興文社、明40・2・27訂正再版
〈684〉同編『中等漢文教科書補習用』、興文社、明41・1・18発行、明41・5・1検定済
〈685〉普通教育研究会編纂『中学補習科漢文読本』、水野慶次郎、明36・3・8発行
〈686〉同編纂『改訂中学補習科漢文読本』、水野慶次郎、明41・3・3発行
〈687〉堀捨次郎・竹内松治共編『補習漢文講本』、松邑孫吉、明37・9・3発行
〈688〉安武磯熹編『補習漢文読本』、六盟館、明36・2・25発行

高等女学校

〈689〉岩谷英太郎編、服部宇之吉閲『女子漢文読本』四巻、集英堂、明32・12・8発行
〈690〉宇都宮多歌子編纂、三輪田真佐子校閲『女子漢文読本』六編、敬業社、明32・3・13発行
〈691〉簡野道明編『高等女子漢文読本』四巻、明治書院、明32・11・22発行
〈692〉同編『高等女子漢文読本』四巻、明治書院、明33・9・［9］訂正四版、明33・9・20検定済（高女）、集成Ⅲ
〈693〉木村熊二抜抄、中村正直校閲『漢文抄読』〔標題紙：漢文鈔読〕四巻、小林新兵衛、明21・5・14出版
〈694〉興文社編『新定漢文読例女子用』、興文社、明33・3・30発行、明33・10・12検定済（高女）
〈695〉同編『新定漢文女子用』四巻、興文社、明33・3・2―4・24発行、明33・12・5検定済（高女）
〈696〉佐々木哲太郎編『高等女子漢文読本』二巻、稲垣専之助、明36・7・20―［25］発行
〈697〉福田重政編『女子漢文』四巻、吉川半七、明33・8・22発行

師範学校

〈698〉宇野哲人編『師範教科新撰漢文読本』四巻、学海指針社、明43・11・1発行
〈699〉同編『師範教科新撰漢文読本』四巻、学海指針社、明44・2・4訂正再版、明44・2・10検定済（師）
〈700〉同編『師範教科新撰漢文読本』四巻、学海指針社、明37・12・8発行・明38・2・13訂正再版・明43・11・1訂正三版、明44・2・9訂正四版
〈701〉簡野道明編『女子漢文教科書』四巻、明治書院、明38・10・3発行
〈702〉同編『女子漢文教科書』四巻、明治書院、明39・1・22訂正再版、明39・2・1検定済（師）
〈703〉同編『新編女子漢文教科書』四巻、明治書院、明43・11・30発行
〈704〉同編『新編女子漢文教科書』四巻、明治書院、明44・3・13訂正発行、明44・3・15検定済（師）
〈705〉同編『師範漢文読本』四巻、明治書院、大元・9・24発行
〈706〉同編『師範漢文読本』四巻、明治書院、大元・12・25訂正版、大元・12・27検定済（師）
〈707〉高賀詵三郎編『講習用漢文教本』、目黒書店、明35・10・1発行
〈708〉国語漢文会編、三島毅監修『三島女子漢文読本』入門巻四巻、山海堂書店、明43・10・23発行
〈709〉同編、同監修『三島女子漢文読本』入門巻四巻、山海堂書店、明44・3・2訂正、明44・3・8検定済（師）
〈710〉国語漢文研究会編、簡野道明校訂『師範学校漢文教科書』四巻、明治書院、明38・12・12発行
〈711〉同編、同校訂『師範学校漢文教科書』四巻、明治書院、明39・3・13訂正再版、明39・3・28検定済（師）
〈712〉同編、同校訂『師範学校漢文教科書』五巻、明治書院、明42・11・9改訂
〈713〉同編、同校訂『師範学校漢文教科書』五巻、明治書院、明43・1・11改訂再版、明43・1・25検定済（師）
〈714〉国分美佐子編纂、市村瓚次郎校閲『女子漢文読本』三巻、青山堂、明35・3・27発行
〈715〉小山佐文二編『新編漢文読本』上下篇、松邑孫吉、明40・7・23—9・10発行

〈716〉同編『女子教科漢文教科書』四巻、目黒書店、明43・9・5発行
〈717〉同編『女子教科漢文教科書』四巻、目黒書店、明44・2・14訂正再版、明44・2・21検定済（師）
〈718〉土屋栄編、川田甕江閲『近世名家小品文鈔』上中下巻、小林喜右衛門・西沢喜太郎、明10・5版権免許・明18・3・11大字三版御届、明21・3・21検定済（師）
〈719〉土岐政孝編『女子漢文教科書』二巻、興文社、明39・10・26発行
〈720〉同編『女子漢文教科書』二巻、興文社、明39・12・24訂正再版、明40・1・8検定済（師）
〈721〉同編『女子初等漢文教科書』、興文社、明39・10・31発行
〈722〉同編『女子初等漢文教科書』、興文社、明39・12・31訂正再版、明40・1・10検定済（師）
〈723〉同編『女子師範学校漢文教科書』五巻、興文社、明40・12・25訂正三版
〈724〉同編『女子師範学校漢文教科書』五巻、興文社、明41・4・30訂正四版、明40・1・8検定済（師）
〈725〉同編『師範学校漢文教科書』三巻、興文社、明39・11・1発行
〈726〉同編『師範学校漢文教科書』三巻、興文社、明39・12・31訂正再版、明40・1・10検定済（師）
〈727〉同編『師範学校漢文教科書』五巻、興文社、明40・12・15訂正三版
〈728〉同編『師範学校漢文教科書』五巻、興文社、明41・8・30訂正四版、明41・9・29検定済（師）
〈729〉同編『師範学校漢文教科書［第二部男子用］』、興文社、明41・1・5発行
〈730〉同編『師範学校漢文教科書［第二部男子用］』、興文社、明41・8・30訂正再版、明41・9・29検定済（師）
〈731〉同編『初等漢文教科書』、興文社、明39・11・9発行
〈732〉同編『初等漢文教科書』、興文社、明40・2・11訂正再版、明40・3・14検定済（師）
〈733〉内藤慶助編纂『女子漢文読本』三巻、水野書店、明37・10・18発行
〈734〉同編纂『女子漢文読本』三巻、水野書店、明38・2・3訂正再版、明38・2・13検定済（師）

〈735〉同編纂『新訂女子漢文読本』五巻、水野書店、明40・12・20発行
〈736〉同編纂『新訂女子漢文読本』五巻、水野書店、明41・3・16修正再版、明41・4・7検定済（師）
〈737〉同編纂『師範教科漢文読本』五巻、水野書店、明41・12・29発行
〈738〉同編纂『師範教科漢文読本』本科用五巻、水野書店、明42・3・2訂正再版、明42・4・15検定済（師）
〈739〉同編纂『師範教科漢文読本』予科用一巻本科用四巻、水野書店、明42・9・8修正三版
〈740〉同編纂『師範教科漢文読本』予科用一巻本科用四巻、水野書店、明43・1・29修正四版、明43・2・4検定済（師）
〈741〉中村久四郎編『師範学校漢文教科書』四巻、光風館、明40・11・17発行
〈742〉同編『師範学校漢文教科書』四巻、光風館、明41・1・29訂正再版、明41・2・15検定済（師）
〈743〉同編『師範学校漢文教科書』四巻、光風館、明43・11・24修正三版
〈744〉同編『師範学校漢文教科書』四巻、光風館、明44・2・25修正四版、明44・3・2検定済（師）
〈745〉南摩綱紀編『新撰女子漢文読本』入門巻三巻、小林義則、明34・9・1発行
〈746〉同編『新撰女子漢文読本』三巻、小林義則、明35・4・17訂正再版、明35・6・18検定済（師）、集成Ⅲ
〈747〉深井鑑一郎編纂『師範教育漢文定本』四巻、宝文館、明43・11・20発行
〈748〉同編纂『師範教育漢文定本』四巻、宝文館、明44・2・15訂正再版、明44・3・6検定済（師）
〈749〉法貴慶次郎編『師範教科漢文読本』三巻、元元堂書房、明38・9・30発行
〈750〉同編『師範教科漢文読本』三巻、元元堂書房、明39・1・10訂正再版、明39・1・19検定済（師）
〈751〉吉田弥平編『師範学校国語漢文教科書第二部用』、光風館、明43・11・28発行
〈752〉同編『師範学校国語漢文教科書第二部用』、光風館、明44・2・11訂正再版、明44・2・16検定済（師）
〈753〉渡辺碩也編評『皇朝古今名家小体文範』上中下巻、岸本栄七、明21・5・13訂正三版、明21・12・4検定済（師）
〈754〉謝枋得・雛守益原選、宮脇通赫輯補『点註文章軌範』正七巻続七巻六冊、弦巻七十郎、明10・6・19版権免許・

明13・3・22別製本御届・明13・5・5出版（〈425〉の改訂版）、明21・6・6検定済（師）

〈755〉沈徳潜評点、川上広樹纂評『点註唐宋八大家文読本』三十巻十六冊、弦巻七十郎、明11・7・4版権免許・明15・2・16再版御届・明18・2・25三版御届・明18・3刻成出版、明21・3・27検定済（師）

〈756〉曾先之編次、陳殷音訳、関徳標註『標註十八史略校本』七巻、花井卯助・大村安兵衛、明16・12・19版権免許・明17・10刻成出版、明20・12・20検定済（師）

〈757〉頼久太郎著、保岡元吉校『校刻日本外史』二十二巻十二冊、松平基則、明8・10・23版権免許・明18・3・3九刻、明20・12・21検定済（師）

〈758〉佐藤雲韶録『大学提要』、金港堂書籍、明32・10・3発行

〈759〉同録『中庸提要』、金港堂書籍、明32・10・3発行

高等学校

〈760〉久保得二編『高等補習漢文新読本』、育成会、明42・10・29発行

〈761〉興文社編『高等予備精選漢文』二巻、興文社、明34・8・31発行

〈762〉島田鈞一・安井小太郎共編『増訂高等漢文』巻二・三・五、文昌閣、明44・8・10増訂三版（巻二：大5・4・12増訂版、巻三：大4・9・4増訂五版）

※巻一は〈166〉、その初版は〈165〉。中学校用ではあるが「高等」の名を冠した島田鈞一編の教科書には、〈167〉〈168〉『高等漢文新読本』がある。

〈763〉第一高等学校漢文科教員（那珂通世・宇田廉平・塩谷時敏・島田鈞一）編纂『高等漢文読本』八巻、共益商社、明27・9・13―明28・4・23発行（巻五：明28・［9］・［11］再版）

〈764〉第三高等学校編『高等学校漢文読本』巻一、若林春和堂、大元・10・10発行

〈765〉平井参校訂『新撰高等漢文』、内田老鶴圃、明40・9・18発行
〈766〉堀捨次郎・竹内松治共編『高等漢文講本』、松邑孫吉、明37・3・28発行
〈767〉滝川亀太郎編『標注高等漢文』、金港堂書籍、明42・5・20発行
〈768〉同編『高等漢文　明清文鈔』、金港堂書籍、明38・9・11発行
〈769〉同編『高等漢文　宋元文鈔』、金港堂書籍、明38・9・11発行
〈770〉同編『高等漢文　標註宋元文鈔』、金港堂書籍、明39・9・8発行、明44・5・2訂正再版
〈771〉同編『高等漢文　漢唐文鈔』、金港堂書籍、明38・9・15発行
〈772〉同編『高等漢文　標註漢唐文鈔』、金港堂書籍、明44・9・19発行
〈773〉同編『高等漢文　資治通鑑鈔』、金港堂書籍、明38・9・11発行
〈774〉同編『高等漢文　戦国策楚辞鈔』、金港堂書籍、明38・9・11発行
〈775〉同編『高等漢文　標註戦国策左氏伝鈔』、金港堂書籍、明44・10・3発行
〈776〉同編『高等漢文　春秋左史伝鈔』、金港堂書籍、明38・9・11発行
〈777〉同編『高等漢文　韓非子管子孫子鈔』、金港堂書籍、明38・9・11発行
〈778〉同編『高等漢文　標註韓管荘列鈔』、金港堂書籍、明39・9・8発行、明44・5・28訂正再版
〈779〉同編『高等漢文　荘子列子墨子鈔』、金港堂書籍、明38・9・11発行
〈780〉同編『高等漢文　荀子孟子礼記鈔』、金港堂書籍、明38・9・11発行

※中学校用の教科書ではあるが「高等」の名を冠した教科書には他に〈134〉〈135〉国語漢文研究会編『高等漢文読本』がある。

和気清麻呂(巌垣松苗)　⑩-168, ⑬-27
和気清麿(未詳)　⑨-252
和気清麻呂論(和気清麿論)　⑧-235, ⑪-307, ⑬-325
渡辺華山伝　⑪-77
渡辺権兵衛乳母　⑨-228
渡辺浄忠府君功徳碑　⑨-129
和文天祥正気歌有序　⑨-140, ⑫-372
割田重勝　⑨-231

収録資料一覧

補集Ⅰ　明治初期の「小学」編	
第8巻	1　近世名家小品文鈔（土屋栄） 2　和漢小品文鈔（土屋栄・石原嘉太郎） 3　続日本文章軌範（石川鴻斎） 4　本朝名家文範（馬場健） 5　皇朝古今名家小体文範（渡辺碩也）
第9巻	6　漢文中学読本（松本豊多） 7　漢文読本（鈴木栄次郎） 8　漢文読本（指原安三）
第10巻	9　漢文中学読本初歩（松本豊多） 10　中学漢文読本初歩（秋山四郎） 11　新撰漢文講本入門（重野安繹・竹村鍛） 12　中学漢文学初歩（渡貫勇） 13　新定漢文読例（興文社） 14　訂正新定漢文（興文社）
補集Ⅱ　模索期の教科書編	
第11巻	1　中等漢文（山本廉） 2　中等漢文読本（遊佐誠甫・富永岩太郎）
第12巻	3　中等教科漢文読本（福山義春・服部誠一） 4　訂正中学漢文読本（弘文館）
第13巻	5　漢文読本（法貴慶次郎） 6　新撰漢文読本（宇野哲人）

編集・解説者紹介

木村　淳　きむら・じゅん

一九七二年　茨城県生まれ

二〇〇五年　二松学舎大学大学院文学研究科博士後期課程単位取得退学

現　　在　大妻女子大学非常勤講師

主要論文

「明治・大正期の漢文教科書―洋学系教材を中心に―」、中村春作・市来津由彦・田尻祐一郎編『続「訓読」論―東アジア漢文世界の形成―』（勉誠出版、二〇〇九年十一月）所収

「漢文教材の変遷と教科書調査―明治三十年代前半を中心として―」、『日本漢文学研究』第六号、二松学舎大学日本漢文教育研究プログラム、二〇一一年三月

「漢文教科書と小学教科書」、『中国近現代文化研究』第一八号、中国近現代文化研究会、二〇一七年三月

「明治期漢文教育史における長尾雨山」、『中国文化』第七六号、中国文化学会、二〇一八年六月

『明治漢文教科書集成』　補集Ⅱ解説・総索引

2018年11月30日　第1刷発行

定価（本体3、000円＋税）

ISBN978-4-8350-8171-7

編集・解説者　木村　淳

発行者　小林淳子

発行所　不二出版株式会社

東京都文京区水道2―10―10

電　話　03（5981）6704

FAX　03（5981）6705

振　替　00160―2―94084

印刷・製本　昴印刷

総索引

『明治漢文教科書集成』補集総索引　目次

凡例

作者名索引

［日本］

ア行 ……………………………… (5)
カ行 ……………………………… (6)
サ行 ……………………………… (7)
タ行 ……………………………… (8)
ナ行 ……………………………… (9)
ハ行 ……………………………… (9)
マ行 ……………………………… (10)
ヤ行 ……………………………… (11)
ラ行 ……………………………… (11)
ワ行 ……………………………… (12)

［中国］

ア行 ……………………………… (12)
カ行 ……………………………… (12)
サ行 ……………………………… (13)
タ行 ……………………………… (14)
ハ行 ……………………………… (14)
マ行 ……………………………… (14)
ヤ行 ……………………………… (15)
ラ行 ……………………………… (15)

出典名索引

ア行 ……………………………… (16)
カ行 ……………………………… (16)
サ行 ……………………………… (17)
タ行 ……………………………… (18)
ナ行 ……………………………… (19)
ハ行 ……………………………… (19)
マ行 ……………………………… (19)
ヤ行 ……………………………… (20)
ラ行 ……………………………… (20)

作品名索引

ア行 ……………………………… (21)
カ行 ……………………………… (25)
サ行 ……………………………… (35)
タ行 ……………………………… (46)
ナ行 ……………………………… (53)
ハ行 ……………………………… (55)
マ行 ……………………………… (60)
ヤ行 ……………………………… (62)
ラ行 ……………………………… (65)
ワ行 ……………………………… (66)

凡例

・『『明治漢文教科書集成』総索引』の方針に準拠し、補集の状況に応じて作成した。
・本索引は作者名索引・出典名索引・作品名索引の三種とし、作者名は「日本」と「中国その他」とに分けた。
・作者名・出典名・作品名に、教科書記載のもののみを採った。
・原教科書の注記や「国文」「時文（明治の文語文）」等の情報も（　）に記した。
・各項目ごとに、『明治漢文教科書集成』補集Ⅰ・Ⅱの巻数と頁数を掲げた。
〈例〉⑩-188 → 第10巻の188頁。　⑪-184・346 → 第11巻の184頁と346頁。
・作者名・出典名・作品名が連続する場合は頁数を216～218等とした。
・日本の人名・地名は日本語読みで採り、読みが不明な場合は音読みとした。
・作者名に別名がある場合、（　）に示した。
・補集に収めた教科書内で表記が複数ある場合は（　）に補った。
〈例〉阪井（坂井）　菊池（菊地）
・西洋・韓国の人名・地名は漢字の音読みで採り、ルビで読みを記した。
〈例〉合信 →「合」の音読み「ごう」で採り、「ホブソン」とルビを振った。
・原教科書記載の作者の王朝名・国名等は基本的に省略したが、区別する必要がある場合、王朝名等を作者名の第一文字として扱った。
〈例〉漢・高祖 →「漢」の音読み「かん」をもとに配列。
・書名のほかに篇名の記載がある場合、書名に続けて原典の配列順に従って篇名を掲げた。なお篇名は必ずしも原典の通りではなく、教科書の編者が付けたものも含まれている。
・出典名索引は基本的な教材のほかに文例や格言も含めたが、用語例は対象外とした。
・補集Ⅰ第10巻収録の『新撰漢文講本入門』の文例は作者名・出典名・作品名の記載がないため、文中からキーワードとなる言葉を選び作品名として採った。
・作品名は書き下し文の訓読ではなく、音読みで五十音順に並べた。しかし和漢の対訳や話題が類似するような場合、利用上の便宜をはかり五十音順を無視している箇所がある。
・作品名は目次と本文とで表記が異なる場合があるが、本文のタイトルに統一した。
・作品名が同一で作者が異なる場合は、（　）に作者名や出典名を掲げ別項目として採った。それらは作品を区別するためのものなので該当頁の表記とは必ずしも一致しない。
・作品名が異なるが内容が同一の場合は一項目としてまとめるようにし、（　）で異なるタイトルを記した。ただし同一作者・同一作品名で内容が異なる教材は区別していない。
・その他、必要と思われる事項を（　）で補った。

作者名索引

［日本］

〈ア行〉

会沢安《やすし》（正志斎）　⑨-105・106, ⑩-74, ⑫-5, ⑬-262
青木敦書　⑨-93
青山延寿《のぶとし》（鉄槍）　⑧-140, ⑨-22, ⑬-38・72・262・278
青山延光《のぶみつ》（佩弦斎）　⑧-166, ⑨-30・31・33・34・82・89・128・279, ⑩-6・18・33・34・47・49・91・131・132・141・143・145・146・190・193, ⑪-2・5・11・23・26・31・32・55・62・75・215・230・233～235・243, ⑫-6・18・19・32・34・39・40・42・126・127・302・315, ⑬-14・19・22・26・36・88・89・115・120～122・277・279
青山延于《のぶゆき》（延宇　拙斎）　⑧-156, ⑨-30・51・61・62・77・172・197・254・263・264・294, ⑩-15・32・39・43・51・75・84・86～88・95・96・102・104・105・110・132・135～137・144・146・149・153・169・170・177, ⑪-8・29・70・215～217・233・265・266, ⑫-5・15～17・20・25・36・37・40・50・55・57・72・73, ⑬-13・19・25・27・28・85・96・123・125・261・269・272・278
青山晩翠　⑨-325
赤松勲　⑩-25
赤松滄洲　⑨-320
秋山儀　⑬-112・212・224
安積覚（澹泊《たんぱく》）　⑧-189・233・254, ⑨-88・269, ⑩-6・21
安積信（艮斎《ごんさい》）　⑧-9・23・24・40・46・69・99・160・172・185・186・190・212・236・241・243・272・315・318, ⑨-75・183・240・242・244・246・247・258・269・270・294・298・301・325, ⑩-8・31・39・45・46・49・50・85・89・159・162・206・208・210・216, ⑪-50, ⑫-35～38・58・59・85・90・99・105・112・124・129, ⑬-19・51・52・62・72・75・96・104・105・110・112・115・130～132・152・153・189・212・213・215・233・268・293～295・303
朝川鼎　⑬-104
浅見安正　⑬-159・161・163・168・169・176・177・183・185・186・188
新井君美（白石）　⑧-122, ⑨-76
安東省庵　⑨-328
飯田忠彦（黙叟）　⑨-4・38, ⑩-7, ⑪-12・13・17・18・33・43・69・237, ⑫-25・32・33
生野克長　⑧-310
石川英（鴻斎）　⑧-175, ⑪-77
石川凹（丈山）　⑫-320, ⑬-101
石川義形　⑪-3・4・13
板倉勝明　⑩-5
石津勤　⑧-310
市村謙（水香）　⑧-300, ⑨-58・87, ⑪-292
伊藤維禎（仁斎）　⑧-191, ⑨-87・166・329, ⑩-152, ⑪-247

伊藤長胤(東涯)　⑧-171・190, ⑨-212・282・287, ⑩-11, ⑪-249, ⑬-203・241・302・312
猪野中行《なかゆき》　⑧-271
稲生《いのう》若水(稲宣義)　⑨-27, ⑫-293
厳垣彦明　⑧-239・240
厳垣(岩垣)松苗(謙亭)　⑨-36・37・60・76・250, ⑩-16・32・35・106・131・132・136・140・167・168・172　⑪-3〜5・31・211・243・253, ⑫-7・11・14・19・40・51・53〜55・57・72, ⑬-25・27
上野尚志　⑨-268
宇田栗園　⑨-200
宇津宮三近　⑫-31・32
江木戩《ゆたか》　⑬-270
江馬欽　⑨-42
大井南塘　⑨-204
大江匡衡　⑧-118
大岡忠時　⑪-18・19
太田元遵　⑪-49
太田元貞　⑬-112
大槻清崇(磐渓　崇)　⑧-70・74・99・100・128・186・201・253・255・257〜259・261・264・311・313・317, ⑨-14・17・20, ⑩-17・26・36・37・48・50・53・75・77・90・94〜101・103・107・109・133・137・145・147・150・151・153〜157・173・184, ⑪-4・5・8・9・11・13・14・29・36〜38・47・60・65・211・214・216〜220・231・232・236・238・239・243・244・250・252・302, ⑫-22・23・38・274・341, ⑬-12・15・18・20・21・23〜25・34・36・37・40〜42・45〜50・63・90・91・102・115・136・267・269・272・278・280
大槻修二(如電)　⑪-17・25・37・38・57・64, ⑫-296, ⑬-284・285
大槻禎(西磐)　⑪-38・39・70・71, ⑫-308・318
大橋順(訥庵)　⑧-186・241, ⑫-24・100
大森惟中　⑨-101
小笠原勝修《かつなが》(勝長)(午橋)　⑩-18・106, ⑪-13・39・219・245
岡千仭(鹿門)　⑧-141・142・254〜256・259, ⑩-4・5・16, ⑪-299, ⑫-330・332
岡田僑(鴨里)　⑧-62・262, ⑩-5・34・50・87・88・140・147・149・154, ⑫-18・33・34・39・130, ⑬-16
岡白駒　⑩-33
岡松辰(甕谷)　⑧-146, ⑩-155, ⑪-67
岡本監輔　⑧-257・260
岡本黄石　⑫-321
小川弘(心斎)　⑩-40・44・48・99, ⑬-76
荻生茂卿(徂徠　双松)　⑧-131・170・205, ⑨-12・39, ⑪-285・286・291, ⑬-283
奥野純(小山)　⑧-81・107・238・240, ⑪-301
小野湖山　⑫-318

〈カ行〉

貝原篤信(益軒)　⑧-163, ⑨-28・29・69・191・282, ⑩-8・83・85・132・134・138・140・146・160・161, ⑪-3・6・7・12・20・27・256, ⑫-10・269, ⑬-10・16・44・259・263・275〜277・301・302
片山達(沖堂)　⑨-48, ⑫-297
桂山義樹(彩巌)　⑪-229, ⑫-302
楫取素彦　⑨-49
樺島石梁　⑧-215・248, ⑨-299
亀田興(鵬斎)　⑧-197, ⑪-246
亀谷省軒　⑧-144・145
蒲生重章　⑧-290, ⑨-4・5, ⑩-133, ⑪-40・46・53・280・281
蒲生秀実(君蔵　修静)　⑧-190, ⑩-99,

⑪-225, ⑬-85・127
蒲生弘 ⑧-266
川北重憙《しげよし》(温山) ⑧-11・17・25・42・61・106・213・240・273・299・310, ⑨-292・300, ⑩-196
川北梅山 ⑫-273・274・276〜278・282・292・294・297・298・304
川口長孺 ⑨-63
川田剛(甕江) ⑧-129・173・295・312, ⑨-7・8, ⑩-4・19・20, ⑪-50・73・293, ⑫-110・111・339, ⑬-313
菅晋卿《かんときのり》 ⑬-24・27・29・68・87・96・99・125・180
木内倫 ⑩-137・140・148・151・152・154・157
祇園瑜 ⑨-152
菊池(菊地)純(三渓) ⑧-146・256・258・308, ⑨-16・32・33・65・73, ⑩-23・136・147・157・210, ⑪-5・15・16・24・35・36・57・82・273・274・298, ⑫-272・274・307, ⑬-43・44・289・290
岸鳳質 ⑨-168・169, ⑩-136, ⑬-268
北圃恭 ⑨-56・57, ⑪-286
木下業広《なりひろ》 ⑨-97・122・123
紀徳民(細井平洲) ⑧-257
木村芥舟 ⑪-35
清田《きよた》儋叟《たんそう》(清絢) ⑨-70・170, ⑪-257
久坂江月斎 ⑫-277
日下寛 ⑧-285
栗山愿(潜鋒) ⑧-231, ⑨-268・277・287・305, ⑪-80, ⑫-56
高鋭一 ⑧-281・301・310
弘文館 ⑫-270
古賀煜(㷔)(侗庵) ⑧-19・38・39・45・95・228・240・243, ⑨-290・291, ⑩-21, ⑪-279, ⑬-48
古賀(劉)穀堂 ⑧-154
古賀樸(精里) ⑧-36・45・84・123・164・243・244, ⑩-160, ⑪-184・346, ⑫-107
後藤松陰 ⑧-203・209
小橋勲 ⑧-278, ⑨-181・184

〈サ行〉

西郷隆盛 ⑬-135
斎藤馨(竹堂) ⑧-41・42・49・61・63・65・88・92・95・100・103・109・167・188・194・204・220・224・229・232・247・292・297・305・308・312, ⑨-6・13・27・46・47・65・69・127・172・182・185・288・291・292・310・324, ⑩-13・14・23・24・91・99・103・108・148・149・160・175・213, ⑪-76・79・225・248・262・281・282, ⑫-6・20・46・51・67・75・83・123・300・301, ⑬-38・51・75・314
斎藤正謙(謙　拙堂) ⑧-10・15・22・23・73・78・79・85・88・96・99・104・107・109・155・172・190・196・197・199・202・207・208・211・218・220〜222・230・239・246・265・274・281・283・289・296・303〜306・314〜316, ⑨-13・36・42・43・45・56・57・99・146・177・211・271・272・274・288・297・305・311・312, ⑩-18・19・88・163・182・183・197〜200・204・207・211・212, ⑪-41・51・52・183・238・246・249・258・259・269・271・292・310・319, ⑫-25・42・46・63・79・87・88・104・111・271・307・334・349, ⑬-57・68・79・80・100・110・129・130・146・151・235・286〜288・295〜297・316・320
阪井(坂井)華(虎山) ⑧-16・20・21・30・40・48・77・99・192・239・281, ⑨-302, ⑪-300, ⑫-63・124
坂田(阪田)丈(警軒) ⑨-77, ⑫-323

阪谷（坂谷）素《しろし》（朗廬）　⑧-145・277, ⑩-208, ⑪-300
作者不詳　⑨-37
作者未詳　⑨-43・44・73
佐久間啓（象山）　⑧-65・82・238, ⑨-283, ⑩-160, ⑪-47, ⑫-7・24・25・74・78・334, ⑬-165・302
佐倉孫三　⑨-18, ⑪-267
佐佐木高志　⑫-309
佐藤晋用　⑪-87
佐藤楚材　⑧-278・310, ⑫-71
佐藤坦（一斎）　⑧-7・13・18・36・37・44・45・48・73・96・133・200・202・216・222・237・239・242・245・268・270・306・316, ⑨-96・101・102・117・150・179・291・302・314, ⑩-23・134・145・184・197・205・218・219, ⑪-238・290, ⑫-37・45・84・102・272, ⑬-102・110・141・171～174・301
塩谷衡　⑪-239
塩谷誠（簣山《きざん》）　⑧-13・16・17・43・218・226・248, ⑨-287・290・296, ⑪-41・56・256, ⑫-335, ⑬-77
塩谷世弘（宕陰《とういん》）　⑧-12・13・26・43・45・63・79・82・96・99・109・137・158・188・195・212・218・227・247・256・284, ⑨-21・90・124・186・293～296・301・313, ⑩-6・38・44・80・85・97・104・107・155・158・189・205, ⑪-30・34・213・218・231・247・253・297, ⑫-40・74・81・92・97・111・128・292・314・319, ⑬-11・35・47・166・181・182・307・309・311・312・315
重野安繹《やすつぐ》（成斎）　⑧-139・150・270・297, ⑨-91, ⑪-39, ⑫-295・298・301・303・315・316・328・345, ⑬-281・304
篠崎弼《たすく》（小竹）　⑧-8・39・49・68・77・211・215・221・225・234・242・271・295・300, ⑨-176・192・210・283, ⑩-21・160, ⑫-101, ⑬-43・92・111・120
信夫粲《あきら》（如軒）　⑧-320, ⑪-23・41・54・63・81・247, ⑫-325
柴野（柴）邦彦（栗山）　⑧-29・31・35・36・44・47～49・80・98・163・189・206・208・241・243・277, ⑨-55・71・151・191・258・282・308, ⑩-10・158・173, ⑪-71・225・284・304, ⑫-67・82・98, ⑬-87・101・183
柴野碧海　⑧-29・47・90・105・193・236
島田重礼（篁村）　⑪-42, ⑫-346
釈月性　⑬-34
釈顕常　⑧-255
新宮碩　⑫-65, ⑬-15・18・20・23・29・35・40・48・63・69・72・75～77・86・96・112・115・116・125・128・129
菅亨　⑨-165～167・171・190～192・195・208
菅野《すがの》潔　⑪-221
菅原是善　⑨-150
菅原道真（菅公）　⑧-117, ⑨-281, ⑬-29
鈴木栄次郎　⑨-167・169・177・179・180
鱸《すずき》元邦　⑧-267・282
清勲　⑨-192
副島種臣《そえじまたねおみ》　⑫-323
曾我耐軒　⑧-126

〈タ行〉

竹添進一郎（井井　漸卿）　⑫-355・365, ⑬-149・151・162・199・212・223・324
太宰純（春台）　⑧-152・197, ⑬-266
巽燿文　⑧-304
田中重彦　⑧-315
田中理介犀（田犀）　⑨-105

谷干城《たてき》　⑨-40・41
田能村《たのむら》憲(竹田)　⑧-188・313
著者不詳　⑨-264
塚田虎　⑨-67・68
津阪東陽　⑨-326, ⑩-88・90
土屋弘　⑨-206・207, ⑪-8・10・15・31, ⑬-133
堤正勝　⑧-270, ⑬-18・20～24・34・40・41
角田《つのだ》簡(九華)　⑨-8・11・22・219・221, ⑩-5・7～9・16・31～34・38・39・47・51・85・86・89・133～139・141～143・146・147・158・159・214, ⑪-212・218, ⑫-9・24・37, ⑬-12・260・268・279
寺門某　⑧-265
寺島杏林堂　⑫-280
土井聱牙《ごうが》(有恪)　⑧-120・263・299～301, ⑪-251
東条耕(琴台)　⑨-15・48・66・94, ⑩-38・46・86～88・96・110・134・135・144・161, ⑪-62・212・261, ⑫-10・13・44
藤堂高猷《たかゆき》　⑪-83
徳川斉昭(景山)　⑧-246, ⑫-299, ⑬-144
徳川光圀(西山)　⑧-175・185・186, ⑨-108, ⑩-35・43・44・46・51・53・132・133・136・140・141・144～146・149・153・168・174・177・178・181, ⑪-27・28・33・66・85・211・226, ⑫-22, ⑬-269・270
舎人親王　⑩-131, ⑬-261
土肥実匡　⑧-316

〈ナ行〉

中井積善(竹山)　⑧-32・253, ⑨-10・11・59・91・98・99・149・150・328, ⑩-14・15・91・98・144・188, ⑪-15・42・313・314, ⑫-35・70, ⑬-25
中井積徳(履軒)　⑧-32・33・35・60・61・94・95・101・103・124・185・187・189・194・208・213・219・228・241・242, ⑨-39・70・169・171・173・174・178・181・182・198・256・264・289, ⑩-84・150・151, ⑪-83・244・254・260・272・297・304, ⑫-127, ⑬-46・103・127・279
長野確(豊山)　⑧-8・14・19・20・29・39・84・91・125・188・204・216・217・223・277・282・307・316, ⑨-294・296・299・302・304, ⑪-260, ⑬-17
那珂通世《みちよ》　⑬-304～306
中村兼志　⑨-49
中村正直(敬宇)　⑧-151・253・257・260・263・286・319, ⑪-47・48・295, ⑫-328・329
中村和(栗園)　⑧-276, ⑨-224・267・268・283, ⑩-31～34・36～38・45・46・49・84・88・90・140・154, ⑪-235, ⑫-23, ⑬-11・14・17・18・268
那波方　⑬-45
成島譲(稼堂)　⑩-36・52・53・81
成島弘　⑨-15・⑪-294
南摩綱紀《なんまつなのり》(羽峰)　⑧-143, ⑪-259, ⑫-326
野田逸(笛浦)　⑧-10・24・41・69・85・148・206・244・269・290・303・308・313, ⑩-24, ⑪-295・296, ⑫-96・104・109, ⑬-102
野中準　⑨-100

〈ハ行〉

羽倉《はくら》簡堂　⑧-200, ⑫-280・300
橋本晩翠　⑫-319
服部元喬(南郭)　⑧-132・185・253, ⑨-166・168・169・173・180・191・193・197・198・201・208・254, ⑩-44・47・78・86・87・

94～96·102·103·105·133～136·139·141·142·145·152·153·171, ⑪-211·213·214, ⑬-21·35·174·261
林恕（鵞峰）　⑧-231, ⑪-12, ⑫-8·21·34
林長孺（鶴梁）　⑧-70·79·89·97·102·105·106·139·161·189·191·192·196·198·237·260·264·265·268·279·280·283·287·289·294·302·315·317·319, ⑨-9·21·109·142·165·199·208·303·321, ⑩-25·26·90·147·158·162·194·216, ⑪-64·250·251·255·261·276·278·349, ⑫-99·275, ⑬-124
林羅山（道春）　⑧-152, ⑨-94·95
原尚庵　⑩-84·101
原善（念斎）　⑨-38·83·93·98·108, ⑩-31～33·35·39·45·47·79·84～86·88·90·102·105·106·108·109·111·134·137·138·144·161, ⑪-5·6·19～22·30·213, ⑫-13·14·19·39·60·61, ⑬-11·16·34·35·43·259·271·278·280·303
原忠成（伍軒）　⑩-89·135·142
春田九皐《はるたきゅうこう》　⑧-120
伴蒿蹊《ばんこうけい》　⑫-379·422
尾藤孝肇（二洲　二州）　⑧-64·72·185·195·213·221·305, ⑨-56·97·183·194·203·283·288, ⑩-10·154, ⑪-270·275·283, ⑫-83·109·299·324, ⑬-85
平沢元愷（沢元愷　元凱）　⑨-34·35·209, ⑫-66
平野聞慧　⑬-135
広瀬旭荘　⑧-136·187, ⑩-100
広瀬建（淡窓）　⑧-240, ⑬-90·91·102·115·125
広瀬林外　⑨-240, ⑩-84·87·96～98·107
藤井啓　⑬-99·102·318·324
藤井臧（懶斎）　⑩-86·89, ⑫-9
藤沢恒（南岳）　⑧-254·256, ⑫-362
藤沢甫（輔　東畡）　⑧-203·220·263·284·301·302, ⑨-174·288, ⑩-158, ⑪-226, ⑫-37
藤田彪（東湖）　⑧-78·174·209·224·242·247·276·294, ⑨-34·82·140·211·280·281·297·321, ⑩-3·34, ⑪-63·75, ⑫-4·94·372, ⑬-174～176
藤田一正　⑨-82～84·103·104·277
藤野海南　⑧-130, ⑫-294
藤森大雅（弘庵　天山）　⑧-12·25·86·96·119·134·195·207·210·242·267·272·278·279·311·313, ⑨-303, ⑩-22, ⑪-291, ⑫-108·113
藤原粛　⑨-173
編者→弘文館, 鈴木栄次郎
帆足《ほあし》万里　⑧-248·249, ⑪-236
（僧）北禅　⑧-68·81·91·98
星野蓍山《きざん》　⑧-66
星野恒《ひさし》　⑪-2·3·28
細川潤次郎（潤）　⑨-19·50, ⑪-262

〈マ行〉

牧百峰　⑫-284
摩島弘　⑪-296
松崎復（慊堂）　⑧-7·38·49·65·124·217·219·222·241·254·270·307, ⑨-78·79·109·126·289·299, ⑩-10·24, ⑪-226·274, ⑬-72
松島坦　⑬-38·158
松林漸（飯山）　⑧-167·234·312, ⑪-229·255·305·314, ⑫-102
松本原　⑪-294
松本衡　⑧-273·304·309
円山葆　⑪-84

三島毅（中洲）　⑧-144・266, ⑪-78, ⑫-305・306・324・326・338・347
皆川愿　⑪-273
源邦彦　⑩-12
源照矩　⑨-9
都良香《みやこのよしか》　⑧-131
宮田敏　⑪-57・58
三善清行　⑧-169
村瀬之熙（栲亭）　⑧-228, ⑪-254・290, ⑫-45
室直清（鳩巣）　⑧-121・198, ⑨-176・181・274・276, ⑩-9・84, ⑪-276, ⑫-340, ⑬-94・120・123・276・309
元田永孚《ながざね》（東野）　⑩-204・⑫-346
森田益《すすむ》（謙　節斎）　⑧-25・30・34・47・69・88・106・135・199・201・206・210・223・226・269・288・318, ⑨-130・322, ⑩-11・162, ⑪-255・306, ⑫-113

〈ヤ行〉

安井衡（息軒）　⑧-11・43・66・96・126・138・149・187・200・214・244・245・261・289・291・295・307・311・312, ⑨-16・55・64・84・85・103・123～126・131・184・186・187・290・293・295・300・316, ⑩-20・110・205, ⑪-68・180・184・237・249・256・269・283, ⑫-67・108・110・274, ⑬-182・207・301
梁川孟緯　⑬-20・35・39・44・65・68・69・72・86・92・93・95・99・101・102・110・125・324
梁田邦美　⑨-196
薮弘篤　⑨-77, ⑪-289
薮慤（孤山）　⑧-186・191, ⑩-100・156, ⑬-288
山県孝孺（周南）　⑧-196, ⑨-87・88・129
山県禎　⑧-259, ⑨-37, ⑩-132・139・143・144・150・151・166～168・183・185・186, ⑪-2・8・25・26・31
山田球（方谷）　⑧-255, ⑨-147・213・281・290, ⑩-159, ⑪-221・275, ⑫-299・351
山本信有　⑪-211
山本廉　⑪-3・4・25・43
横山正邵　⑨-185
吉田矩方《のりかた》（松陰）　⑧-65・72, ⑫-324, ⑬-127・128・310
芳野世育（金陵　匏宇）　⑧-127・230・258・294, ⑨-74・204・205, ⑪-30・59・221・249, ⑫-45・78, ⑬-23・318
芳野長毅　⑪-8・11・15
依田朝宗（百川　学海）　⑧-256・261, ⑩-18, ⑪-2・13・14・20・34・35, ⑫-303・306・308・310・314・316・317・320・327・336・337, ⑬-308

〈ラ行〉

頼惟完　⑪-301, ⑬-29
頼春水　⑧-188・190・193
頼襄（山陽）　⑧-16・33・37・38・44・88・95・98・101・105・135・165・187・206・214・220・221・232・235・241・254・292・293・309, ⑨-3・12・19・26・27・29・30・40・59・60・62・66・72・85・86・92・100・118・119・132・253・257・259・262・269・287・288・290・297・298・304・315・324・328, ⑩-12・21・22・31・33・36・39・40・48・52・76・77・83・84・97・131・137・140・147～149・157・169～172・175・176・186・187・190・195・196・200・208・209・214・215, ⑪-26・46・72・84・179・185・214・225～228・248・270・276・303・306～309・315・320,

⑫-6・11～13・17～21・24・29～31・34・38・49～58・62・65・70・76・77・81・88・93・125・285・322・335・356, ⑬-10・13～17・25～29・34・35・53～61・63～67・69・70・73・74・81・90～92・94～100・102・103・107～114・116～119・124・125・147・157・164～166・170・179・181・195・202・203・207・230・236・238・240・267・270・271・290～292・304・319・322～325
劉穀堂→古賀穀堂
龍公美　⑩-12

〈ワ行〉

鷲津毅堂　⑧-161, ⑫-345・358
渡辺魯(樵山)　⑨-292・293, ⑩-26・95

[中国その他]

〈ア行〉

尹致昊《ユンチホ》　⑫-361
袁枚(随園)　⑧-59・67・76・106, ⑪-183, ⑫-380, ⑬-157
王安石　⑧-87, ⑨-112・376, ⑩-272・273・305・306, ⑪-180・196・197・373, ⑫-426, ⑬-195・201
王禕《い》　⑧-90
王維　⑫-416, ⑬-231・390
王禹偁《しょう》　⑨-390, ⑫-174
汪琬《えん》　⑧-72
王翰　⑬-219
皇侃《おうがん》　⑫-426
王羲之　⑩-307
王建　⑫-393
王紫詮　⑫-355
王守仁(陽明)　⑧-87, ⑨-158・372・373, ⑪-202・340・371
王遵巌　⑫-132・133・137
王昌齢　⑬-385
王世貞　⑨-370
王昶《ちょう》　⑧-94
汪道昆　⑫-425
王符　⑪-198
王懋竑《ほうこう》　⑧-58
欧陽修(永叔)　⑧-71・91・97, ⑨-112・122・129・130・384～388, ⑩-262～265・292～294, ⑪-191・192・348・366～368・404・408・418・424～426・436, ⑫-171・175・178・184・383・385・391・392・413・416・426, ⑬-190・216・232・242・366・368・369・371

〈カ行〉

賈誼《かぎ》　⑨-413, ⑪-180・181, ⑫-426, ⑬-389
楽毅　⑨-415, ⑪-176, ⑬-329
岳飛　⑨-142, ⑪-324, ⑫-368
賈至　⑬-230・355
漢嬰　⑨-333
漢・高祖　⑬-228
漢・孝帝(文帝)　⑫-405
顔之推　⑨-216, ⑬-277
韓非　⑪-177
韓愈(退之)　⑧-71・90・92, ⑨-111・136・155・398～407, ⑩-254～259・284～288, ⑪-186～188・200・204・365・372・405・409・410・413・416・417・421・435・438・440, ⑫-204・206・207・209～211・213・214・217・219・222・384・390・417～419・426, ⑬-141・142・178・189・201・237・

351～353・373・375
魏学洢　⑪-319
魏禧　⑨-201, ⑫-133・138, ⑬-358
魏徴　⑨-409, ⑪-339・428, ⑫-203, ⑬-213
魏東房　⑫-350
帰有光(震川)　⑨-370・371, ⑫-130・135
魏祐斎　⑫-350・368
裘璉《きゅうれん》　⑧-60
姜宸英《きょうしんえい》　⑨-159
龔《きょう》心銘　⑫-359
許渾　⑬-195
魏礼　⑧-58
屈原(平)　⑨-414, ⑫-385, ⑬-199
元結　⑫-203
黄永年　⑨-121
孔子　⑨-216
黄遵憲　⑫-347・348・351
合信《ホブソン》　⑪-316・317・345・346, ⑫-43・44
高適《せき》　⑬-180・355
黄石牧　⑧-67
黄庭堅　⑧-92
侯方域　⑪-198・204
胡儼《げん》　⑧-64
呉成佐　⑫-139
胡銓(澹庵)　⑨-375, ⑩-310, ⑪-206・427, ⑫-183・369
呉澄　⑧-75

〈サ行〉

司空曙　⑬-390
司馬光(温公)　⑨-216・334・389, ⑩-309, ⑪-364, ⑫-175・420, ⑬-141・154～156・167・194・340～342・345～348
司馬遷　⑨-339・349・352～354・356・359～361・364・367・412, ⑪-89・104・119・182, ⑫-405, ⑬-144・196・197・204～209・211・218・219・221・224・226・227・330～332・334・335・337・385～387
謝枋得《ぼうとく》　⑩-311, ⑪-207, ⑬-189
朱彝《い》尊　⑧-80, ⑨-114, ⑫-132・134
周茂叔(敦頤)　⑧-63, ⑩-309, ⑪-199・365, ⑫-177
朱熹《き》(晦庵)　⑫-176・419・425・426, ⑬-141・259・276
朱孝純　⑧-67
朱之瑜(舜水)　⑨-107・295, ⑫-373
主父偃《しゅほえん》　⑫-412
荀況　⑪-370, ⑬-391
邵長蘅《しょうちょうこう》　⑧-94, ⑬-359
諸葛亮　⑨-411, ⑩-306, ⑪-204・205・326, ⑬-160・162・343・344
徐継畬《よ》　⑪-303
徐彷《ほう》　⑧-93
岑参《しんじん》　⑬-230・355
沈千運　⑬-143
沈徳潜　⑫-138
薛福成　⑫-354
銭起　⑬-390
銭公輔　⑫-414
単恂《ぜんじゅん》　⑨-143, ⑪-323
曾鞏《きょう》(南豊)　⑨-376, ⑩-272・304・305, ⑪-195・196・364, ⑫-174・176・389, ⑬-229
宋玉　⑨-413
曾先之　⑬-142・143・145・147・148・150・151
曹植　⑫-426
宋濂(学士)　⑪-340, ⑫-136・137・425, ⑬-357
楚子箴　⑨-216
蘇洵(老泉)　⑨-152・383・384, ⑩-265～

267・295～297・299, ⑪-178・182・192・193・407・411・419・430・432, ⑫-180・185・186・383・384・399, ⑬-217・228・363・364
蘇軾（東坡） ⑧-82・89・91・92, ⑨-116・117・120・378～383, ⑩-267～270・299～302, ⑪-179・182・183・185・193・194・201・203・328・329・366・374・405・406・412・437, ⑫-172・177・178・181・182・187～189・378・380・384・385・392・426, ⑬-149・194・195・202・216・231・233・236・240・364・380・381
蘇轍（潁浜） ⑨-115・120・377, ⑩-270・271・302・304, ⑪-194・195・349・363, ⑫-173・190・380, ⑬-163・365・366・370
孫嘉淦《かかん》 ⑨-144・145・155・159
孫武 ⑬-391

〈タ行〉

太公望 ⑨-216・217
張蘊古 ⑪-339
趙嘏 ⑬-390
張九齢 ⑬-187
張継 ⑬-230・390
趙皇梅 ⑧-90
張轂 ⑬-235
張載 ⑬-263
張籍 ⑬-356
晁補之 ⑧-83, ⑬-380
陳桂士 ⑫-356
陳宏緒 ⑨-139
程頤《い》 ⑬-276・351
鄭観応 ⑪-307・342・343・369
鄭谷 ⑬-355
狄《てき》仁傑 ⑫-389
陶侃 ⑫-351
董遇 ⑬-276
唐子西 ⑪-200
唐順之（荊川） ⑧-90, ⑨-371, ⑫-131・135
陶潜（淵明） ⑨-218・409・410, ⑩-307, ⑫-351・422, ⑬-200・276・382～384
童品 ⑧-64
杜甫（子美） ⑫-375・416, ⑬-143・238・345・371
杜牧（牧之） ⑨-408, ⑩-308, ⑪-441, ⑫-223, ⑬-142・195・229・231・381・382

〈ハ行〉

白居易（楽天） ⑫-389, ⑬-141・157・170・180・190・213・226
班固 ⑨-336, ⑪-132・145・162
范仲淹 ⑨-160・389・390, ⑩-309, ⑪-201・341・403, ⑫-171・415・426, ⑬-238・370
斌椿《ひんちん》 ⑫-25・26
馮《ふう》夢禎 ⑧-83
馮夢龍 ⑧-100
傅《ふ》玄 ⑨-216
文徴明 ⑧-93
文天祥（文山） ⑧-71・97, ⑨-140, ⑫-177・372・390, ⑬-186・187
彭玉麟 ⑫-362
方孝孺（正学） ⑧-58・90・91・93・108, ⑨-374, ⑫-380, ⑬-356
方苞 ⑧-59

〈マ行〉

無名氏 ⑫-412
孟軻 ⑪-174・175, ⑬-392・393
孟郊（東野） ⑫-393

孟浩然(浩)　⑬-142･238･371

〈ヤ行〉

尤侗《ゆうとう》　⑧-59
兪長城　⑧-94
楊烱《けい》　⑬-235
楊子雲　⑨-216
楊万里　⑧-92･97

〈ラ行〉

羅大経　⑬-359
李益　⑬-235
李華　⑨-408, ⑩-308, ⑪-203･439, ⑬-229･384
李格　⑪-201
李格非　⑩-310
李去非　⑨-390
陸游　⑬-180･226
李覯《こう》(泰伯)　⑨-389, ⑩-309, ⑪-201･403, ⑫-172･417
李翺《こう》　⑪-440
李鴻章　⑫-363･364
李斯　⑪-177
李商隠　⑬-390
李振裕　⑨-113
李白(太白)　⑨-409, ⑩-308, ⑫-205･381･412, ⑬-146･147･150･152･157･173･174･202･219･235･318･355
李紱《ふつ》　⑧-76
李密　⑨-410, ⑪-205･325, ⑫-388, ⑬-179
劉禹錫　⑨-408
劉基　⑧-66･75･76, ⑨-375, ⑪-200･202, ⑬-356
劉向《きょう》　⑪-69, ⑫-398, ⑬-260
劉克荘　⑫-393
劉商　⑬-390
劉滄　⑬-229
柳宗元(柳州)　⑧-63･102･108, ⑨-110･137･138･156･157･393～396･398, ⑩-259～261･289～291, ⑪-189･190･199･363･365･404･409･420･422, ⑫-208･214～218･220･221･384･385･393･394･421, ⑬-181･237･353･354･372･377～379
劉長卿　⑬-151
劉庭芝　⑬-202
廖燕　⑧-84･87･97･107
梁玉縄　⑧-64
呂祖謙　⑫-383･384
李陵　⑫-408
李良年　⑧-72･103
黎庶昌(蒓斎)　⑪-277･317･318･341･342･347･367, ⑫-353
路温舒　⑫-400
魯・共公　⑪-198
魯仲連　⑨-414, ⑪-176

出典名索引

〈ア行〉

愛日楼文　⑩-184・197・205・218・219
伊蘇普喩言《イソップ》　⑬-264・265
逸史　⑩-144・188
瀛《えい》環志略　⑫-300・332
易経　⑩-114
淮南子　⑨-218
衍義補　⑫-426
塩鉄論　⑨-216〜218
大八洲《おおやす》遊記　⑫-278・281〜284・287
温山文　⑩-196

〈カ行〉

海外異伝　⑩-211・212
格物探原　⑫-272・279
格物入門　⑬-264・306
鶴梁文鈔　⑩-147・158・162・194・216
賀陽亭雑著　⑩-121
漢学入門　⑫-280
勧言　⑩-124
観光紀游　⑫-296
管子　⑨-217, ⑩-118・119・121
韓詩外伝　⑬-260
顔氏家訓　⑩-115
漢書　⑨-216・218, ⑪-132・145・162, ⑫-410・425・426
韓非子　⑨-217・218
気海観瀾　⑪-224・227・246・247・252・253, ⑬-281・282・307
近古史談　⑩-133・137・145・147・150・151・153〜157・173・184
近世偉人伝　⑩-133
近世人鏡録　⑫-283
近世叢語　⑩-121〜124・133・134・136・138・139・141〜143・146・147・159, ⑫-269〜271・281・284・285
今世名家文鈔　⑩-160
近世名家小品文鈔　⑩-162・173
近世名家文粋　⑩-197
秇《げい》苑日渉　⑩-123
撃壌録　⑩-122・125・137・140・148・151・152・154・157
元史　⑫-370
言志後録　⑬-259
言志耋録　⑩-122
言志録　⑩-124・134・145
孝経　⑨-217, ⑩-120, ⑫-374・388, ⑬-260
康済録　⑨-216
孔子家語(家語)　⑨-218, ⑩-117・118・124
校正続国史略　⑫-270・274・275・279
皇朝史略　⑩-132・135〜137・144・146・149・153・169・170・177, ⑫-289・321
口銘　⑨-216
後漢書　⑨-216〜218, ⑬-261・342
国語　⑩-114
国史紀事本末　⑩-120・124・131・132・143・146・166, ⑫-278

国史纂論　⑩-132・139・143・144・150・151・166・167・168・183・185・186
国史略　⑩-131・132・136・140・147・157・167・168・172, ⑫-270〜273・277・278・286〜288・292・297・298・317
五代史　⑨-153・154・386, ⑩-233・234, ⑪-352〜355・357〜361, ⑫-191
今古三十六名家文抄　⑩-152
艮斎文略　⑩-159・162・208・210
艮斎文略続　⑩-206・216

〈サ行〉

菜根談　⑨-217
作文指掌　⑩-159
左伝　⑨-216・217, ⑫-389・426
三界記　⑨-216
三国志　⑨-115
山陽遺稿　⑩-148・149・195・196・200・208・209・214・215
山陽文稿　⑩-148・157・190
史記　⑨-216・217, ⑩-113・239・241・242・245・246・250, ⑪-89・104・375・376・379・389・391・395, ⑫-235・393・398・401・426, ⑬-144・196・197・204〜209・211・218・219・221・224・226・227・263
詩経　⑨-216・217, ⑩-114, ⑫-374
資治通鑑(通鑑)　⑨-135・217, ⑩-224〜227・229・230・232, ⑪-61・66・79・321・322・326・327・329〜331・347・350・351, ⑫-425, ⑬-154〜156
　周威烈王二十三年　⑩-224, ⑫-142・144
　周顕王三十六年　⑫-146
　周赧王五十五年　⑫-147
　周赧王五十七年　⑫-148
　秦昭襄王五十二年　⑫-151
　秦始皇十四年　⑫-153
　秦二世元年　⑫-154・156
　漢景帝前三年　⑩-225
　後漢淮陽王更始元年　⑫-157・159
　後漢献帝建安五年　⑫-160
　後漢献帝建安十三年　⑩-229, ⑫-162
　晋孝武帝太元八年　⑫-165
　梁武帝中大同元年　⑫-166
　唐高祖武徳九年　⑩-230
　唐太宗貞観年中　⑫-167
資治通鑑綱目(通鑑綱目)　⑪-332・334・335, ⑫-375
司馬法　⑨-218
習是編　⑨-218
十八史略　⑪-42, ⑫-374, ⑬-142・143・145・147・148・150・151・329・336・337・339・348・349
荀子　⑨-216〜218, ⑫-351
小学　⑪-7〜10・12・18・40・61・79, ⑫-350・389・420, ⑬-259・262・263
省僁《しょうかん》録　⑩-160
渉史偶筆　⑫-282・283・286
昭代記　⑩-155・189
尚不愧斎存稿　⑩-135・142
初学文範　⑩-155
書経　⑨-216・217, ⑩-114〜116・119, ⑫-374・393
女郎物語　⑫-396
事林広記　⑨-217
慎思録　⑩-120・122・125・132・134・138・140・146・160・161
随園漫筆　⑪-233・257・258・268・278, ⑫-304
随鑾紀程　⑫-275・276・295・297
説苑　⑨-217・218, ⑩-114・116
靖献遺言　⑬-159・161・163・168・169・

176・177・183・186・188
盛世危言 ⑪-283
西稗雑纂 ⑫-272・305
精里二集抄 ⑩-160
息軒遺稿 ⑩-205
世説 ⑨-216
拙堂文集 ⑩-163・182・183・200・204・207
拙堂文話 ⑩-163
世範 ⑪-21・22, ⑬-263
戦国策(国策) ⑨-217, ⑩-113・117, ⑫-255・425
秦策(秦策上) ⑩-276, ⑫-255・256・258
斉策(斉策下) ⑩-277, ⑫-258
楚策 ⑩-277, ⑫-260
趙策(趙策上) ⑩-278・⑫-261
魏策上 ⑩-279
燕策(燕策上) ⑩-279, ⑫-262
先哲叢談 ⑩-122・134・137・138・144・161, ⑫-272・283
先哲叢談後編 ⑩-134・135・144・161, ⑫-281
宋史 ⑪-86
荘子 ⑨-217, ⑩-115
続近世叢語 ⑩-121・123・134・135・137・141・142・146・158・159・214, ⑫-269・271・292
続三王外記 ⑨-9
続竹堂文鈔 ⑩-148
孫子 ⑨-218, ⑩-119・125

〈タ行〉

大学 ⑩-116・119, ⑬-247・350
大東世語 ⑩-133〜136・139・141・142・145・152・153・171
大日本史 ⑨-248・256, ⑩-132・133・136・140・141・144〜146・149・153・168・174・177・178・181, ⑬-88・89
大戴礼 ⑨-217
譚海(潭海) ⑫-288・301
潭海 ⑫-293
智環啓蒙 ⑬-263・264
地球説略(地球略説) ⑪-210・212〜214・216・217・232・233
竹堂文鈔 ⑩-149・175・213
忠経 ⑩-121
中庸 ⑨-216, ⑩-117・121, ⑬-245・246
中論 ⑨-216・217
朝野命載 ⑨-217
通語 ⑧-60
通鑑擥要
殷帝乙七祀 ⑩-219
周厲王三十三年 ⑩-219
通周荘王十二年 ⑩-219
周敬王二十年 ⑩-219
周敬王二十三年 ⑩-220
周烈王六年 ⑫-117
周顕王十年 ⑩-220
周顕王十四年 ⑩-220
周顕王二十三年 ⑩-220
周顕王三十六年 ⑫-117
周赧王二年 ⑩-220
周赧王三十六年 ⑫-117
周赧王四十五年 ⑩-220
周赧王五十五年 ⑫-117
自東周滅後三年 ⑫-118
秦始皇十年 ⑩-221
秦王政二十六年 ⑫-118
始皇三十四年 ⑫-118
秦二世元年 ⑩-221, ⑫-118
漢王劉邦元年 ⑩-221
漢王元年 ⑫-118・119

漢王三年 ⑫-120
漢王四年 ⑫-120
漢王五年 ⑫-120
漢高祖五年 ⑩-221
漢高祖六年 ⑩-222
前漢武帝天漢元年(漢武帝天漢元年) ⑩-222, ⑫-121
漢文帝三年 ⑩-222
漢文帝後元六年(漢文帝後六年) ⑩-222, ⑫-121
漢昭帝始元六年 ⑩-222
漢宣帝地節四年 ⑩-223
前漢宣帝元康三年 ⑫-121
漢宣帝元康四年 ⑩-223
漢成帝元延元年 ⑩-223
後漢光武帝建武二十四年(漢光武帝建武二十四年) ⑩-223, ⑫-121
後漢献帝初平元年 ⑫-122
後漢献帝初平二年 ⑫-122
後漢献帝初平三年 ⑫-122
後漢献帝建安三年 ⑫-122
後漢献帝建安十二年 ⑫-122
伝疑小史 ⑩-150
宕陰存稿 ⑩-158・189・205
唐書 ⑨-147・148, ⑪-338, ⑫-426
得間瑣録 ⑫-309

〈ナ行〉

南斉書 ⑫-426
南宋書 ⑨-144, ⑪-324
廿一史約編 ⑫-366
日記故事 ⑬-259～261
日本外史 ⑩-140・147・169・171・172・175・176・186, ⑫-274・293・303・322・323, ⑬-53～61・63～67・69・70・73・90・92・94・97～99・107～109・111・113・114・116～119
日本外史補 ⑩-140
日本国志 ⑫-270・271・273・274・276・279～281・288・292・296
日本書紀 ⑩-131, ⑫-278
日本政記 ⑩-120・131・137・170
日本智嚢 ⑩-123・125・140・154, ⑫-270・275・281・285
農業雑誌 ⑨-47

〈ハ行〉

佩弦斎雑著 ⑩-145・190
米利堅《メリケン》志 ⑫-279
博物新編 ⑩-123, ⑪-27・80・229・230, ⑫-277・300・306, ⑬-264・282・283・307・308
武乗 ⑫-286
扶桑蒙求 ⑩-136
扶桑遊記 ⑫-272・273・280・293・294・298
文語粋金 ⑩-151
文章弁体 ⑫-426
文中子 ⑨-218
報桑録 ⑫-286
北斉書 ⑨-216
本草綱目 ⑫-277・282
本朝虞初新誌 ⑩-210
本朝孝子伝 ⑨-248
本朝名家文範 ⑩-154・156・158

〈マ行〉

名賢言行略 ⑫-305
名節録 ⑩-147・149・154
蒙求 ⑪-4・5・9～11・13・21, ⑫-395,

⑬-333・342
孟子 ⑨-216, ⑩-113～120, ⑪-399・401・402, ⑫-223・395・396・419・421・425・426, ⑬-242・244・245
梁恵王章句上（梁恵王上） ⑩-280, ⑫-223
梁恵王下 ⑫-225・226
公孫丑章句上（公孫丑上） ⑩-281, ⑫-226～228
公孫丑下 ⑫-228
滕文公章句上 ⑩-282
滕文公章句下 ⑩-283, ⑫-228～230
離婁上 ⑫-230
離婁下 ⑫-230・231
万章章句下 ⑩-283, ⑫-231
告子章句上 ⑩-283, ⑫-231～233
告子章句下 ⑩-284, ⑫-233
文選 ⑨-216・217

〈ヤ行〉

野史纂略 ⑩-141, ⑬-120～122
幼学綱要 ⑩-204
要言類纂 ⑪-2・3・7・12・22・23
揚子法言 ⑩-115・121

〈ラ行〉

礼記 ⑨-216～218, ⑩-114～120, ⑫-388・393・419・425・426, ⑬-263
檀弓 ⑬-355
六韜 ⑨-217・218
栗山文集 ⑩-158
劉向新序 ⑪-69, ⑫-398
老子 ⑨-216・218, ⑩-113・116・118
朗廬文鈔 ⑩-208
論語 ⑨-216・217, ⑩-113～120, ⑫-374・389・419・425・426, ⑬-259・263・350
里仁 ⑬-350
述而 ⑬-350
泰伯 ⑬-350
子罕 ⑬-350
子張 ⑬-350

作品名索引

〈ア行〉

愛親　⑪-8
愛日　⑨-191, ⑬-44・301
愛蓮説　⑧-63, ⑩-309, ⑪-199・365, ⑫-177
阿王　⑨-264, ⑪-254, ⑬-46
青木昆陽　⑩-161, ⑪-22
青木新兵衛　⑩-107
青砥藤綱(菊池純)　⑪-5
青砥藤綱(鈴木栄次郎)　⑨-177
青砥藤綱(山県禎)　⑩-143・144
青砥藤綱(山本信有)　⑪-211
青砥藤綱(頼襄)　⑬-270
紀青砥左衛門事　⑧-101
吾嬬国　⑨-76, ⑩-167
安芸《あき》孝子　⑨-219, ⑩-86・133, ⑫-285
秋田款冬　⑫-276
握月担風巻跋　⑧-99
阿嵎嶺《あぐね》　⑬-304
赤穂遺臣　⑩-9
赤穂遺臣復讐　⑬-120～122
赤穂義士論　⑪-302
赤穂邸会議　⑨-274
浅井長政論　⑧-62
安積澹泊　⑩-138
浅野長矩　⑩-9
浅野長政諫太閤親征朝鮮(浅野長政諫太閤)
　⑨-149, ⑪-313
朝夷《あさひな》三郎　⑬-22
朝比奈義秀　⑩-99
浅見絅斎《けいさい》　⑩-61
足利学校　⑫-25
足利四将軍　⑫-30・31
吾妻橋　⑨-15, ⑪-261, ⑫-293
阿閉掃部《あべかもん》　⑩-17, ⑪-65, ⑬-47
阿閉掃部(国文)　⑫-340
阿部将翁　⑨-94
阿部忠秋(阿部忠秋逸事　阿部忠秋水馬)
　(菊池純)　⑨-73・74, ⑩-157, ⑪-82
阿部忠秋(塩谷世弘)　⑪-213
阿倍比羅夫(阿部比羅夫)　⑨-252・324
阿房宮賦　⑨-408, ⑩-308, ⑪-441, ⑫-223,
　⑬-231・381
天日嗣《あまつひつぎ》　⑨-281
天橋立　⑬-128
天野屋利兵衛伝　⑪-301
雨森芳洲　⑩-137
亜米利加《アメリカ》　⑪-233
亜米利加合衆国之独立　⑪-233
綾部道弘　⑨-224, ⑩-141
新井白石　⑧-258
荒川天散　⑩-144
荒木又右衛門　⑬-38
荒木村重(木内倫)　⑩-151
荒木村重(未詳)　⑩-70
荒木村重(頼襄)　⑩-36, ⑬-10
嵐山　⑪-38, ⑫-318, ⑬-35
嵐山帰路　⑬-35
嵐山樵唱集序　⑧-132

粟津　⑬-68
粟津之戦　⑫-54
闇斎三楽　⑪-21
安詳恭敬　⑪-12
安藤直次（岡松辰）　⑩-155
安藤直次（未詳）　⑨-223
安藤直次識鑑　⑩-15
安藤直次哭子　⑧-255
安養尼　⑩-142
井伊直孝（安積信）　⑩-45
井伊直孝（角田簡）　⑬-11
井伊直孝（未詳）　⑨-223, ⑩-66
井伊直孝勤倹　⑩-16
飯田覚兵衛　⑬-46
飯田覚兵衛戒主君　⑫-18
家久征琉球　⑩-189
家康麦飯　⑫-283
家康幼時　⑬-268
遺燕将書　⑨-414
威海衛之役　⑫-80
為学説　⑪-270
伊賀復讐　⑪-297
斑鳩《いかるが》平次（木内倫）　⑩-154
斑《いかるが》平次（未詳）　⑨-244
意錦　⑧-249
伊久波獲羆　⑫-277
以継述為志　⑫-269
為兄軾下獄上書　⑩-304, ⑪-195, ⑬-366
池貸成　⑧-255
池田光政（角田簡）　⑨-22
池田光政（塩谷世弘）　⑪-253
池田光政（未詳）　⑨-225
池無名《ありな》伝　⑩-208
池尼救頼朝　⑫-14
為高必因丘陵　⑪-401
威公養士　⑩-34
畏斎義侠　⑩-110
石谷《いしがや》十蔵　⑨-17
石川丈山　⑫-319
石川丈山論信長秀吉　⑨-98
石河甚四郎　⑩-18
石川八左衛門　⑩-50
石田梅巌　⑩-133
石田三成　⑩-145, ⑪-211, ⑬-15・267
石巻山記　⑧-280, ⑨-165
以詩蒙知　⑧-254
為人上者　⑩-69
泉弥八右衛門　⑨-220
伊勢瓶子醋甕　⑩-171
為善最楽説　⑧-222・306
為僧玄常題書画帖首　⑧-315
衣帯中自賛　⑬-186
板垣信形　⑩-151
板倉勝重　⑬-36
板倉重矩（青山延光）　⑬-14
板倉重矩（未詳）　⑨-224
板倉重宗（塩谷世弘）　⑨-21, ⑪-34
板倉重宗（未詳）　⑨-222
一行伝叙論　⑨-154, ⑪-360
一語鼓舞士心　⑧-188
一谷　⑬-72
一谷懐古　⑬-72
一谷戦（義経襲一谷）　⑨-70・170
一谷之戦　⑫-55, ⑬-69・70
厳島（斎藤馨）　⑨-127, ⑬-75
厳島（新宮碵）　⑬-76
厳島之戦　⑪-57
伊藤冠峰　⑨-220
伊藤仁斎　⑩-108・109・137, ⑪-6・213
伊藤東涯　⑩-138
伊藤孟翼墓表　⑧-105
伊藤蘭嵎《らんぐう》　⑨-225

井戸亀右衛門　⑩-154
稲葉一徹(大槻清崇)　⑩-98・151, ⑪-218, ⑬-272
稲葉一徹(広瀬林外)　⑨-240
稲葉一徹(未詳)　⑨-239・240
因幡伯耆紀行　⑨-22
猪苗代湖疏水　⑪-50
犬山新川　⑨-13
井上竹笣翁墓碣　⑫-113
井上正利　⑩-38
井上蘭台　⑩-31
伊能忠敬　⑨-96
伊能東河　⑩-38
伊能東河墓碣銘　⑩-218
為夫甘艱辛　⑫-37
為父待罪　⑫-14
以砲換孤矢　⑫-25
倚《い》軨《れい》小玩序　⑨-97
石勝《いわかつ》三児　⑪-4
岩間大蔵(大槻清崇)　⑩-99・151, ⑪-217, ⑬-20
岩間大蔵(未詳)　⑨-233
飲食　⑪-12
印度《インド》風俗　⑪-216
上杉景勝(大槻清崇)　⑩-100・151, ⑪-220, ⑬-36
上杉景勝(未詳)　⑨-235, ⑩-66
上杉景虎　⑩-49
上杉景虎智謀　⑫-32
上杉謙信(木内倫)　⑩-140
上杉謙信(未詳)　⑨-234・235
上杉謙信(謙信給塩　謙信高議)(頼襄)　⑩-39・140, ⑬-14・271
謙信給塩(中井積善)　⑩-91
上杉鷹山公　⑬-270
上野公園　⑫-272
上野臨幸雅頌並序　⑧-175
浮田氏論　⑧-62
宇治河先登(宇治川先登　高綱宇治川先登　佐々木高綱)　⑨-72・257, ⑩-172, ⑫-53・54, ⑬-65・66・291
菟道稚郎子《うじのわきいらつね》　⑩-167
羽書　⑪-4
牛若丸　⑪-215
宇多訓誡　⑪-4
宇多帝之言可為百世法　⑧-293
宇野明霞　⑩-61
可美真手命《うましまでのみこと》　⑨-249
瓜生保母　⑩-153, ⑪-226, ⑫-22
蔚山《ウルサン》嬰守　⑩-186・187, ⑬-113・114
蔚山城　⑫-32
雲　⑬-307
雲煙楼記　⑧-78
雲居《うんご》和尚　⑩-153, ⑪-236
運動四肢　⑫-272
雲喩(斎藤馨)　⑧-109, ⑩-23, ⑫-67
雲喩(斎藤正謙)　⑧-172・296, ⑨-211, ⑪-269
衛鞅変法　⑩-220
咏岳集序　⑧-209
詠九十九里　⑬-215
英国風俗之概　⑧-257
詠史　⑬-212
英雄罵碩儒　⑧-188
英和字典引　⑧-74
易地則皆然　⑫-231
弈譜序　⑧-212
蝦夷志序　⑨-76
蝦夷人種　⑫-277
謁延元陵詩　⑬-96
謁加藤清正詞　⑬-115
謁加藤清正廟　⑬-115

謁菅右府祠廟有作 ⑬-236
謁楠河州墳有作 ⑬-203
越州趙公救菑記 ⑩-305
越中懐古 ⑬-146
謁南嶽 ⑨-155
江戸城 ⑩-155, ⑫-314
江戸水道 ⑫-315
江戸大火 ⑫-315
猿演劇 ⑪-79
袁家渇記 ⑩-260, ⑫-216, ⑬-378
冤鬼 ⑪-229・230
延喜之治 ⑨-61, ⑪-266
猿侯 ⑪-80
偃虹堤記(偃虹隄記) ⑫-416, ⑩-293
遠州薑説 ⑧-302, ⑩-147
袁州州学記(袁州学記) ⑨-389, ⑩-309, ⑪-201・403, ⑫-172・417
猿説 ⑧-220, ⑨-288, ⑩-148
煙草説 ⑧-306
蝘蜓感節婦 ⑧-187
遠藤盛遠 ⑨-208
阿市 ⑪-249
王安石論 ⑧-61
翁媼 ⑪-236
桜花 ⑫-293
桜花譜跋 ⑫-45
桜花問答 ⑨-27
応科目時与人書 ⑨-398, ⑪-187
王彦章画像記 ⑨-129・130, ⑩-264, ⑪-368, ⑫-391, ⑬-371
王允使中郎将呂布誅董卓 ⑫-122
汪秀峰春游小詠題詞 ⑧-94
鶯雛学音 ⑧-189
鶯説 ⑨-27
王僧孺 ⑩-70
応仁之乱 ⑩-150
応仁文明之乱 ⑨-192
王覇之罪人 ⑫-233
王文成公三百年忌辰祭告文(王文成公祭告文) ⑧-48・239
横碧楼記 ⑧-76
汪樸廬聖湖詩序 ⑧-67
近江聖人 ⑫-284
淡海三船 ⑩-144
扇銘 ⑧-91
王莽伏誅 ⑫-159
王覧友弟 ⑪-13
大石良雄 ⑩-190〜193
大石義雄旧邸垂糸桜引 ⑬-123
大兄靴 ⑬-27
大江匡房 ⑨-60
大江広元論 ⑧-165, ⑪-315
大岡忠相(木村芥舟) ⑪-35
大岡忠相(未詳) ⑨-222
大窪佳謔 ⑩-96・156, ⑪-11
大久保忠教 ⑬-47
大久保彦左衛門 ⑪-239
大阪(大槻修二) ⑪-37, ⑬-285
大阪(依田学海) ⑫-320
大阪殷賑(大坂殷賑) ⑫-86・87
大坂城 ⑩-144
大坂城陥 ⑬-116〜119
大高忠雄寄母書 ⑨-320
大高納糧 ⑪-15
太田三楽 ⑨-243
太田忠兵衛(大槻清崇) ⑪-244
太田忠兵衛(中村和) ⑨-268
大谷休泊紀功碑 ⑨-49
大谷吉隆 ⑬-41
太田某 ⑪-243
太安万侶 ⑩-144
於保美多謌良《おおみたから》 ⑩-3

岡野左内　⑩-155, ⑪-236
岡山　⑫-283
小川泰山(東条耕)　⑩-38・134
小川泰山(未詳)　⑨-219
小河仲栗　⑨-267
沖縄志後序　⑨-91
荻生徂徠　⑨-38, ⑬-11
澳太利亜人《オーストラリア》　⑪-232
奥貫友山　⑩-159
奥村永福妻　⑩-154
阿《お》経伝　⑧-230
桶峡(太田元貞)　⑬-112
桶峡(頼襄)　⑬-112
桶峡之役(桶峡之戦)(中井積善)　⑨-98, ⑫-70
桶峡之役(山県禎)　⑩-183
桶峡之役(頼襄)　⑬-111
織田氏旧墟　⑬-112
織田信長(右府察微)(大槻清崇)　⑩-36・150, ⑪-220, ⑬-12
織田信長(未詳)　⑨-237・238
織田信長修道路　⑧-254
織田信長論　⑫-128
織田信秀献大内修繕費　⑨-37
小樽鰊　⑫-276
小田原之役　⑨-20, ⑪-232
阿富　⑨-219
鬼作左　⑫-35
小野口徳次破永安門　⑪-4
小野道風　⑩-135
小野篁　⑩-135
姨捨山観月　⑪-57
小山田高家　⑪-33
恩田鶴城　⑩-135
御嶽游記　⑧-286
温飛卿詩集序　⑧-70

〈カ行〉

花　⑪-247, ⑬-281
鰕《えび》　⑩-63
何為怯哉　⑫-57
槐陰読書図序　⑧-66
戒太田秀実書　⑫-299
皆可園記　⑧-196
垓下之戦　⑩-221
垓下之役　⑬-339
鱠残魚《しらうお》　⑩-63
諧談　⑩-96
海軍少尉鈴木君墓銘　⑪-64
海月楼記　⑧-290
怪猴　⑪-29
豈好弁哉(公都子)　⑩-283, ⑪-175, ⑫-229, ⑬-244
海嶽詩嚢跋　⑧-100
快字説(快)　⑧-300, ⑨-176・283, ⑩-21・160
会社　⑫-326
外人齎綿種　⑪-216
快男子　⑫-18
甲斐徳本　⑪-218
皆梅園記　⑧-289
貝原益軒(角田簡)　⑩-138, ⑪-212, ⑫-284
貝原益軒(原善)　⑩-102・138, ⑪-6, ⑬-16
貝原益軒妻　⑩-138
海防　⑫-74
戒妖文　⑧-108
嘉永二十五家絶句序　⑧-10
霞関感述　⑬-141
霞関臨幸記　⑫-345
火浣布　⑨-48
賈誼上務農積貯疏　⑪-162

下岐蘇川　⑬-147, ⑫-335
下岐蘇川記　⑧-283, ⑨-146・312, ⑩-207, ⑪-319, ⑫-334, ⑬-146・316
家給人足　⑪-2
学　⑪-3
郭隗自薦　⑬-147
郭隗説燕昭王　⑩-279, ⑬-329
楽閑堂記　⑧-75
楽毅列伝（楽毅）　⑨-352, ⑩-241, ⑪-389, ⑫-247
鱷《がく》魚文（祭鰐魚文）　⑨-406, ⑩-258, ⑪-188・440
鶴羹戯譃　⑧-186
楽山窩記　⑧-79・195
楽山亭記　⑧-122
核舟記　⑪-319
楽正子春　⑪-18
学説贈蘐徂徠　⑫-350
郭泰奨訓士類　⑪-332
岳忠武王小伝　⑨-143, ⑪-323
角觝者玉垣伝　⑨-185
角觝説　⑧-66
鶴堂藪翁墓碣銘　⑧-238
岳飛　⑫-366
学問（学問之要）　⑩-132, ⑬-275
学問之道　⑫-10
岳陽楼記　⑨-160・389, ⑩-309, ⑪-201・403, ⑫-171・415, ⑬-238・370
角力　⑩-86, ⑫-45
獲麟解　⑨-400, ⑪-200
楽論　⑨-152
我軍攻旅順　⑫-303
下江陵　⑬-147
鹿児島　⑫-287
笠置山　⑬-92
笠置山観元弘行在所作歌　⑬-91
過桜井駅址　⑬-95
火山記　⑪-268
鍛匠孫次郎　⑩-33
佳士赤心　⑫-33
夏日作　⑬-157
夏日夢遊松島　⑬-102
和《か》氏璧　⑬-333
柯之盟　⑩-219
稼穡　⑫-6
貨殖列伝　⑪-115
膳臣巴提使《かしわでのおみはてす》（巴提便刺虎）　⑩-32・132, ⑪-3, ⑫-277
梶原景季　⑬-18
花信小引　⑧-219・270
餓人知命　⑩-85
賀進士王参元失火　⑫-208
過秦論中（過秦論）　⑨-413, ⑪-180, ⑬-389
過秦論下　⑪-181
春日局　⑨-246, ⑩-45
春日山　⑬-110
仮性　⑪-227
苛政猛於虎　⑬-355
歌聖堂記　⑨-86, ⑩-196, ⑪-276
過関原有感　⑬-116
蝸説　⑧-65・222・307, ⑨-289, ⑩-24, ⑪-274
稼説　⑩-159
稼説送張琥　⑩-270
華聖頓《ワシントン》伝　⑬-294・295
家蔵孝経　⑩-132
家蔵古硯銘　⑪-200
画像自賛　⑬-240
佳蘇説（佳蘇魚）　⑧-221・303, ⑩-163
何待来年　⑫-229
過高館《たかだち》有感　⑬-77
画宅諭家人　⑧-261

片山北海 ⑧-190
下筑後河有感 ⑬-165
過筑後河詩 ⑨-66
花朝下澱江 ⑬-318
勝浦鰮漁 ⑩-162
活眼相人 ⑫-39
学校(鄭観応) ⑪-369
学校本旨(学校)(貝原篤信) ⑩-132, ⑪-3, ⑫-269
勝重薦子 ⑬-279
勝高殺身全使命 ⑫-38
勝成愛士 ⑫-18
勝山城址治兵 ⑩-4
桂川 ⑬-35
桂忠昉妻 ⑨-242
加藤清正(大槻清崇) ⑬-18
加藤清正(岡千仞) ⑩-16
加藤清正(斎藤正謙) ⑩-88
加藤清正(津阪東陽) ⑩-88
加藤清正(中村和) ⑩-37, ⑬-18
加藤清正(未詳) ⑨-243・244
加藤清正剛毅 ⑫-18
加藤公像賛 ⑧-45, ⑬-166
加藤公像 ⑬-18
加藤嘉明 ⑪-231, ⑬-45
加藤嘉明寛大 ⑫-19
河豚説 ⑧-304
金沢 ⑫-281
過南昌 ⑨-145
可児才蔵 ⑨-226
過新田義貞墓 ⑬-96
金松弥五兵衛 ⑨-239
樺山中将胆略 ⑪-25
峨眉山月歌 ⑬-355
歌舞悽惋 ⑫-57
花篏横笛 ⑫-55
過平原作 ⑫-390
鎌倉権五郎景政 ⑪-215
鎌足苦心謀匡済 ⑫-50
鎌足奉鞋 ⑪-27
上毛野形名妻《かみつけののかたな》 ⑩-131, ⑪-3・215
蒲生氏郷 ⑩-140, ⑬-45
蒲生氏郷論 ⑧-166
蒲生君蔵墓表 ⑨-277
蒲生君平 ⑩-214
蒲生君平伝 ⑨-4・5, ⑪-53・280・281
蒲生賢秀勇武 ⑨-4
蒲生秀実伝 ⑬-315
過目皆憶 ⑫-269
加茂真淵妻 ⑨-223
夏夜読書 ⑬-102
寡欲 ⑩-146
唐沢山記 ⑨-101
賀立皇太子表 ⑫-346
火輪車 ⑪-258, ⑫-43
科倫布《コロンブス》検出新地 ⑫-330
閣龍《コロンブス》伝 ⑬-293
川井東村 ⑨-219, ⑩-158
川井正直純孝 ⑨-82・83
川越県令某 ⑪-231
川崎軍曹乱大同江 ⑪-43
川智翁祠銘 ⑨-49
河中島 ⑬-110
河中島之戦 ⑪-57, ⑬-292
川中島之戦(巌垣松苗) ⑫-72
川中島之戦(紀川中島之戦)(中井積徳) ⑧-101, ⑨-39, ⑩-151
川中島戦歌 ⑬-233
管晏列伝(管晏) ⑨-359, ⑪-89, ⑬-386・387
諫院題名記 ⑨-389, ⑩-309, ⑪-364, ⑫-175
寛永三輔 ⑫-37

観曳布《ぬのひき》瀑游摩耶山記　⑫-63, ⑬-57・286
漢王以韓信為大将　⑫-119
漢王囲項籍垓下　⑫-120
韓王李氏　⑫-49
感懐示弟妹　⑬-143
勧学　⑪-370, ⑬-391
勧学歌　⑬-141
勧学文（王安石）　⑬-195
勧学文（朱熹）　⑬-141・259
勧学文（白居易）　⑬-141
観花識其為人　⑧-190
韓幹画馬賛　⑧-89
漢韓信撃破楚軍　⑫-120
観棊記　⑧-85
韓琦　⑨-121
感興　⑬-213
勧業博覧会　⑫-327
感遇　⑬-189
菅家遺誡　⑨-281
漢江　⑬-195・382
漢高帝論　⑧-58
菅公自詠　⑬-29
菅公神廟碑　⑫-113
菅公忠愛　⑩-43, ⑬-261
函谷関　⑬-199
漢三傑　⑬-339
韓詩外伝　⑨-333
顔氏家訓　⑪-61
宦者伝　⑪-354・355
宦者伝論（宦官伝論　五代史宦者伝論）　⑨-386, ⑪-360
寒秀痩寿書房記　⑧-18・200
甘藷先生　⑨-93, ⑩-106, ⑫-44, ⑬-43・280
看書有法　⑩-85
観不知火記（訳橘南渓東西遊記）　⑨-65, ⑩-210, ⑪-273・274, ⑬-289・290
韓信（古賀樸）　⑪-184
韓信（曾先之）　⑬-150
韓信伝　⑪-148
韓信背水陣　⑫-120
函人　⑩-45・147, ⑬-18
顔真卿　⑬-168・169
顔真卿論　⑪-198
観臓之挙　⑫-44
諫争之臣　⑩-8
漢楚相戦　⑬-224
悍卒　⑩-154
諫太宗十思疏　⑨-409
邯鄲之囲　⑪-330・331, ⑫-148
看竹図記　⑧-80
澗中魚　⑬-213
管仲伝　⑫-398
管仲論　⑨-383, ⑩-266, ⑪-178・407, ⑫-185・399
観鎮遠艦　⑪-25
寛仁赦刺客　⑫-39
諫伐匈奴書　⑫-412
観八駿図説　⑪-199
韓非説秦王　⑫-153
韓非論　⑪-374
観舞妓流涕　⑧-185
玩物喪志　⑩-90
漢文帝論　⑧-59
勘兵数学　⑫-270
管鮑之交　⑬-143
観墨水走舸記　⑪-81, ⑫-325
甘茂抜宜陽　⑩-276
寒夜脱御衣　⑫-289
寒夜読書有感　⑬-125
勧諭子弟　⑨-77, ⑪-289
咸陽懐古　⑬-229
観洋人戯馬記　⑪-81

観横須賀造船場 ⑫-309
観雷亭記 ⑨-152
橄欖 ⑩-65
柑類 ⑪-23
函嶺 ⑬-39
諌論上 ⑫-186
紀伊大納言 ⑩-18
議院 ⑪-343
喜雨亭記 ⑨-380, ⑩-267, ⑪-201, ⑫-172・392
記卯兵衛谷平事 ⑨-198, ⑪-272
擬雲根志序 ⑧-208
記越中魚津浦昼海市事 ⑪-273
記江都火災答(芳川波山別紙) ⑫-58・59
義損建釁 ⑫-24
記阿辰磯吉事 ⑪-18
紀恩碑 ⑧-151
擬家大連檄 ⑧-170
義丐 ⑪-252
寄何燕泉書 ⑧-87
帰雁 ⑬-390
記旧本韓文後 ⑨-112
記旧游 ⑧-84・282
帰去来辞 ⑨-410, ⑩-307, ⑫-422, ⑬-200・383
菊池氏 ⑨-66
菊池武光双刀歌(贈菊池子固) ⑬-99
菊池父子 ⑨-261
奇計蓋世 ⑫-36
技芸(技芸有四等) ⑩-135, ⑫-281
紀元節 ⑫-278
義犬(菅野潔) ⑪-221
義犬(未詳) ⑨-228
義犬救遭難者 ⑪-216
輝虎賦詩 ⑩-39
気候 ⑫-297
紀侯護瘢 ⑧-190, ⑩-8
義猴(未詳) ⑨-228
義猴(芳野世育) ⑪-30・221, ⑬-23
紀公生母 ⑪-29
記虎獅子 ⑪-41
木阪生名字説 ⑧-16
奇士出杓収銭 ⑧-189
騎士献蝋書 ⑧-187
箕子碑 ⑨-398, ⑪-189
汽車 ⑫-295
紀州柑園 ⑫-282
記舟行 ⑧-280
紀春琴横巻山水跋 ⑧-39
記誦 ⑨-282, ⑩-134
魏相諌伐匈奴書 ⑪-170
記承天寺夜遊 ⑧-82
紀仁熊事 ⑪-54
奇石亭記 ⑧-20, ⑨-302
棋説 ⑧-17, ⑨-290
岐蘇深谷民 ⑪-221
毀相良城 ⑨-9
木曾紀行 ⑨-13, ⑪-262
紀俗伝猿島復讐事 ⑧-32
木曾義仲墓 ⑬-68
貴田孫兵衛母 ⑨-244
奇男子 ⑩-100
魏徴甍 ⑨-147, ⑪-338
紀朝鮮使詣清事 ⑩-25
紀鎮西八郎事 ⑩-12・13
乞出師劄 ⑨-142, ⑪-324
詰眼文 ⑧-169
吉州学記 ⑩-262, ⑬-368
義宗妻盧氏 ⑪-12
紀貞婦某氏事(萩藩貞婦) ⑧-102・191・264, ⑩-25・162
義田記 ⑫-414

帰田園居　⑬-200
義奴市兵衛　⑪-291
奇童(奇童説)(伊藤長胤)　⑧-171, ⑨-212, ⑩-11
奇童(大槻清崇)　⑩-94・157
記二丐夫事　⑩-26
記新見新右衛門事　⑨-205
記二宮謹次事　⑨-47
杵淵重光　⑨-255
義農救飢　⑪-13・219
木下順庵　⑨-220
木下貞幹　⑩-6
木下肥後守　⑨-243
紀徳民(石川義形)　⑪-3
紀徳民(校正続国史略)　⑫-275
紀夏井　⑩-143
紀長谷雄(徳川光圀)　⑨-254
紀長谷雄(頼襄)　⑩-137
紀平洲　⑪-212
木丸殿《きのまるどの》　⑪-5
魏批孟子牽牛章序　⑧-206
器物銘并序　⑧-90
紀文海運　⑫-307
擬褒崇岳忠武王議　⑫-368
義僕万助　⑪-40
紀松木某復讐事　⑧-127
記松本長七事　⑪-19
記三浦氏草桜　⑧-279
木村重成賛　⑬-120
逆心伏誅　⑫-50
汲黯伝　⑪-153
弓矢銘并序　⑧-248
宮城　⑫-314
牛舌魚《うしのした》　⑩-59
紀由利八郎事　⑩-12
記良秀事　⑨-87, ⑩-152, ⑪-247
擬与留学生仲麻呂書　⑧-154
鏡　⑧-255
教育　⑫-324
教育勅語(訳文)　⑬-275
教化　⑫-10
侠客行　⑬-212
教玉人彫琢　⑫-225
郷原徳之賊　⑪-402
峡江寺飛泉亭記　⑧-76
夾谷之会　⑩-219
紀鷹山公事(書鷹山公事)　⑨-185, ⑬-51
怯士改心　⑫-23
教而刑之　⑧-186
興州江運記　⑩-289
龔遂治渤海　⑩-223
橋西草堂記　⑧-77
鏡説　⑨-147・290
峡中紀行　⑨-12・39, ⑪-285・286
京都(大槻修二)　⑪-38, ⑬-285
京都(依田学海)　⑫-317
鏡背輿図記　⑨-62, ⑪-306
蕎麦麺　⑪-12
暁望　⑬-29
暁望東叡山花已盛開　⑬-86
鏡喩　⑧-297
御苑記　⑪-83
漁翁　⑬-379
居奇貨収巨利　⑫-258
玉池社稿序　⑧-265
玉壁之囲　⑫-166
棘鬣　⑩-65
許行　⑩-282
魚賈八兵衛(魚商八兵衛　魚商止茶毘)　⑧-190, ⑩-99, ⑪-225
居室　⑪-12
虚心平気説(虚心平気)　⑧-305, ⑨-283,

⑪-275, ⑫-109
去陳言説 ⑧-302
御馬説 ⑧-66, ⑪-249, ⑫-108
清原頼業 ⑩-146
漁父辞 ⑨-414, ⑬-199
清正守蔚山 ⑨-63, ⑫-286
清正読論語 ⑧-262, ⑩-37
清正虜王子 ⑪-24
清麻呂一言全皇基 ⑫-51
清麻呂使宇佐 ⑪-28
魚類 ⑫-280
霧島紀行跋 ⑧-99·241·315
霧島山記(霧島山　訳楠南谿東西遊記)
⑩-210, ⑪-50, ⑫-105, ⑬-104
記立干 ⑧-281, ⑩-163
霧降瀑 ⑪-71
記廉翁事 ⑪-247
紀輪囲之戦 ⑧-100
記和州梅渓 ⑧-284
金衣公子伝 ⑧-103·229
金華山 ⑫-274
勤倹率下 ⑫-24
銀行 ⑪-283
近古史談引 ⑧-13, ⑨-296
金鵄勲章 ⑫-303
近水楼記 ⑧-18, ⑨-302
近世日本外史序 ⑧-143
錦帯橋 ⑫-286
金洞山 ⑨-310
錦里文集序 ⑨-151
空海 ⑩-47
偶感 ⑬-127
空気(合信) ⑫-44
空気(智環啓蒙) ⑬-264
空気之色(合信) ⑬-264
偶作 ⑬-85
偶成 ⑬-135
九月九日憶山中兄弟 ⑬-231
愚渓詩序 ⑨-394, ⑩-259
草薙剣 ⑫-5
久地村探梅記 ⑧-282
九十九里浜記 ⑬-215
楠子国政 ⑨-67·68
楠氏論(楠氏之偉勲) ⑫-58·323, ⑬-99·324
楠氏論賛 ⑨-132, ⑪-308
楠廷尉賛 ⑧-44
楠正成(徳川光圀) ⑨-263, ⑩-178～180
楠正成(頼襄) ⑬-322
楠正成賛 ⑬-94
楠正成論(斎藤馨) ⑧-292
楠正成論(頼襄) ⑫-125
紀楠正成守赤坂事 ⑧-101
楠正行(青山延于) ⑨-263
楠正行(徳川光圀) ⑩-181
楠正行(成島譲) ⑩-36
楠正行(頼襄) ⑬-323
楠正行之母 ⑪-226
九谷焼 ⑫-281
屈原賈生列伝 ⑪-395
屈原列伝 ⑫-254
久能山 ⑬-40
虞美人草 ⑬-229
久保桑閑翁墓表 ⑧-47·236
熊谷直実 ⑨-256
熊沢助八(紀熊沢助八事　熊沢助八聴訟)
⑧-260, ⑨-208, ⑩-158
熊沢伯継 ⑨-21, ⑬-312
熊沢藩山(熊沢蕃山) ⑨-222, ⑪-19,
⑫-283, ⑬-35
熊野 ⑨-56
熊本 ⑫-287
熊本囲城 ⑫-287

熊本城下作 ⑬-135
阿若丸《くまわかまる》 ⑪-253
倉崎一信 ⑩-33
黒田如水(中村和) ⑩-31
黒田如水(頼襄) ⑫-285
黒田長政(青山延光) ⑩-34
黒田長政(大槻清崇) ⑩-107
黒田長政(塩谷世弘) ⑩-107
黒田孝高《よしたか》(岡田僑) ⑩-34, ⑬-16
黒田孝高(未詳) ⑨-225
軍艦 ⑫-308
軍旗授与式 ⑫-272
群居課試録序 ⑫-130
軍形 ⑬-391
群賢図巻摹本序 ⑧-268, ⑩-26, ⑪-255
君子国 ⑫-278
君子五楽(君子有五楽　五楽) ⑨-283, ⑩-160, ⑫-24, ⑬-302
君子之楽 ⑬-302
群書類従 ⑫-270
軍制 ⑫-304
君平作山陵志 ⑫-292
群雄競起 ⑫-156
慶安之変 ⑪-298, ⑫-39・40
鶏育鶩説 ⑪-249
経一谷有感 ⑬-86
兄媛慕父母 ⑪-9
経下邳圯橋懐張子房 ⑬-150
荊軻 ⑬-209・211
蛍光 ⑬-259
芸侯戒諸子 ⑩-48・90・133, ⑪-5
絅《けい》斎好武 ⑩-85
鯨鯢《げいじ》 ⑫-306
景春 ⑪-174
刑賞忠厚之至論 ⑨-378
継体天皇 ⑩-143
景帝令二千石修職詔 ⑪-162
兄弟止訟 ⑨-21
兄弟優劣 ⑩-157
詣榛名《はるな》山記 ⑬-213
恵美堂記(恵美子堂記) ⑧-196, ⑨-87
経漂母墓 ⑬-151
瓊《けい》矛余滴序 ⑧-139
京遊別志序 ⑨-192
京洛雑記並勝区 ⑫-64
郤聘《げきへい》書 ⑩-311, ⑪-207, ⑬-189
血液循環 ⑪-252・282
月蝕 ⑪-212
犬 ⑪-27
犬影 ⑬-264
犬性喜雪 ⑩-58
厳安上言世務書 ⑪-168
遣燕将書 ⑪-176
顕雅狷介 ⑩-87
硯蓋銘為月岡子宗 ⑧-45
牽牛(牽牛章　牽牛而過堂下　見牛未見羊　仲尼之徒無道桓文之事君) ⑩-280, ⑪-399, ⑫-223・396, ⑬-242・393
元寇(元軍来寇) ⑪-228, ⑬-290
硯匣銘 ⑧-45
元弘建武之事 ⑨-325
元寇紀略序 ⑫-100
言行 ⑬-10
蹇斎記 ⑧-78
兼山遠慮 ⑩-90
原儒 ⑧-172
元将先遁 ⑧-186
玄象牧馬 ⑩-152
元正天皇 ⑩-143
謙信撃信玄図 ⑬-15
謙信賦詩 ⑬-269
厳先生祠堂記 ⑨-390, ⑪-341, ⑫-171

健啖黄門　⑩-141
建築　⑩-69
原道　⑨-402, ⑩-284, ⑪-416, ⑫-211
堅忍不抜　⑪-7
倹薄率物　⑧-185
倹簿自奉　⑫-24
玄武門先登　⑪-25
玄武門之変　⑩-230・232
見墳墓有所思　⑬-65
源平戦争図　⑧-312, ⑫-20
研銘　⑧-91
虎　⑪-80, ⑫-277
小出孺人浅羽氏墓誌銘　⑩-219
光　⑪-224
孝　⑪-18
猴　⑬-283
弘安役　⑪-75
弘安之役(大橋順)　⑫-24
弘安之役(頼襄)　⑩-175
項羽本紀(項羽起兵　項羽破秦軍　項羽亡　項羽賛　鴻門之会)　⑨-339, ⑪-182, ⑫-235, ⑬-218・219・221・226・227・387
鴻門之会(通鑑擥要)　⑩-221
甲越相戦　⑬-107〜109
甲越二将　⑨-235
甲越論(古賀樸)　⑧-164, ⑪-346
甲越論(中井積徳)　⑫-127
後園栽梅記　⑧-126
厚於責己而薄責人　⑪-22
黄海之戦　⑫-73
好学　⑨-282
黄鶴楼送孟浩然之広陵　⑬-355
亢顔談経　⑬-271
皇基　⑫-6
工業　⑫-294
虹霓　⑬-264
江月琴記　⑧-203
皎月亭記　⑧-197
康健之福　⑫-272
興荒田記　⑪-78
高砂庵記　⑨-204
咬菜　⑩-141
咬菜軒　⑩-88
咬菜軒扁額　⑪-39
合祭先考妣文　⑧-107
晃山　⑪-70
黄山谷墨蹟跋　⑧-97
孔子　⑬-143・349
孔子世家(孔子賛)　⑪-124, ⑬-144
孔子集大成(孔子聖之時者也　古聖之評伯夷)　⑩-283, ⑪-175・401, ⑫-231
孔子誅少正卯　⑩-220
孝子　⑫-389
孝子愛敬　⑫-9
孝子二郎伝　⑨-204
孝子酌醴泉　⑨-166
孝子伝吉　⑧-258
黄州快哉亭記　⑨-115, ⑩-270, ⑪-363, ⑫-173・380, ⑬-370
江州少年捕盗　⑨-267
濠洲奇獣　⑪-214
巧書　⑩-95
考祥文　⑧-108
江上花月歌　⑬-203
豪商誡子弟　⑩-85
豪商某　⑨-224
孝女阿富　⑪-226
後出師表(再出師表)　⑨-411, ⑩-306, ⑪-205, ⑬-162・344
公助受撻　⑪-211
項籍攻破函谷関。遂屠咸陽　⑫-118
後赤壁賦　⑨-117・383, ⑩-302, ⑪-203・329,

⑫-178・380, ⑬-233・381
狗説 ⑩-148, ⑪-26
猴説 ⑧-64
剛説 ⑩-270
巧舌瞞着楚王 ⑫-260
香禅師詩題覧古記 ⑧-205
鴻蔵王 ⑩-46
劫賊改心 ⑫-60
高祖論 ⑪-182, ⑫-186, ⑬-228
江村即事 ⑬-390
公孫瓚攻袁紹。以劉備為平原相 ⑫-122
鴻台之戦 ⑨-19
豪胆 ⑫-18
豪胆少年 ⑫-38
杭中丞双渓像賛 ⑧-90
高津宮《こうづ》 ⑨-37, ⑪-25, ⑫-321
高帝紀 ⑪-132
皇統一世 ⑨-281
弘道館記 ⑬-144
餻《こう》土記 ⑧-278, ⑨-181
孝徳 ⑫-8
耕読堂記 ⑨-122・123
江南春 ⑬-142・382
江南竹枝序 ⑧-69・206・269
公判無私 ⑧-188
孔廟頌 ⑧-175
功不掩罪 ⑫-56
敖不可長 ⑩-58
神戸港 ⑫-273
公法 ⑪-307
高鳳 ⑩-63
孔明出廬 ⑪-79
鴻門 ⑬-223
鴻門高 ⑬-224
黄門義公 ⑩-103, ⑪-29
孔融 ⑩-69
広輿図記 ⑨-97
後楽園 ⑫-298
黄履 ⑩-59
広陵問槎録序 ⑧-131
項梁起兵 ⑩-221
江楼書感 ⑬-390
行路難 ⑬-235
公論論 ⑨-328
呉越之怨 ⑬-145
護王神社 ⑫-319
古瓦譜引 ⑧-73
胡笳歌送顔真卿使赴河隴 ⑬-230
胡歌曲 ⑫-412
古岳庵記 ⑧-201
故河摂泉三州守贈正三位近衛中将楠公賛(故河摂泉三州守贈正三位中将楠公賛)
⑨-107・295
小金原捉馬 ⑪-238
後亀山天皇 ⑩-53
呉起対魏武侯 ⑩-279
呉起列伝 ⑪-91
碁局滅燭 ⑩-109
克庵紀行序 ⑧-12・207・267
国役義務 ⑫-61
国史紀事本末後序 ⑧-140
国瑞洋学 ⑫-270
国体(会沢安) ⑫-5
国体(時文)(会沢安) ⑩-74
国体(川北重熹) ⑫-292
国体(藤田東湖) ⑨-280
獄中上家伯書 ⑬-127
獄中有感 ⑬-128
告天子 ⑩-61
黒滝山 ⑨-310
梧月軒記 ⑧-121
後孝丐行 ⑬-136

後光明天皇(飯田忠彦)　⑩-7
後光明天皇(原忠成)　⑩-135
五穀豊熟　⑩-57
護国会記　⑪-64
故近衛師団長陸軍大将大勲位功三級能久親王墓誌銘　⑫-339
故讃岐柴仲吉墓表　⑧-47
湖山近稿序　⑧-144
後三条天皇(青山延于)　⑨-61, ⑪-265
後三条禁奢(青山延光)　⑪-5
後三条天皇(徳川光圀)　⑩-140
呉山図記　⑨-370
後三年之役　⑩-170
越谷桃花記　⑧-24
腰越状　⑫-57
伍子胥列伝(伍子胥)　⑨-361, ⑪-92
児島高徳(堤正勝)　⑬-23
児島高徳書桜樹(高徳題桜樹)(頼襄)　⑨-27・262, ⑩-176, ⑪-228, ⑫-293
児島高徳(時文)(頼襄)　⑩-83
高徳題桜樹(山県禎)　⑪-31
瞽者秉燭説　⑪-84
五十歩百歩(王好戦　王無罪歳)　⑪-174・399, ⑫-395
古処書房記　⑧-195
湖上　⑬-69
呉省曾墓誌銘　⑧-106
五勝楼記　⑫-63
賈人座禅　⑩-142
呉楚七国之反　⑩-225～227
後醍醐天皇感夢召楠氏　⑫-20
古長城吟　⑬-219
国家之元気(元気)(塩谷世弘)　⑪-218, ⑫-40
国家之元気(頼襄)　⑩-147
滑稽止微行　⑧-191
滑稽列伝　⑪-117
後藤又兵衛　⑨-227
後藤基次　⑩-148
後廿九日復上宰相書　⑨-398
古杯記　⑧-204
故覇州文安県主簿蘇君墓誌銘　⑩-293
小早川隆景(未詳)　⑨-236
小早川隆景(頼襄)　⑬-15
小日向氏書画帖序　⑧-265
湖鮒緞鯉　⑫-280
故文定公　⑪-79
鈷鉧潭記　⑩-259, ⑪-363, ⑫-215, ⑬-377
鈷鉧潭西小丘記　⑨-157, ⑩-259, ⑫-215, ⑬-377
小宮山友信赴難　⑨-12
小宮山内膳　⑨-268
五柳先生伝　⑨-410, ⑬-382
五稜郭氷　⑫-276
五倫談序　⑨-191
五鬣館記　⑫-104
崑山印譜跋　⑧-240
昆陽之戦　⑪-322, ⑫-157, ⑬-341

〈サ行〉

歳云暮　⑬-72
祭欧陽文忠公文　⑨-112, ⑩-305
祭大石良雄文　⑪-63
豺害羊　⑬-265
犀川之戦(中井積徳)　⑨-181
犀川ノ戦(時文)(頼襄)　⑩-77
祭袈裟孺人文　⑧-239
西郷南洲伝　⑬-133
祭坂井虎山文　⑧-107・240
祭十二郎文　⑨-405, ⑩-288, ⑪-188・372, ⑬-351

再征朝鮮 ⑩-186
祭石丈山文 ⑧-48, ⑬-183
祭石曼卿文 ⑨-387
蔡沢感悟応侯 ⑫-256
蔡沢列伝 ⑪-110
祭忠烈藤堂君文 ⑧-107・239
祭田横墓文 ⑪-204
斎藤実盛 ⑨-255, ⑬-40・279
西伯養老 ⑩-219
再楓橋夜泊 ⑬-230
歳暮 ⑬-125
祭亡君之霊 ⑨-276
祭亡弟文 ⑪-204
祭亡妹阿佐登文 ⑧-48・239
歳暮書懐 ⑬-125
材木厳記 ⑧-198・280
採薬筆記序 ⑨-93
祭楽翁公文 ⑬-202
左衛門尉楠公髻塚碑 ⑧-318
酒井金三郎 ⑨-17
酒井忠勝 ⑬-22
坂川某 ⑩-154
坂上田村麻呂(坂上田村麿) ⑨-166・253, ⑩-132, ⑪-28
坂本藤吉製茶 ⑪-23
逆櫓《さかろ》(逆櫓之争論) ⑩-52, ⑫-56
桜井駅訣別 ⑪-227
桜田之変 ⑪-299
策略一 ⑫-187
瘞硯銘 ⑧-90
佐瀬得所翁遺徳碑 ⑧-150
左遷至藍関示姪孫湘 ⑬-237
貞次之母 ⑪-11
貞頼検出無人島 ⑫-271
坐中失笑 ⑪-15
雑詠 ⑬-241
殺鶴之獄 ⑨-17
雑詩 ⑬-384
薩人奪錨 ⑩-106
雑説一(雑説上)(韓愈) ⑨-399, ⑪-200, ⑫-214・390, ⑬-375
雑説四(雑説下　雑説　雑説二)(韓愈) ⑨-399, ⑩-259, ⑪-200・365, ⑫-214・390, ⑬-189・375
雑説一(中井積徳) ⑧-219, ⑨-289
雑説二(中井積徳) ⑧-219, ⑨-289
雑説三(中井積徳) ⑧-219, ⑨-289
雑伝 ⑫-194
薩摩薯 ⑫-288
砂糖 ⑫-297
佐藤周軒 ⑨-225
佐藤直方 ⑩-138
真田信幸(斎藤馨) ⑩-103
真田信幸(中井積善) ⑩-14
真田信幸(未詳) ⑨-227
真田父子嚮背 ⑩-14
真田昌幸 ⑨-227
真田幸村 ⑨-227
真田与一 ⑨-256
讃岐不賀誕日 ⑧-253
実盛染鬚髪 ⑫-17
佐野了伯聴平語 ⑨-73
猿橋 ⑬-283
沢田東江 ⑨-220
沢原孫太朗 ⑨-228
三扇函 ⑩-141
三戒并序 ⑧-108, ⑫-421, ⑬-353
三槐堂銘 ⑨-381
散楽 ⑫-45
三韓征伐(未詳) ⑪-24
三韓征伐(頼襄) ⑫-49
三韓来 ⑬-26

山居　⑬-359
三口橋碑　⑧-46, ⑩-159
三計塾記　⑧-200・289, ⑨-55, ⑪-283, ⑬-301
山渓避暑　⑬-104
三傑佐漢孰優論　⑪-183
三傑賛(張良　蕭何　韓信)　⑪-184
山行　⑬-135
三国論　⑫-139, ⑬-163
三種神宝(三種神器)　⑩-131, ⑫-4, ⑬-261
三条橋行　⑬-195
三丈夫　⑩-87
山舒公詩鈔序　⑧-210
三晋為侯　⑫-144
三晋滅智氏　⑩-224, ⑪-351, ⑫-142
山水小景記　⑧-25, ⑪-291
繖扇　⑫-273
山亭読書図　⑬-29
刪訂文致引(刪定文致引)　⑧-12・218
山房観楓記　⑧-85
産綿地　⑬-281
三有　⑪-224
山愈高愈冷　⑫-279
山陽歴史　⑫-270
志　⑪-27
詩(朱熹)　⑬-276
詩(陶潜)　⑬-276
思惟　⑪-7
止引水後　⑨-14
慈烏夜啼　⑫-389, ⑬-180
紙鳶解　⑧-302
紙鳶説　⑧-308, ⑪-295, ⑫-109, ⑬-102
紙鳶利用　⑨-16
自誨　⑬-190
四河記　⑧-279, ⑨-9, ⑪-261
士規七則　⑫-324, ⑬-310
織女詞　⑫-393
士期馬革　⑩-96
時宜論　⑧-163
自警四則(時文)(貝原篤信)　⑩-83
自警十条(室鳩巣)　⑩-84, ⑬-276
自警詩　⑬-45
重次薦医　⑪-18
重治誡子　⑩-84
重宗聴訟　⑬-303
始皇論　⑪-179・406, ⑫-189
獅子　⑬-308
四時　⑬-384
子思諌衛侯　⑩-220, ⑪-66
獅識奴　⑪-14, ⑫-301, ⑬-308
始試蒸気船　⑫-279
士之二楽　⑫-37
四十七士伝序　⑪-63
示塾生(柴野邦彦)　⑧-49, ⑨-282, ⑩-10・158, ⑫-67
示塾生(藤沢甫)　⑪-266, ⑫-37
自取之也　⑫-230
示春斎　⑧-152
止殉死　⑧-259
至小丘西小石潭記　⑩-260, ⑫-215, ⑬-378
四条畷　⑪-233
四条畷之戦　⑬-97・98
子食功也　⑫-228
示諸生　⑬-309
梓人伝　⑩-291, ⑪-190, ⑫-221
静岡　⑫-283
賤嶽　⑬-112
賤嶽懐古　⑬-112
賤嶽之戦　⑩-106
静《しずか》貞烈　⑨-208
至誠之道　⑬-245・246
師説　⑨-400, ⑪-186, ⑫-213・418

指節成繭　⑩-84
死節伝　⑩-234, ⑪-357・358, ⑫-197
詩仙堂志序　⑫-98
至尊敬親　⑪-8
七国反漢論　⑪-185
七歳孝女　⑧-257
七戦七魁　⑧-186
七兵衛妻　⑪-12
漆器　⑫-273
志津嶽之戦　⑫-72・73
実際学問　⑩-145
失題　⑬-135
子弟　⑨-282
始伝草綿　⑫-271
四道将軍　⑩-131
始得自鳴鐘　⑫-273
始得西山宴游記　⑨-157・393, ⑩-259, ⑬-237・377
四得録　⑧-287
紙奴説　⑪-301
支那地理概略　⑬-304～306
司馬温公　⑩-62, ⑬-262
司馬温公神道碑銘　⑩-300
司馬温公独楽園　⑬-194
司馬錯駁張儀　⑫-255
司馬穰苴《じょうしょ》列伝(司馬穰苴)　⑨-360, ⑪-90
司馬相如諫猟書　⑪-167
司馬相如諭巴蜀檄　⑪-167
柴田勝家　⑨-239, ⑬-41
紫文製錦序　⑧-206, ⑩-157
島清斎　⑩-32
島田見山伝　⑨-200
島津家久征琉球　⑨-91
島東皐　⑩-65
示三上仲敬　⑨-282, ⑪-225
下田湊　⑪-38
下毛野公助《しもつけののきんすけ》　⑩-35・133, ⑪-4
字門生説　⑨-182
車胤　⑩-62
車胤聚蛍　⑪-9
車駕還京　⑪-32
釈月仙　⑪-212
若時雨降　⑫-226
尺糸亦係天物　⑫-305
錫春秋園賦　⑧-119
借人典籍　⑬-277
釈秘演詩集序　⑪-367
雀盲　⑩-68
奢者不久　⑧-253
舎生而取義(魚我所欲)　⑩-283, ⑪-175, ⑫-232, ⑬-245・392
謝枋得《ぼうとく》　⑬-188
寿石田伯孝母氏七十序　⑧-217
朱印船　⑫-296
周亜夫次細柳　⑩-222
十一月之吉上親行大祭恭記其事　⑫-345
重謁加藤肥州廟引　⑬-166
従大坂至須磨明石記　⑫-87・88
秋懐　⑬-226
舟過千皺洋遇大風浪　⑬-230
習慣　⑩-134
襲吉良氏第　⑨-274
従軍行　⑬-235・385
従軍北征　⑬-235
周公論　⑪-373
重刻欧陽文忠公全集序　⑨-113
十漸疏　⑪-428
秋思(張籍)　⑬-356
秋思(李白)　⑬-174
十思疏　⑪-339, ⑫-203
十日寒之　⑫-232
銃術之伝来　⑫-25

醜女説 ⑧-220, ⑨-288, ⑩-158
周臣列伝賛 ⑪-359
秋水集序 ⑫-132
秋声賦 ⑬-232
習説 ⑧-64・221, ⑨-56・194・288, ⑩-10, ⑪-283, ⑫-83・299, ⑬-85
雌雄双蕊 ⑫-271
周徳威伝 ⑩-233, ⑪-352・353
重文学 ⑧-259
周瑜卒 ⑪-329, ⑬-348
十四歳時述懐 ⑫-351
秋涼閑臥 ⑬-170
朱雲請斬佞臣 ⑬-340
朱雲折檻 ⑩-223
朱雲伝 ⑪-159
取於人為善 ⑩-3
宿生田《いくた》 ⑬-96
粥蕎麺《しゅくきょうめん》者伝 ⑧-33, ⑪-83・260, ⑬-103
叔敖陰徳 ⑪-10
叔孫通伝 ⑪-152
縮本日本輿地図跋 ⑧-98
狩虎歌 ⑬-166
狩虎記(狩虎　虎狩記) ⑧-82, ⑨-90, ⑩-189, ⑪-30・247, ⑫-81
酒史新編序 ⑧-140
儒者蓄髪 ⑨-30
朱之瑜 ⑨-108
種樹郭槖《たく》駝説(種樹郭槖駝伝) ⑨-395, ⑩-291, ⑪-404, ⑫-220・394, ⑬-181
寿蔵碑陰銘 ⑨-108
種竹記 ⑧-278
出穎口初見淮山 ⑬-381
述懐(魏徴) ⑬-213
述懐(朱之瑜) ⑫-373
述懐(藤田彪) ⑬-176
十箴 ⑬-302
出獄帰省 ⑬-128
酒味色論 ⑪-198
取鯉死諫 ⑧-187
種龍園記 ⑧-199
順庵仕加賀侯 ⑫-281
春雨楼記 ⑨-303, ⑫-108
春暁 ⑬-142
荀卿論 ⑪-374
荀卿論兵 ⑫-151
春行寄興 ⑬-384
春斎詩誌 ⑩-86
春山楼文牘序 ⑪-347
春秋論上 ⑪-424
春秋論中 ⑪-425
春秋論下 ⑪-426
筍説 ⑧-304
駿相紀行 ⑨-46・47, ⑬-38
駿馬説 ⑧-223・307
春末書懐 ⑬-44
春夜 ⑬-195
春夜宴桃李園序 ⑨-409, ⑩-308, ⑬-202
書諱弁後 ⑧-38
書院月夜歌 ⑬-125
松 ⑬-124
松陰快談序 ⑧-8, ⑨-296
松影上人書画帖跋 ⑧-99
蕭何 ⑪-184
蕭何薦韓信 ⑬-337
蕭何伝 ⑪-142
上海《シャンハイ》 ⑫-296
小学題辞 ⑫-419
小鶴丘観月記 ⑧-194
小冠洪量 ⑩-87
貞観之治 ⑫-167
上韓枢密書 ⑩-296, ⑪-419
上菅茶山先生 ⑬-170

蒸気　⑫-42
鍾馗説(鍾馗)　⑧-220, ⑪-225
照鏡見白髪　⑬-187
商業　⑫-305
商君列伝(商君伝　商君)　⑨-364, ⑪-376, ⑫-401
将軍周亜夫　⑫-121
招月楼記　⑨-203
尚倹戒奢　⑧-254, ⑫-37
彰考館記　⑨-105
上高宗封事　⑨-375, ⑩-310, ⑪-206・427, ⑫-183・369
招魂章碑　⑫-137
乗金剛鑑　⑩-4
士要細心　⑩-87
城西遊記序　⑧-9・69
象山詩鈔序　⑪-47
将士驩洽　⑩-21
尚志　⑩-85
象祠記　⑨-158・373, ⑪-202・340
傷児敬　⑧-248, ⑪-256
焼詩書百家語　⑫-118
笑社記　⑨-304
松寿　⑩-48, ⑬-267
縦囚論　⑨-385, ⑩-265, ⑪-192・408
上尚徳緩刑書　⑫-400
小人当敬遠　⑪-22
上枢密韓太尉書　⑨-120・377, ⑩-271, ⑪-194・349, ⑬-365
正助　⑨-221
小石城山記　⑨-393, ⑩-261, ⑫-217, ⑬-379
小赤壁記　⑨-118
小赤壁石記　⑨-117
賞善射者　⑧-259
照祖下床　⑪-15
傷足憂色　⑬-260
傷仲永　⑩-306
上張僕射書　⑪-410, ⑫-204
象墜記　⑩-208
上筑波山記　⑬-174
昭帝賜燕王旦璽書　⑪-162
上田枢密書　⑩-295, ⑪-411, ⑫-180, ⑬-363
松涛庵記　⑧-79・199
聖徳太子　⑩-168
上中川親王書　⑨-322
商人本色　⑫-305
少年亢顔　⑪-6
上梅直講書　⑨-378, ⑩-267, ⑪-412, ⑫-181, ⑬-364
上范司諫書　⑩-292, ⑪-418, ⑫-178・413, ⑬-366
上備前侯書　⑧-223
上琵琶表　⑧-246
松風閣記　⑪-202
尚武之俗可想(国文漢訳)　⑫-341
樵夫清七　⑩-86
上妙義山記　⑬-152
将門出将　⑪-15
上楽翁公書　⑨-119, ⑩-215, ⑪-309, ⑫-93
奨励学生　⑪-3
書俄羅斯《オロス》図志後　⑨-293
書海国図志後　⑧-138
書閣寒月　⑬-72
徐楽上言世務書　⑪-168
書画帖引(佐藤一斎)　⑧-73・270
書画帖引(塩谷箕山)　⑧-13・218, ⑨-296
書画帖跋　⑧-40
諸葛亮(浅見安正)　⑬-159・161・163
諸葛亮(十八史略)　⑫-374
書函柳記　⑧-81

食河豚説 ⑧-221
蜀相 ⑫-375, ⑬-345
触讐《しょくしょう》諷諫威后 ⑫-261
蜀道難 ⑬-235
植物成長 ⑪-246
食物消化 ⑪-253, ⑬-282
食喩 ⑧-49・295
食力無已時 ⑫-288
書群芳譜後 ⑫-110
書源平戦争図後 ⑨-172
諸侯 ⑫-29
書児島高徳匾字後 ⑨-295
助殺鶴者命 ⑧-264
書地獄図後 ⑧-244, ⑪-256
書自書大字後 ⑧-309
女瑟墓誌銘 ⑧-106・319
除日起講 ⑫-13
書室銘 ⑧-45
書柴栗山贈高山仲縄序後 ⑧-242・313
初至巴陵与李十二白同泛洞庭湖 ⑫-416
書商小林新兵衛 ⑩-66
書小楠公鎌書摺本後 ⑧-309
女丈夫伝 ⑧-228, ⑪-279
如水節倹 ⑩-97
徐積 ⑬-261
除夕有感 ⑬-180
書揷秧図後 ⑧-92, ⑨-291, ⑩-160, ⑫-6
書蔵本皇朝史略後 ⑪-255
書戴嵩画 ⑧-91
書高松保郎断腕事 ⑪-367
初冬於都督大王書斎同賦唯以詩為友応教 ⑧-118
書灯記 ⑧-81
初到建寧賦詩並序 ⑬-189
書独立瀟湘八景詩巻後 ⑧-311
書楠公碑拓本後 ⑬-95
書二松学舎生徒写真図背 ⑫-326
書日光山詩後 ⑧-36
書梅聖兪河豚魚詩後 ⑧-91
書万山積雪図後 ⑧-316
書泛舟巻後与五弓士憲 ⑧-277
書范中立万山積雪図後 ⑧-91
書富岳図後 ⑧-310
書文天祥忠孝二大字後 ⑪-87
書茗釁書生寮名簿後 ⑧-141
書孟母断機図後 ⑧-245・311, ⑪-180
女孟墓碣銘 ⑧-106
除夜作 ⑬-180
書輿地全図後 ⑧-42, ⑨-292
書洛陽名園記後 ⑨-390, ⑩-310, ⑪-201
書李百薬汎愛寺碑後 ⑧-91
書留侯伝後 ⑪-183
自来亭記 ⑧-20・77, ⑨-302
至楽窩記 ⑧-202
子路負米 ⑪-9
進戒疏 ⑪-196
進学解 ⑨-400, ⑩-285, ⑪-417
進学三喩(進学喩) ⑨-55・308, ⑪-284, ⑫-82
蜃気楼 ⑬-307
神功皇后(青山延于) ⑬-25
神功皇后(未詳) ⑨-250
神功皇后(山県禎) ⑩-167
神功皇后征三韓 ⑨-190
神功皇后論 ⑧-232
人穴 ⑩-40
罧《しん》犬説 ⑨-287, ⑪-41
信玄勝頼死亡 ⑨-11
人行有長短 ⑬-263
清国皇帝宣戦詔 ⑫-361
人虎説 ⑫-137
仁斎化賊 ⑪-19

震災行　⑬-129
新寨之捷(安積覚)　⑩-21
新寨之捷(紀新寨之捷)(中井積善)　⑧-32, ⑩-188, ⑪-42
真実宜愛好　⑧-253
新秋　⑬-226
神州建基　⑩-3
信州地震記(記信州地震)　⑪-56, ⑫-335, ⑬-77
新修滕王閣記　⑫-417
心術　⑨-384
真丈夫　⑫-18
新城遊北山記　⑧-83, ⑬-380
真賞楼記　⑨-114
清書画名人小伝序　⑧-8
秦初并天下。更号皇帝　⑫-118
秦士録　⑬-357
新燧社　⑫-294
審勢　⑩-297, ⑪-430
親戚不可失歓　⑪-21
新選年表序　⑧-209, ⑨-297
進退有余裕　⑫-228
秦趙会于澠池　⑫-117
審敵　⑪-432
神童　⑫-13
神道弁　⑨-326
進藤正次　⑨-227
沈南蘋画法　⑧-188
秦白起坑趙卒四十万　⑫-117
秦伐魏。公子無忌敗之　⑫-118
信不可失　⑩-84
晋文公問守原議　⑩-261, ⑪-409
神武申孝　⑪-2
神武天皇(山県禎)　⑩-166
神武天皇(頼襄)　⑬-25
神武天皇即位(菅亨)　⑨-165
新羅三郎足柄山吹笙図　⑬-34
人力車　⑪-17, ⑫-296
深慮　⑪-8
深慮論　⑨-374, ⑬-356
信陵君列伝(信陵君)　⑨-349, ⑪-105
信陵君救趙論　⑨-371
随隠亭記　⑧-291
炊烟起　⑬-26
炊煙知民富　⑧-185
酔翁亭記　⑩-263, ⑬-369
瑞厳寺　⑩-19
水月楼記　⑧-202
水産　⑫-306
睡時間可惜　⑧-263
垂松鷲　⑨-16, ⑩-110, ⑫-67
随身公助　⑨-219, ⑩-89
隋文帝論　⑧-58
水喩　⑧-49・297, ⑫-67
随鑾紀程　⑪-73
瑞龍山　⑨-103
嵩山房　⑩-32
雛僧三条　⑨-20, ⑪-60
菅麟嶼　⑬-303
菅原道真(青山延于)　⑨-62, ⑩-95・169, ⑪-266, ⑬-28
菅原道真(徳川光圀)　⑨-254
杉田壱岐　⑪-65
杉田村観梅記　⑨-314, ⑫-102
祐清重恩　⑪-15
資朝棄台樹　⑩-86
洲崎八景巻序　⑫-99
素戔嗚尊《すさのおみこと》　⑬-24
崇神《すじん》天皇　⑩-131
鈴木宇右衛門妻　⑪-13
鈴木清助殉難記(鈴木清助殉難碑)　⑨-18, ⑪-267

鈴木大学妹 ⑨-232
角田川《すみだ》 ⑨-173
墨田川 ⑫-293
斉威王以賢為宝 ⑬-336
生於憂患(生於憂患而死於安楽) ⑩-284, ⑫-233
政学概論序 ⑧-146
成歓之役 ⑫-22・23
正気歌並其序 ⑨-140, ⑫-372, ⑬-175・187
斉魏論宝 ⑩-220
井径口之戦 ⑬-337
西湖 ⑨-144
青虹館記 ⑧-201
斉侯封即墨大夫。烹阿大夫 ⑫-117
静古館記 ⑧-79・289, ⑨-303, ⑪-276
西山看梅記 ⑧-83
精思 ⑨-176
静思精舎記 ⑨-78・79
請修史書(上水野越前守) ⑫-92
清少納言(青山延于) ⑩-32
清少納言(岸鳳質) ⑩-136, ⑬-268
清少納言(菅亨) ⑨-167
斉人驕妻妾(斉人有一妻一妾而処室者) ⑪-175, ⑫-421, ⑬-393
斉人有一妻一妾而処室者の章を訳す(漢文国訳) ⑫-422
西人遺言 ⑪-35
静心以書 ⑫-270
井水 ⑬-264
性説 ⑩-10
斉太公世家 ⑪-119
説難《ぜいなん》 ⑪-177
正名 ⑩-138
静夜思 ⑬-173
西洋銃法 ⑫-273
惜陰 ⑩-134, ⑬-259
関原之戦 ⑩-15
隻眼国 ⑩-33
石澗記 ⑩-260, ⑫-216, ⑬-379
石渠記 ⑩-260, ⑫-216, ⑬-379
石山旅亭 ⑬-69
惜時日 ⑫-10
赤十字社 ⑫-337
惜春 ⑬-202
赤心報国 ⑫-272
赤水地理 ⑫-271
磧中作 ⑬-355
晰文法 ⑫-349
赤壁 ⑫-380, ⑬-157
赤壁図賛 ⑧-90, ⑫-380
赤壁戦(曾先之) ⑪-42
赤壁戦(赤壁之戦)(司馬光) ⑨-334, ⑩-229, ⑪-326・327, ⑫-162, ⑬-154～156・345～347
赤壁之戦(三国志) ⑨-115
赤壁之戦(通鑑綱目) ⑫-375
惜名不顧利 ⑩-89
設疑兵破賊 ⑫-40
雪山学書 ⑩-31, ⑫-270
雪舟伝 ⑨-88
摂生説 ⑪-295
折箭戒諸子 ⑧-258
雪灘奇賞跋 ⑧-42・240
雪喩 ⑧-246・296
折妖巫解民惑 ⑧-261
薦学生某書 ⑧-227
千金社約言 ⑩-157
前九年之役 ⑩-170
前孝丐行 ⑬-136
先公手沢太宰府都府楼瓦硯記 ⑧-82
戦国策目録序 ⑪-195
前後入蜀稿序 ⑫-131

善射者某　⑪-220
戦死喇叭卒　⑪-3
漸進　⑩-134
前出師表(出師表)　⑨-411, ⑩-306, ⑪-204・326, ⑬-160・343
蝉説　⑧-305
浅草寺(藤原粛)　⑨-173
浅草寺(王紫詮)　⑫-272
仙台　⑫-274
僊桃詩画帖引　⑧-218
先哲叢談後編序　⑩-204
宣和天皇積穀　⑨-166
宣王拝醜女為王后　⑫-398
潜夫貴忠篇　⑪-198
銭癖　⑩-142
前赤壁賦　⑨-116・382, ⑩-301, ⑪-203・328, ⑫-177・378, ⑬-216・380
前赤壁の賦に擬す(漢文国訳)　⑫-379
暹羅《シャム》　⑫-300
暹羅鶏　⑩-57
千利休(大槻清崇)　⑩-145, ⑬-23
千利休(未詳)　⑨-243
禅林僧正　⑨-173
鼠　⑨-287, ⑩-62
蘇彝士《スエズ》河記　⑪-277
象　⑫-300
送赤川士泉序　⑧-273
送足代生遊伊予序　⑧-73・274
僧意戒　⑧-263, ⑨-174
送殷員外序　⑩-255
贈植原公平序　⑧-272
送王永　⑬-390
挿秧歌　⑬-43
送王進之任楊州序　⑧-72
送大槻士広西遊序　⑧-7, ⑨-299
送岡永世襄序　⑧-11・214, ⑨-300, ⑬-182
送岡山県近衛将卒出征序　⑫-338
送小田廷錫序　⑧-214, ⑨-298
送温処士赴河陽軍序　⑩-255, ⑪-413, ⑫-206
送郭拱辰序　⑫-176
創学制礼　⑩-132
送何堅序　⑧-71
早寒江上有懐　⑬-238
送木南不忘序　⑨-192
送木下士勤序　⑨-123・124, ⑩-205
漱玉園記　⑧-197, ⑪-246
僧空海　⑩-135
送久保清太郎東役序　⑧-72
送駒留伯盛移居沼津序　⑧-9・272, ⑨-298
贈黒沢元正叙　⑧-137
贈桑名大夫吉村君序　⑫-96
僧月仙　⑩-142
送元二使安西　⑬-390
瀧岡阡表《そうこうせんぴょう》　⑨-388, ⑩-294, ⑪-436
送古岳師序　⑧-134
僧西行(青山延于)　⑩-153
僧西行(服部元喬)　⑨-191, ⑩-153, ⑪-214
送史大梅君応召序　⑫-132
送寿安還郷序　⑧-213
相州昼錦堂記　⑨-387
相州洋航海(相州洋)　⑪-39, ⑫-308
荘周列伝　⑫-247
倉舒称象　⑪-4
曹参《しん》伝　⑪-143
躁進徒為耳　⑫-420
送人赴仏国博覧会序　⑧-271
贈人赴仏国博覧会序　⑫-355
争臣論　⑨-401, ⑩-286, ⑪-186・421, ⑫-210
相臣論　⑫-138
僧都盛親《そうずじょうしん》　⑩-142

荘助兄弟 ⑪-290
送石処士序 ⑩-254, ⑪-413, ⑫-206
送石昌言為北使引 ⑩-265, ⑪-193, ⑬-364
窓雪 ⑬-259
送薛存義序 ⑫-393, ⑬-353
滄泉余事小引 ⑧-270
憎蒼蠅賦 ⑬-216
曹操撃呂布殺之 ⑫-122
曹操与卓兵戦於栄陽 ⑫-122
霜台謙公賛 ⑬-110
送高山生序 ⑪-71
贈高山仲縄序 ⑧-215, ⑨-299
僧但馬 ⑨-169
送棚橋大中序 ⑧-271, ⑨-210
送譚舟石之官楡林序 ⑧-72
送鄭尚書序 ⑩-255
送田画秀才寧親万州序 ⑩-262, ⑪-348
送董邵南序 ⑨-403, ⑩-256, ⑬-352
送梅聖兪帰河陽序 ⑧-71
送橋本大路序 ⑧-215
早発白帝城 ⑫-381, ⑬-318
送広瀬生西遊序 ⑧-72・213
曾文正公神道碑 ⑫-363・364
僧方壺伝 ⑧-319, ⑪-251
送母路上短歌 ⑬-179
送松本実甫序 ⑧-11・213・273, ⑨-300
贈三谷恂甫序 ⑧-133・216
送三菱商業学校生員往香港上海各地序
⑫-326
送孟東野序 ⑨-404, ⑫-207
草木養液 ⑬-281
送安井仲平東遊序(送安井仲平東游序)
⑨-124・301, ⑩-205, ⑫-97, ⑬-182・309
送山地正夫序 ⑧-217
送楊少尹序 ⑨-404, ⑩-256, ⑪-187, ⑫-207, ⑬-353
送吉田松蔭 ⑫-334
送吉嗣拝山序 ⑧-145
送頼承緒序 ⑧-216, ⑨-299
送李愿帰盤谷序 ⑨-404, ⑪-187
送李材叔知柳州序 ⑩-272
送李侍郎赴常州 ⑬-355
送廖道士序 ⑨-155
贈林梅所序 ⑧-71
贈黎安二生序 ⑨-376, ⑫-176
滄浪亭記 ⑨-371
鼠戒 ⑧-248
曾我兄弟(青山延光) ⑬-88・89
曾我兄弟(大槻清崇) ⑪-14
曾我兄弟(徳川光圀) ⑩-174
曾我兄弟(広瀬健) ⑬-90
曾我兄弟復讐 ⑪-297
続消寒集序 ⑧-212
続雪花図説叙 ⑧-7
続八大家文読本序 ⑨-297
疏広疏受請老 ⑩-223, ⑫-121
蘇氏族譜引 ⑩-299
蘇氏文集序 ⑪-366, ⑫-175
訴訟法要説序 ⑧-266
蘇秦以合従説趙 ⑩-278
蘇秦相六国 ⑫-117
蘇秦説秦恵王 ⑩-276
蘇秦列伝 ⑪-95
楚人陳勝呉広起兵 ⑫-118
鼠説 ⑧-64・221, ⑨-287, ⑩-148
蘇代説燕昭王 ⑫-262
蘇台覧古 ⑬-146
泝天龍川 ⑩-90
蘇武伝(蘇武)(班固) ⑨-336, ⑪-157, ⑫-410
蘇武(曾先之) ⑬-151・339

蘇武(李白)　⑫-412, ⑬-152
蘇武還自匈奴(通鑑擥要)　⑩-222
蘇武使匈奴(通鑑擥要)　⑩-222, ⑫-121
染井観菊記　⑪-259
徂徠惜陰(徂徠惜分陰)　⑩-32・84, ⑬-259
徂徠博識　⑩-33
曾呂利某　⑬-42
曾魯利(曾魯利滑稽)　⑩-100・156
曾魯利新左衛門　⑨-243
尊雲親王　⑪-31
孫敬　⑩-63
尊経閣記　⑨-372
孫康　⑩-58
孫子呉起列伝　⑬-334・335
孫子列伝(孫子兵法)　⑩-239, ⑪-90, ⑬-196
蹲鴟子伝(蹲鴟子)　⑧-33, ⑨-92, ⑩-190

〈タ行〉

題阿万徳夫文藁　⑧-43
題烏江亭　⑬-229
題雲煙衆妙巻　⑧-240
題雲洞山水図　⑫-45
題運甓図　⑧-314
題燕郭尚父図　⑧-92
題画(古賀樸)　⑧-39・95・240, ⑨-290
題画(阪谷素)　⑩-208
題郝子廉投銭井中図　⑧-316
大学之道　⑬-247・350
題学詩図巻　⑧-94
題画菜　⑧-92
題華山人百花画巻　⑧-97・317
題隔靴論首　⑧-43
題菅公愛梅図　⑫-51
題寒江独釣図　⑧-38, ⑨-290
題寒江独釣図後　⑧-36, ⑨-291
題岩泉翁八十寿詞巻首　⑧-313
題韓文公画像　⑧-317
題管鮑行賈図　⑧-315
題顔魯公書放生池石刻　⑧-93
題帰去来図後　⑧-310
題菊畦《きくわ》翁書画帖　⑧-317
題亀石図　⑧-96・242・316
題牛山清嘯　⑨-207
題近人画帖　⑧-37
題琴滴檐詩巻　⑧-40
題楠中将画像　⑧-314, ⑫-111
題軍国諸船図　⑫-42
題群盲評器図　⑧-310
題群盲評古器図　⑧-42・310, ⑨-292
題軽気球図(菊池純)　⑧-308, ⑩-23
題軽気球図(石津勤)　⑧-310
題諼《けん》園讌《えん》集図　⑧-245, ⑨-150, ⑩-197
題妍醜一覧(記大石内蔵助大野九郎兵衛事)　⑧-43, ⑨-295
題源二位猟富士野図　⑧-95, ⑩-175
題黄鶴楼　⑧-94
太閤甍　⑩-100
太閤雑事　⑩-101, ⑪-37
太閤遊醍醐　⑨-150, ⑪-314
題耕織図　⑧-312
題小金原捉馬図巻(題小金原捉馬図)　⑨-179, ⑩-23・184
大黒像記　⑧-25, ⑩-196
題五松軒詩後　⑧-35
題顧尊実収蔵黄孝子真蹟　⑧-93
醍醐天皇　⑩-139, ⑬-28
題湖帆飽風図　⑧-96・313
題賽華嶽　⑧-316
耐斎記　⑫-135
題佐佐木四郎騎渡莵道図　⑬-67
泰山勉励　⑩-86

代三省督府張公祈雨文 ⑪-204
題蚕織図 ⑩-160
題四君子画 ⑧-38・241
題自書画後 ⑧-38・241
題司馬温公撃甕図 ⑧-96・315
大樹将軍 ⑬-342
泰州海陵県主簿許君墓誌銘 ⑪-197
隊商 ⑪-213
題子陵加足帝腹図 ⑧-315
大助倉外 ⑪-10
題静寄余筆後 ⑧-39, ⑨-294
対世子策問 ⑧-156
題青泥市寺壁 ⑫-368
大政奉還 ⑪-219
題西洋城郭図 ⑫-25
題赤壁図後 ⑧-40・243, ⑨-294, ⑫-90, ⑬-233
対楚王問 ⑨-413
題曾無逸百帆図 ⑧-92
怠惰 ⑬-276
題台湾凱旋図後 ⑨-42
題伊達子奥蔵清人花卉巻 ⑧-95
題竹石贈方南明六十 ⑧-93
代張籍与李浙東書 ⑫-204
題擲冕服図 ⑧-173, ⑫-111
題褚遂良書唐文皇帝哀冊墨蹟 ⑧-93
題椿山山人画梅譜 ⑧-311
大鉄椎伝 ⑬-358
題桃源図 ⑧-94・242
題東台送別後 ⑧-312
大唐中興頌 ⑫-203
大塔宮古鎧片歌(為斎藤某賦) ⑬-93
台徳公(塩谷世弘) ⑩-44
台徳公美事(大槻清崇) ⑪-8
台徳公乳母 ⑨-246
題楠公画像 ⑧-242
題楠公訓子図 ⑧-95・241, ⑨-173
題楠公訣子図 ⑧-312
題楠公像 ⑬-165
題南嶺後赤壁図 ⑧-41・244・313
大日本史 ⑫-274
大日本帝国皇帝宣戦の詔(国文) ⑫-360
題瀑布図 ⑧-43, ⑨-290
題八幡太郎過勿来関図 ⑬-34
題范寛江山秋霽図 ⑧-93
代悲白頭吟 ⑬-202
題平手清秀上書図 ⑪-68
題費瀾図画 ⑧-36
題備後三郎図 ⑧-241
大風歌 ⑬-228
題不識庵撃機山図 ⑨-40, ⑬-109
題富士山図 ⑧-38・95・243, ⑨-291, ⑬-48
題武禅居士画 ⑧-309
題鞭苔録 ⑨-294, ⑩-158, ⑬-181
題豊公神廟壁 ⑫-320
題豊公裂封冊図 ⑨-293
題豊公裂封冊図後 ⑪-68
題鳳翔東院王画壁 ⑧-92
大宝箴 ⑪-339
題某生書画帖首 ⑧-97・317
題訪戴図 ⑧-35
題宗成樹石 ⑧-92
題村上義光碑陰 ⑫-111
題孟母三遷図 ⑧-314
大洋 ⑪-212
題洋船図 ⑧-41, ⑨-292
平敦盛 ⑩-149, ⑬-21
平貞盛誅賊 ⑫-30
平重衡 ⑨-171
平重盛 ⑩-145
平重盛諫父(重盛忠孝) ⑨-3, ⑬-55～57
平重盛知盛論 ⑧-60

平景政 ⑩-149
平教経 ⑬-20
平武州知章墓 ⑬-87
平宗清(徳川光圀) ⑪-66
平宗清(服部元喬) ⑨-193
平宗盛 ⑨-198
題爛柯図 ⑧-36・243
題李生壁 ⑧-92
題六君子文粋後 ⑧-316
題両岸一覧図 ⑧-96
題藺相如奉壁図 ⑧-96, ⑨-293, ⑬-207
待漏院記 ⑨-390, ⑫-174
台湾 ⑫-298, ⑬-304
台湾紀事跋 ⑨-197・294
台湾府 ⑫-42
多開池溝 ⑪-2
隆景老兵 ⑫-286
高倉帝仁厚 ⑧-256
高倉天皇(青山延于) ⑪-8, ⑬-278
高倉天皇(鈴木栄次郎) ⑨-169
高倉天皇(高倉帝)(徳川光圀) ⑩-46・145
高倉天皇仁恕 ⑫-8
高輪望海 ⑬-102
高徳謀奪駕 ⑫-20
高橋生伝 ⑨-199, ⑪-278
高山仲縄祠堂記 ⑧-129, ⑨-7・8, ⑪-293, ⑬-313
高山彦九郎伝(高山彦九郎) ⑩-214, ⑪-72, ⑫-76・77, ⑬-125
高山正之伝(正之勤王) ⑨-186・187, ⑫-292
滝鶴台妻 ⑪-250
滝沢馬琴 ⑬-44
択師友 ⑬-16
啄木鳥 ⑩-59
択友 ⑬-263
武田勝頼夫人 ⑪-237
武田信玄(未詳) ⑨-232・233
武田信玄(頼襄) ⑩-140
武田信繁 ⑨-233, ⑩-5
武田晴信謀略 ⑫-33
竹中重治 ⑨-226, ⑩-32
武内宿禰 ⑨-251
多言 ⑪-6
太宰春台 ⑩-134
太宰府謁菅廟 ⑬-29
田道間守《たじまもり》 ⑨-250
忠秋放鶉 ⑫-36
忠興譬喩 ⑪-218
忠勝機智 ⑩-31
忠勝辞封(忠勝三辞厚禄) ⑪-230, ⑫-34
忠勝忠勇 ⑪-67
忠常至性 ⑩-85
忠度遺和歌 ⑫-12
匡衡鑿壁 ⑪-9
匡衡政治得失疏 ⑪-170
匡房強記 ⑪-33
忠光絶食 ⑪-15
忠盛 ⑩-51
橘逸勢女 ⑩-133
橘妙冲 ⑨-253
立原翠軒 ⑩-65
伊達治左 ⑪-13
伊達政宗(青山延光) ⑩-49
伊達政宗(岡田僑) ⑩-140
伊達政宗言行(岡田僑) ⑧-262
伊達政宗論(岡田僑) ⑫-130
伊達政宗(中村和) ⑩-33, ⑫-275
伊達政宗(未詳) ⑨-226
伊達政宗伝 ⑫-32
伊達様 ⑧-256
田辺晋斎 ⑨-221
谷村計介碑 ⑨-40・41

玉川吟社小稿引 ⑧-270
田村麻呂平蝦夷 ⑨-76
丹海刻仏殿 ⑬-51
断橋之難 ⑪-294
譚古書余序 ⑧-146
男児 ⑫-324
丹醸男山 ⑧-188
段太尉逸事状 ⑨-137・138, ⑩-289, ⑬-372
檀浦(新宮磧) ⑬-75
檀浦(安積信) ⑬-75
壇浦行 ⑬-157
壇浦之戦(壇浦戦)(中井積徳) ⑨-70・171, ⑪-304
壇浦之戦(頼襄) ⑫-56
探幽為画伝 ⑫-270
近松門左衛門伝 ⑧-319
地球 ⑪-210
地球旋転 ⑪-212
竹外二十八字詩序 ⑧-69・135・210
逐客上書 ⑪-177
竹化石記 ⑧-203
竹渓記 ⑫-135
竹股兼光 ⑧-185
千種氏古幟記 ⑨-131
筑前城下作 ⑬-91
竹窓夏課序 ⑧-269
筑摩河 ⑬-110
千熊《ちくま》長彦 ⑨-252
竹林七賢賛 ⑧-45
知行 ⑬-277
知行合一 ⑩-111
地山堂詩集序 ⑧-142
知子不如親 ⑩-90
知人 ⑪-20
地図翻刻題言 ⑨-292
千葉佐倉紀行 ⑨-19, ⑪-262
千葉氏故墟歌 ⑬-63
茶 ⑧-254
著色瓜蔬図 ⑧-313
茶山寛厚 ⑧-186
忠益説 ⑫-329
忠義碑 ⑨-276
昼錦堂記 ⑨-122, ⑩-263
忠孝無二 ⑨-82
仲子非廉士 ⑫-230
中将道信 ⑪-9
廚人坪内 ⑩-150
中禅寺 ⑪-71
中東戦紀本末初編叙 ⑫-359
中葉集叙 ⑧-207
知要 ⑬-301
弔今川義元文(吊今川義元文) ⑩-183, ⑬-235
弔桜賦 ⑧-120
弔大石良雄文 ⑬-123
吊菅公文(係墨水謫居作) ⑧-174
張儀以連横説楚 ⑩-277
張儀主張連衡 ⑫-260
聴曲流涕 ⑩-91
張公芸 ⑪-7
弔古戦場文(吊古戦場文) ⑨-408, ⑩-308, ⑪-203・439, ⑬-229・384
張思叔 ⑪-7
張耳陳余列伝 ⑩-246
趙奢父子 ⑬-206
張釈之守法 ⑩-222
張釈之伝 ⑪-153
潮州韓文公廟碑 ⑨-381, ⑩-299, ⑪-193・437, ⑬-236
鳥獣略論 ⑪-316
張巡 ⑬-176・177
張巡守雍丘 ⑨-135, ⑪-321

趙石勒 ⑬-349
朝鮮 ⑫-302
超然台記 ⑬-240
朝鮮之沿革 ⑪-229
朝鮮地図 ⑪-229
鼂錯上言兵事書 ⑪-163
鼂錯論 ⑩-269, ⑪-185
張中丞伝後序(張中丞伝後叙) ⑨-136, ⑩-257, ⑪-435, ⑬-178・373
徴兵 ⑫-272
長平之戦 ⑫-147
潮喩 ⑧-109・246
釣遊記 ⑧-124・194
長幼之序 ⑬-262
釣鯉説 ⑧-300, ⑨-87
張良 ⑬-148
張良伝 ⑪-145
張良有儒者気象論 ⑧-59
直言之功 ⑫-34
猪神童桃郎伝記(猪神童桃郎伝序) ⑧-125, ⑪-260
樗《ちょ》里子甘茂列伝 ⑪-98
地理学 ⑫-271
陳雲漳墓誌銘 ⑧-148
陳州為張安道論時事書 ⑩-302
陳勝呉広起兵 ⑩-221
陳勝唱乱 ⑫-154
陳情表 ⑨-410, ⑪-205・325, ⑫-388, ⑬-179
陳軫弔楚王 ⑩-220
鎮西八郎歌 ⑬-207
陳蕃 ⑩-67
枕挽 ⑩-47
陳平論 ⑧-234, ⑪-184
追賞忠義 ⑫-292
塚原卜伝 ⑨-267, ⑪-34・235
月岡左門 ⑪-244
調伊企難《つきのいきな》 ⑨-252, ⑩-44・132, ⑪-3・211
嗣信代主死 ⑫-20
筑波山 ⑨-102, ⑫-274
躑躅岡《つつじがおか》 ⑨-50
経正還琵琶 ⑫-12
椿原書院記 ⑧-128
棣華堂記 ⑫-136
定軍山下作 ⑬-324
鄭遨《ごう》張薦明伝 ⑨-154
丁子風爐 ⑪-244
帝政 ⑫-7
鄭成功 ⑨-43・44・272, ⑫-298
貞節堂記 ⑪-340
鼎梅軒記 ⑧-197
程婆伝 ⑧-103・228
貞婦美与七十寿序 ⑩-200
迪彝《てきい》篇序 ⑪-75
迪斎説 ⑩-205
狄《てき》仁傑 ⑬-260
鉄拐峰 ⑬-72
鉄眼和尚 ⑩-142
鉄坊主伝 ⑨-186
寺田彦右衛門母 ⑨-240
寺田与左衛門 ⑩-38
寺山久兼 ⑨-243
田家行 ⑫-393
伝家之宝 ⑩-97
天下第一流 ⑩-89
電気 ⑫-43
天橋記 ⑫-65
天橋泛舟 ⑬-129
天慶之乱 ⑩-169
田山人詩序 ⑧-68
天山老侯第八女碑陰記 ⑧-237
天士河記 ⑪-278

天時地利　⑪-174
天祥不屈　⑪-86
電信機　⑫-43
天体　⑪-224
田単列伝(田単)　⑨-353, ⑩-245, ⑬-330
天智中興　⑪-2
天長節　⑫-292
天徳寺了伯　⑨-258, ⑬-40
電報　⑪-257, ⑫-304
天保火災記　⑬-130
電話　⑪-17
土井利勝(大槻清崇)　⑩-156, ⑪-238, ⑬-37
土井利勝(未詳)　⑨-225
桃　⑩-69
東叡山看花　⑬-86
陶淵明　⑩-61
陶淵明賛　⑧-90
鄧艾《とうがい》　⑩-65
東海道中詩叙　⑧-70
東海道鉄道　⑫-316
桃花園記　⑧-19
登嶽記　⑬-158
登岳陽楼　⑫-416, ⑬-238・371
桃花源記　⑨-409, ⑬-200・383
道灌達観　⑩-84
陶器　⑫-328
答木村希黯　⑧-152
闘牛之戯　⑪-213
東京　⑪-17, ⑬-284
登鋸山記　⑬-131
桐渓聴蛙記　⑧-86・195・278
東渓画譜序　⑧-208
透軒遺稿序　⑧-267
桃源行　⑬-201
桃源図　⑬-201
東湖遺稿序　⑧-139, ⑨-142, ⑫-99
党錮之禍　⑪-334・335
東湖文鈔序　⑪-64
東湖説　⑬-174
陶工巴律西《パリッシー》　⑫-328
道山亭記　⑩-272, ⑪-364, ⑫-174
同志会籍申約　⑨-329
唐詩礎序　⑧-68
道州毀鼻亭神記　⑨-158
藤樹書院　⑬-312
東照宮石華表　⑫-294
東昌孝伝　⑧-103
東照公　⑩-37
冬初出遊　⑬-180
登白根山記　⑬-105
唐臣伝　⑫-191
登駿河台望嶽　⑨-34
陶靖節画賛　⑧-44
動静論　⑪-345
藤説　⑧-65・305, ⑨-182, ⑩-24・108, ⑪-248
洞泉記　⑫-133
答蘇武書　⑫-408
東村教化頑夫　⑫-9
豊太閤擲銭　⑩-37
豊太閤論　⑧-167, ⑪-314
唐太宗　⑪-61, ⑬-348
闘茶説　⑧-222・304
董仲舒賢良策対　⑪-165
洞庭　⑨-159
洞庭之戦　⑨-144, ⑪-324
登鉄拐峰記　⑨-196
東都沿革並新盛況　⑫-59・60
登二条城楼　⑬-127
東坡外伝序　⑧-11
登榛名天神嶺歌　⑬-215
登富士山記　⑨-34・35

答藤田斌卿書 ⑨-321
動物 ⑫-272
東方朔客難 ⑪-169
答某文学書 ⑧-161
答牧信侯論道徳気節書 ⑧-155
答正夫書 ⑧-30
登三井寺 ⑬-69
冬夜 ⑬-24
冬夜読書 ⑬-125
盗喩 ⑪-269
痘喩 ⑧-295
桐葉封弟弁 ⑨-396, ⑩-261, ⑪-189
答芳川波山別紙 ⑩-216
唐六臣伝後論 ⑪-361
東里至孝 ⑩-88
答劉秀才論史書 ⑨-111
登蓮法師 ⑩-134
道論 ⑨-328
渡易水 ⑬-212
戸川肥後 ⑪-231
時平笑疾 ⑪-11
時頼巡国 ⑪-10
独奕先生伝 ⑨-201
徳川家康(青山延于) ⑬-13
徳川家康(中村和) ⑩-140
徳川家康(未詳) ⑨-245・246
徳川家康(頼襄) ⑬-12
徳川家康(時文)(頼襄) ⑩-76
徳川家康好学 ⑩-6
徳川秀忠(塩谷世弘) ⑬-11
徳川秀忠(未詳) ⑨-246, ⑩-69
徳川秀忠美事 ⑧-258
徳川光圀(中村和) ⑩-31, ⑬-11
徳川光圀(菊池純) ⑩-147
徳川義直 ⑩-36
徳川吉通 ⑧-261
徳川頼信智勇 ⑫-13
徳川頼宣 ⑨-226, ⑩-34・49, ⑬-19・268
徳川頼宣母 ⑨-226
読菅右府伝 ⑧-15
得月楼記 ⑫-101
読弘安紀 ⑬-91
読項羽紀 ⑧-294
読項羽本紀 ⑧-63
読孔子世家 ⑩-272
木賊《とくさ》次郎 ⑧-256
読書 ⑬-181
読諸葛武侯伝 ⑧-16
読書法 ⑫-350
読書余適 ⑨-316
読新文詩 ⑧-295
読征韓記 ⑬-115
読読孟嘗君伝 ⑧-63・247
読日本史 ⑨-109
読文天祥正気歌 ⑧-294, ⑫-78
読孛仏戦争記略 ⑫-358
読名花有声画 ⑧-247・294, ⑨-211
読孟嘗君伝 ⑨-376, ⑩-273, ⑪-180
独楽園記 ⑩-309, ⑫-420, ⑬-194
読留侯伝 ⑧-247
読烈士報讐録 ⑨-184
読淮陰侯伝 ⑬-151
土佐経隆蘇武図記 ⑧-80
土佐日記新解序 ⑨-85・86, ⑩-195
登山説 ⑩-20
利勝端正 ⑩-97
戸田忠真忠正 ⑨-82
菟道川《とどうがわ》戦 ⑨-169
捕鳥部万《ととりべのよろず》 ⑪-26
砺浪山《となみやま》之戦 ⑫-53
刀根川 ⑨-75
利根川 ⑫-280

鳥羽僧正 ⑩-139, ⑬-21
富田越後 ⑨-227
鞆絵《ともえ》美而勇悍 ⑫-55
富山 ⑩-20
豊臣太閤 ⑨-325
豊臣太閤論 ⑨-89, ⑬-115
豊臣秀吉(大槻清崇) ⑬-48～50
豊臣秀吉(未詳) ⑨-240～242
豊臣秀吉論 ⑫-129
虎屋説 ⑧-301
鳥居勝高(鳥居勝高死節) ⑨-40・269
鳥居忠吉 ⑨-269
鳥居成次 ⑨-270
鳥居元忠(鳥居元忠守伏見城) ⑨-269, ⑬-52
遯窩記 ⑧-24
呑山楼記 ⑫-107
蔵蜻蛉《とんぼきり》(頼襄) ⑫-18
蜻蜓切《とんぼきり》(青山延光) ⑩-145

〈ナ行〉

内省養気 ⑨-281
直江兼続 ⑩-152
直孝果断 ⑫-36
直孝斬盗 ⑩-31
直次快諫 ⑩-85
中井蕉園 ⑩-66
中井履軒 ⑩-141
長氏《ながうじ》東行 ⑪-58
中江藤樹(角田簡) ⑩-38
中江藤樹(原善) ⑬-34
中江藤樹(未詳) ⑨-222
中江藤樹伝(塩谷世弘) ⑬-311
中江藤樹(時文)(塩谷世弘) ⑩-80
中江原 ⑩-6
長湫《ながくて》之役 ⑪-232
長崎 ⑫-296
中島元行母 ⑨-237
那珂宗助 ⑩-18
永田佐吉(角田簡) ⑩-146
永田佐吉(未詳) ⑨-221
長田徳本 ⑩-146
中臣鎌足 ⑩-168
永富製糖 ⑫-297
中西淡淵 ⑨-224
中西淡淵姉 ⑨-226
中根東里 ⑩-46
中大兄皇子 ⑬-27
長矩創義英 ⑪-62
長政直言 ⑩-185
長政入暹羅 ⑫-300
中村惕斎 ⑪-6
中山勘解由妻 ⑨-231
勿来関 ⑫-274
名古屋(川北重熹) ⑫-282
名古屋(肥前)(安積信) ⑬-115
那須与一(那須宗高射扇　紀那須与市事訳平家物語)(柴野邦彦) ⑧-31, ⑨-71・257, ⑩-173, ⑪-304, ⑬-87
那須宗高射扇轂(菅亨) ⑨-171
宗高断扇轂(頼襄) ⑫-19
那智山 ⑩-19
那智瀑 ⑨-57, ⑪-286
浪華 ⑫-321
浪華城春望 ⑬-120
浪速夢 ⑪-36
浪華烈女 ⑧-261, ⑨-184
那波活所 ⑪-30
奈良 ⑫-278
奈良大仏 ⑫-295
斉頼術解 ⑨-168

成瀬奇獄　⑧-257
鳴戸　⑬-72
名和公画像記　⑧-288, ⑨-130, ⑪-306
名和長年(名和長年勤王)　⑨-26・262, ⑩-176
楠公賛　⑧-90
楠公廟　⑫-273
楠公別子図(題楠公訣子図)　⑫-322, ⑬-95
楠公墓記　⑨-69, ⑪-256
南部越後　⑨-243
南房遊記　⑬-62
南北朝　⑨-191
南木夢　⑪-233
南遊往反数望金剛山想楠河州公之事。慨然有作　⑬-164
南遊雑記　⑫-85
南陽県君謝氏墓誌銘　⑩-294
二家用兵之異　⑩-90
二山伯養　⑩-35・70
西尾伝兵衛　⑨-221
錦山神祠改建記　⑨-64
二女艷狼　⑪-237
西一鴎　⑩-51
日喩　⑩-269
日光山(日光山行記)　⑨-101・102, ⑫-84, ⑬-171～173
日光廟　⑫-294
日光廟成　⑪-17
日新　⑩-161
新田義貞(新田義貞平鎌倉)(青山延于)　⑨-51・262, ⑩-177
新田義貞(副島種臣)　⑫-323
新田義貞(成島譲)　⑩-53
二童忠勇　⑩-88
二宮元輔不強請画　⑧-256
日本国　⑪-210
日本之漢学　⑫-347・348
日本之西学　⑫-351
日本人風俗　⑪-210・217
日本刀(日本刀説)(坂田丈)　⑨-77, ⑫-323
日本刀(日本刀説)(山田球)　⑨-213・281, ⑪-275
日本刀歌　⑬-167
二妙　⑩-152
入京城　⑬-35
乳雀　⑬-307
乳説　⑧-300
丹羽伯弘墓碣銘　⑧-149
忍説　⑩-8
仁徳天皇(青山延光)　⑪-243, ⑬-26・277
仁徳天皇(鈴木栄次郎)　⑨-167
仁徳天皇(山県禎)　⑩-167
仁徳天皇(時文)(青山延于)　⑩-75
仁徳天皇聖徳　⑫-7
仁和寺僧　⑩-47
仁明天皇　⑩-132
寧静閣一集序　⑧-68
熱　⑫-44, ⑬-306
根津宇右衛門　⑩-7
農業　⑫-288
農功　⑪-2
鋸山　⑬-132
野田山丐夫　⑩-95
野中兼山　⑨-84, ⑩-47・161, ⑬-16・271
野火止鑿渠　⑨-14
信綱蔽主過　⑫-35
宣常善射　⑩-87
信長営皇宮神廟　⑨-38
信長皇居ヲ営ム(時文)　⑩-75
右府営皇宮　⑩-150
信長焚叡山　⑨-99
信吉諫諍　⑫-34

野見宿禰《のみのすくね》(青山延光)　⑪-215
野見宿禰(巌垣松苗)　⑨-250
野見宿禰論　⑧-167
教経　⑩-40
宣長国学　⑫-270

〈ハ行〉

馬　⑫-277
梅雨憶郷　⑬-100
拝織田右府塑像引　⑬-165
売柑者言　⑨-375, ⑪-200, ⑬-356
拝桓武陵　⑬-28
陪騎観放砲記　⑫-79
拝禁闕　⑬-128
梅渓遊記其一(第一篇)　⑩-197, ⑪-258
梅谿遊記其二(一目千本)　⑧-22, ⑨-177, ⑩-197, ⑬-130
梅渓遊記其三(月瀬記)　⑧-22, ⑩-198, ⑫-104
梅渓遊記其四　⑧-23, ⑩-198
梅渓遊記其五　⑩-198
梅渓遊記其六　⑧-23, ⑩-199
梅渓遊記其七　⑩-199, ⑬-130
梅渓遊記其八(第八篇　杉谷)　⑨-177, ⑩-199, ⑪-259
梅渓遊記其九　⑩-200
沛公入咸陽　⑩-221
陪左丞相東閣聴源皇子初学周易　⑧-131
枚乗　⑪-155
梅聖兪詩集序　⑨-386, ⑪-348
敗天公　⑩-103
梅福伝　⑪-159
陪遊笠置山記　⑨-311, ⑩-182, ⑬-320
売醴《れい》者愚水(売醴者)　⑧-263, ⑪-251
馬援戒兄子　⑬-342
馬援遇讒　⑩-223
泊天草洋　⑬-102
伯夷頌　⑩-256, ⑬-142・375
伯夷列伝(伯夷)　⑨-367, ⑪-375, ⑫-246
伯叔諫武王　⑬-142
白隠禅師　⑩-142
白雲山舎記　⑪-202
白起論　⑧-14
白山　⑫-280
白石史論　⑫-270
白石先生　⑩-5
白石篤朋　⑬-278
博泉機警　⑩-32
白渡汎舟記　⑫-133
白馬之戦　⑫-160
伯兪　⑪-8
函館港　⑫-276
箱館市民　⑩-68
羽柴秀吉　⑩-36
芭蕉翁　⑬-38
馬上吟　⑬-20・110
播殖穀麻　⑪-2
畠山重忠　⑨-256, ⑩-48
畑時能拠鷹巣城　⑩-12
畑六郎左衛門事略(畑六郎左衛門略伝　畑六郎左衛門碣)　⑧-318, ⑨-183, ⑫-112
八幡公画像　⑬-20
八幡太郎　⑫-274
蜂谷半之丞母　⑩-147, ⑫-22
跋浅草八勝図後　⑧-37, ⑨-291
跋池貸成臨董文敏倪法山水　⑧-98
跋大場祺甫登岳紀行　⑧-36
跋外交余勢断腸記　⑪-341
跋蒲生君臧手簡後　⑩-22
跋月仙上人画帖　⑧-98

跋胡琴窗詩巻　⑧-97
跋章友直草虫　⑧-97
跋酔翁吟　⑧-97
跋赤坂別宴図　⑧-99
跋先君蘭亭帖　⑧-242
跋大統歌　⑧-43
服部南郭　⑩-137
跋百翁図　⑧-98
跋福姫図賛　⑧-40・99
跋富士牧猟図扇面　⑧-98
跋米庵楽志論　⑧-37
跋米元章貞孃墓歌帖　⑧-39
跋円山仲選画巻　⑧-241
跋嵐峡図巻　⑫-65
跋李成山水　⑧-97
馬道駅北一水曰樊河。相伝酇候追淮陰至此及之　⑬-151
英一蝶《はなぶさいっちょう》　⑧-256
花房助兵衛　⑨-227
塙直次　⑩-137
塙保己一　⑩-136
塙保己一伝　⑪-46
馬場信房　⑨-234
馬場信房論鬮　⑩-5
覇府之始　⑫-29
馬夫守道　⑫-61
羽二重説寿猪飼翁　⑩-200
浜田弥兵衛(浜田弥兵衛伝)　⑨-42・43・271, ⑩-212, ⑪-51・271, ⑬-295・296
早川幸豊　⑨-234
林子平(川田剛)　⑫-275
林子平(林子平伝)(斎藤馨)　⑨-6, ⑩-213, ⑪-76・281・282, ⑫-75, ⑬-314
林子平画像記　⑪-305
林春斎　⑪-6
林春斎詩　⑩-144
林鳳岡　⑩-39
林羅山(原善)　⑩-35・105・134, ⑪-5・20
林羅山(未詳)　⑩-61
林羅山諷諌井伊侯　⑫-19
原田亀太郎遺像記(原田亀太郎画像記)　⑧-25, ⑪-255
巴黎《パリ》　⑫-25
巴黎斯《パリス》繁華　⑫-355
春澄善縄《はるすみのよしただ》　⑩-137
晴信抜海野口城　⑪-16
治憲起興譲館　⑫-275
波浪之理　⑬-306
樊噲排闥　⑪-21
盤珪禅師　⑩-142
蕃山講武　⑩-88
蕃山師ヲ求ム(時文)　⑩-79
反射鑪　⑩-89
蕃薯済人　⑫-288
范雎《しょ》蔡沢列伝　⑪-379
范雎説秦王　⑩-220
范雎報恩怨　⑬-148
范雎列伝　⑪-107
范増論　⑧-61・232, ⑨-379, ⑩-268, ⑪-182, ⑬-231
磐梯山噴火記　⑫-336
半田銀山　⑫-295
泛洞庭湖　⑬-230
范文正公文集序　⑪-366
万緑堂記　⑧-21
汎蘆湖記　⑧-285
非其招不往　⑫-228
鬚切膝丸　⑩-145
肥水之戦　⑫-165
羆説　⑧-63
肥前紀行　⑨-65
未旦求衣賦　⑧-117

筆匡銘 ⑧-45
筆説 ⑧-64
必非常人 ⑫-283
筆譜序 ⑧-268
鼻亭弁 ⑨-158
秀郷事実考 ⑨-100
秀郷陽候将門 ⑧-259
秀忠舎箸 ⑪-8
秀吉和輝元 ⑪-35
秀吉誅光秀 ⑨-59
日野阿新《くまわかまる》(大槻清崇) ⑪-14
日野阿新丸《くまわかまる》(徳川光圀) ⑨-259
微妙 ⑨-258
百不二図 ⑫-279
白虎隊 ⑪-219
猫狗説 ⑧-16, ⑩-148, ⑪-248, ⑫-81, ⑬-81
猫説(栗山愿) ⑨-287, ⑪-80
猫説(野田逸) ⑧-303, ⑩-24, ⑪-296
瓢箪 ⑨-88
標註十八史略序 ⑪-42
表忠観碑 ⑫-182
豹皮録序 ⑧-211, ⑨-210
評本文章軌範序 ⑧-144
平岩親吉 ⑨-227
平賀源内(源内製寒暖計) ⑨-48, ⑫-297
平田篤胤 ⑫-275
平手政秀 ⑨-238, ⑩-89
広島 ⑫-285
博雅学琵琶盲人 ⑨-208
枇杷 ⑫-282
琵琶湖 ⑫-279
貧交行 ⑬-143
備後三郎題詩桜樹図 ⑬-23
敏少年 ⑫-14
楓橋夜泊 ⑬-230・390
馮煖為主市義 ⑫-258
馮諼客孟嘗君 ⑩-277
風樹之歎 ⑬-261
風蘭 ⑩-61
風流宥罪 ⑧-186
風論 ⑪-317
浮雲掩月光 ⑫-51
武官庇貧児 ⑧-257
舞妓阿国 ⑪-219
復足立酔石書 ⑧-224
福岡 ⑫-284
復国島子長書 ⑧-225
福島氏 ⑩-135
福神盗 ⑧-109
福善禍淫論 ⑨-328
箙梅 ⑩-40
伏波将軍馬援 ⑫-121
復藤井雨香書 ⑧-226
復藤本箭山書 ⑧-276
復予堂老侯書 ⑧-226
福依売《ふくよめ》 ⑩-133
復林定卿書 ⑧-225
武侯墓 ⑬-162
父子異心 ⑫-19
富士河対陣 ⑫-53
富士艦廻航 ⑫-310
富士艦の廻航(国文) ⑫-309
富士山(石川凹) ⑫-320, ⑬-101
富士山(黄遵憲) ⑫-279
富士山(柴野邦彦) ⑬-101
富士山(未詳) ⑩-61
藤田翁墓表 ⑧-105
藤田東湖先生 ⑨-33・34
富士谷北辺 ⑩-137
藤田幽谷先生 ⑨-105・106
藤綱至言 ⑫-34

撫州顔魯公祠堂記 ⑩-304, ⑫-389
武将賛(太公　孫臏　韓信　岳飛)⑧-44・45
不召之臣 ⑪-401
不辱君命 ⑩-98
不食河豚説 ⑧-65
不如人和 ⑫-228
舞女微妙 ⑪-13
藤原有国 ⑨-168
藤原在衡 ⑨-191, ⑩-139
藤原鎌足 ⑨-253
藤原吉野 ⑩-88
藤原国光復父讐 ⑨-195
藤原定家 ⑩-136
藤原貞子 ⑨-195
藤原実資(青山拙斎) ⑩-105
藤原実資(頼襄) ⑪-225
藤原信西論 ⑧-231
藤原資朝 ⑨-259, ⑩-145
藤原惺窩《せいか》 ⑪-22
藤原高房(山県禎) ⑩-143
藤原高房(未詳) ⑨-252
藤原俊成 ⑩-136
藤原長方 ⑨-255
藤原長方謗新京 ⑨-197
藤原藤房(清田儋叟) ⑪-257
藤原藤房(徳川光圀) ⑪-85
藤原道長(青山延于) ⑩-149
藤原道長(道長雅量)(服部元喬) ⑨-193, ⑩-105
藤原光頼 ⑨-255
藤原師賢《もろかた》 ⑨-260
藤原保則(青山延光) ⑩-143
藤原保則(鈴木栄次郎) ⑨-179・180
藤原保則(頼襄) ⑨-253
藤原保昌(保昌雅量)(服部元喬) ⑨-166・254, ⑪-213
雅量(時文)(服部元喬) ⑩-78
藤原保昌(青山延于) ⑬-19
藤原保昌(徳川光圀) ⑩-146
藤原行成 ⑩-136
不摂生 ⑪-12
不託諸侯 ⑪-402
仏山詩鈔序 ⑧-268
物質物性論 ⑪-346
物色 ⑬-263
仏像渡来 ⑪-26
物徂徠 ⑨-219
仏郎王歌 ⑫-356
負帝脱虎口 ⑫-40
不倒翁説 ⑧-301
浮屠円通 ⑩-39
符読書城南 ⑫-419, ⑬-141
不忍 ⑪-6
不忍人之心 ⑫-227, ⑬-392
蝜蝂《ふはん》伝 ⑧-102
武夫自薦 ⑧-185
普法戦紀序 ⑫-356
武門武士之称 ⑫-70
赴約 ⑪-7
芙蓉私印譜序 ⑧-206
芙蓉峰 ⑬-101
不欲使習奢 ⑫-285
文覚励頼朝 ⑫-15
文教始興 ⑩-132, ⑪-2
聞黄海捷報作 ⑫-362
文政元年歳在戊寅秋八月、故側用人兼学校奉行藤田君碑 ⑨-279
文説 ⑧-307
文帝遺匈奴書 ⑪-162
文帝除肉刑詔(除肉刑詔) ⑪-162, ⑫-405
文帝除誹謗罪詔 ⑪-162
文天祥(浅見安正) ⑬-183〜186

文天祥(元史)　⑫-370
文天祥(陳宏緒)　⑨-139
文王之囿　⑪-174
聞頼子成訃音詩以哭寄　⑬-44
分類　⑪-227
文禄之役　⑩-185
平安餓人　⑩-146
平安京　⑨-37, ⑩-144, ⑫-317
平安城　⑬-35
平安神宮　⑫-318
平原君列伝　⑩-239, ⑪-104
米穀　⑫-271
米国独立　⑪-303, ⑫-332
平治之乱　⑫-52
平氏西走　⑬-63・64
平氏甃　⑩-172
平壌《ピョンヤン》之戦　⑫-41
平城懐古　⑬-92
米人居室之概　⑧-257
平旦之気　⑫-231
兵要　⑫-78
碧筠詩巻序　⑧-10
壁書　⑬-34
碧蹄館之戦　⑪-24, ⑫-303
別三子序　⑪-371
別春居記　⑧-196
別董大　⑬-355
紅勘伝　⑧-320
卞和《べんか》論　⑧-59
弁慶笈記　⑨-305
貿易　⑫-306
報燕恵王書(報燕王書)　⑨-415, ⑪-176, ⑬-329
望海　⑬-102
放鶴亭記　⑨-380
忘却先生伝　⑧-104・230
保元之乱　⑨-174・175
房玄齢諫伐高麗疏　⑨-148, ⑪-338
封建論　⑨-396, ⑪-422
豊公首鎧ヲ忠勝ニ賜フ(時文)　⑩-77
豊公不拘細故　⑧-253
葆光亭記　⑧-126
望湖楼　⑬-381
匏斎記　⑫-134
方山子伝　⑪-194
豊山長野先生墓表　⑧-105
芳洲学歌　⑩-45
北条氏康　⑨-231
北条氏康伝　⑫-31
北条氏康破両上杉氏軍　⑩-21・22
北条氏康論　⑧-236
北条氏跋　⑧-135
北条早雲　⑨-231
北条早雲論　⑫-126
北条丹後　⑨-235
北条時宗(北条時宗殲元寇　時宗鏖元寇)(頼襄)　⑨-29・30・259・324, ⑩-40, ⑬-15・90・267
時宗鏖元寇(牧百峰)　⑫-284
北条時頼(青山延于)　⑨-30
北条時頼(徳川光圀)　⑬-270
北条時頼(服部元喬)　⑩-141, ⑪-214
北条時頼(頼襄)　⑬-16
北条泰時(青山延寿)　⑬-262
北条泰時(菅亨)　⑨-195
北条泰時(服部元喬)　⑩-133
北条泰時(頼襄)　⑪-214
訪徐福墓記　⑪-318
奉使倫敦記　⑫-353
報任安書　⑫-405
蓬蒿廬記　⑧-19, ⑨-304
奉送皇太子遊西京　⑫-347

宝祚無窮 ⑫-278
望天門山 ⑬-219
暴怒 ⑪-7
朋党論 ⑨-384, ⑩-265, ⑪-191・408, ⑫-184, ⑬-242
望琵琶湖 ⑨-36, ⑪-246, ⑬-68
望富士山 ⑬-15, ⑬-48
剖符封功臣 ⑩-222
奉母遊芳野 ⑬-99
朋友 ⑬-263
亡友能見子矯墓碣 ⑧-106
茅容危坐 ⑪-9
豊楽亭記 ⑩-263, ⑪-404, ⑫-171・392, ⑬-368
望廬山瀑布 ⑬-157
彭和甫族譜跋 ⑫-177
木仮山記 ⑩-267, ⑪-193
卜居 ⑨-414
木魚庵記 ⑧-130
卜居賦 ⑧-120
木獅子記 ⑩-11
墨使彼理《ペリー》至浦賀 ⑪-245
墨場必携弁言 ⑧-13
墨池記 ⑪-196
木蓬莱 ⑨-221, ⑩-96
卜来敦記 ⑪-342
捕鯨説(捕鯨) ⑧-303, ⑨-56, ⑩-163, ⑪-41・238, ⑫-307
星合又十郎婦人 ⑨-240
保科正之 ⑪-217
捕雀説(捕雀) ⑧-220, ⑨-288, ⑩-97・149, ⑪-248, ⑬-103
暮春南亜相山庄尚歯会詩序 ⑨-150
細井平洲 ⑨-219
細川三斎 ⑨-226
細川重賢 ⑨-221
細川忠興夫人 ⑨-240, ⑪-69
細川藤孝(細川幽斎) ⑩-98・137, ⑪-216, ⑬-24・269
捕鼠説 ⑧-301
捕蛇者説 ⑨-394, ⑩-290, ⑪-199・365, ⑫-214・394, ⑬-354
北海海産 ⑩-57, ⑫-276
北海炭坑 ⑫-295
北海道 ⑫-298
堀川夜襲 ⑬-76
堀秀政 ⑨-224
堀平太左衛門 ⑨-244・245
葡萄牙《ポルトガル》人伝火器 ⑩-4
本学提綱序(本学提要序) ⑧-211, ⑨-297
本荘宗資 ⑨-224, ⑬-19
本体之楽 ⑪-7
本多重次 ⑪-11
本多氏絶命詞 ⑩-156, ⑬-36
本多忠勝(青山延于) ⑩-95
本多忠勝(大槻清崇) ⑩-95
本多忠勝(中村和) ⑬-13
本多忠勝(未詳) ⑨-226
本多忠勝(頼襄) ⑩-31
本多忠朝 ⑩-5
本多正重 ⑬-37
本朝通鑑 ⑪-29
本然之楽 ⑩-160
本邦七美説 ⑨-28・29
本間資氏 ⑩-52
本間資氏射鶚 ⑨-178

〈マ行〉

前川虚舟 ⑩-62
正家機敏 ⑨-169
将門之反 ⑨-100

正成応徴 ⑪-31
正成迎龍駕 ⑪-235
正成守千窟 ⑬-92
正成城赤阪 ⑪-234
正行詣行宮 ⑪-33
正行殉国 ⑫-21
正信仕旧君 ⑫-35
政宗寛容 ⑪-10
政宗偵羅馬 ⑫-301
松井佐渡 ⑨-226
松尾芭蕉 ⑬-278
松下禅尼 ⑨-177, ⑩-141, ⑪-211, ⑬-270
松島 ⑫-274
松平定信執政 ⑨-8
松平忠直 ⑬-17
松平信綱(青山延于) ⑩-104
松平信綱(安積信) ⑩-46
松平信綱(塩谷世弘) ⑩-104, ⑬-35
松平信綱(未詳) ⑨-222
謾言 ⑬-102
三浦梅園(角田簡) ⑨-221, ⑩-159, ⑪-218
三浦梅園(未詳) ⑩-63
三浦義明先見 ⑫-17
三形原《みかたはら》之戦 ⑨-10・11
神子田長門 ⑩-101
道長 ⑩-35
道首名《みちのおびとな》(星野恒) ⑪-2
道首名(山県禎) ⑩-143
道臣命《みちのおみのみこと》 ⑨-249
三日集清陰亭記 ⑧-84・123
光圀教頑民 ⑩-49
水戸義公 ⑨-103・104
水戸中納言光圀 ⑨-220
皆川淇園 ⑩-86
湊河(斎藤馨) ⑨-69
湊川(安積信) ⑬-96
湊川行 ⑬-96
湊川之戦(湊川之役) ⑫-57・322, ⑬-94・322
源右府石橋山逃難図 ⑬-63
源親房 ⑨-264, ⑩-146
源経信 ⑩-136
源廷尉収弓図 ⑧-100・308
源為朝勇戦 ⑬-53・54
源為朝論 ⑩-13・14
源光明決 ⑩-87
源博雅 ⑩-152
源雅信 ⑩-140
源通基徳行 ⑨-180
源義家(義家学兵法)(青山延于) ⑩-102, ⑬-19・272
源義家(徳川光圀) ⑨-255
源義家(義家学兵法)(服部元喬) ⑨-168, ⑩-102
源義家論(安積覚) ⑧-233
源義家論(斎藤馨) ⑫-123
源義経論 ⑫-124
源義光 ⑩-171, ⑬-34
源頼朝(服部元喬) ⑩-141
源頼朝大度(服部元喬) ⑨-169
源頼朝挙兵(頼襄) ⑬-60・61
源頼朝論(安積信) ⑫-124
源頼朝論(林恕) ⑧-231
源頼政戦死 ⑬-58・59
源頼光 ⑨-254
源頼義 ⑨-254
箕面山 ⑬-111
三村高徳妻 ⑨-237
三宅尚斎 ⑩-139
三宅尚斎妻 ⑨-224, ⑩-139, ⑬-279
宮崎筠圃 ⑬-260
妙喜尼 ⑩-143
妙術 ⑩-94

三善清行論　⑧-234
民法撮要序　⑧-266
無以小害大　⑫-232
無塩女　⑪-69
無腸翁伝　⑧-228, ⑪-254
陸奥国盤水天工橋記　⑧-124, ⑨-126
夢登富嶽記　⑨-305, ⑬-100
無怒軒記　⑧-76
宗清西行　⑪-15
宗矩剣法　⑪-33
宗行家士鬱虎　⑫-302
村上帝留意于政　⑧-254
村上天皇(服部元喬)　⑩-139
村上天皇(頼襄)　⑬-29
村上登楼　⑪-31
村上父子　⑨-261
村上義光　⑩-177
村上義光忠死　⑨-178
村上義光附子義隆(時文)　⑩-81
紫式部　⑨-167, ⑩-136, ⑬-269
村田吉次　⑩-50・149
茗爨廿勝小記　⑧-26
名山図叙　⑧-7
明治孝節録序　⑫-346
明治鉄壁集序　⑧-145
名将訓言　⑫-33
明道先生墓表　⑬-351
名二子説　⑪-193
名弁　⑫-110
明暦之火　⑨-31, ⑪-55
明論　⑪-192
毛穎伝　⑩-286, ⑪-405, ⑫-222
猛虎逡巡　⑩-84
蒙古来　⑬-91
孟嘗君列伝(孟嘗君)　⑪-101, ⑬-197
孟嘗君論　⑧-60
孟子論　⑪-179
毛遂(毛遂定従)　⑬-208・385
孟母三遷　⑪-10
孟母三遷の教(漢文国訳)　⑫-396
孟母断機　⑫-395, ⑬-260
毛利勝永妻　⑩-147
毛利元就(毛利元就訓戒)(大槻清崇)　⑪-214, ⑬-272
毛利元就(菊池純)　⑪-5
毛利元就(中村和)　⑫-285, ⑬-17
毛利元就(未詳)　⑨-235・236, ⑩-67
毛利元就(頼襄)　⑬-17
毛利元就伝　⑫-31
毛利元就論　⑨-128, ⑫-127
望月鹿門　⑨-220
元就誅晴賢　⑨-59・60
護良親王　⑨-260, ⑩-52
森蘭丸(大槻清崇)　⑩-53, ⑬-21・278
森蘭丸(原尚庵)　⑩-101
森蘭丸(未詳)　⑨-238

〈ヤ行〉

夜雨寄北　⑬-390
也園送春詩序　⑧-67
夜下墨水　⑬-174
柳生但馬　⑨-268
訳日本皇帝宣戦詔　⑫-361
夜航詩話序　⑧-208
靖国神社　⑫-316
泰時援弟　⑩-44
泰時聴訟　⑩-44
泰時敦親　⑩-91
保昌鑑識　⑨-193
康政頓智　⑫-36
康政牌書　⑪-11

安松鑿新渠　⑪-47
野猪自護　⑬-265
柳沢吉保請修山陵　⑨-38
梁田蛻巖　⑩-62
柳瀬之戦　⑨-182, ⑩-16・17
耶馬渓図巻記　⑨-315, ⑩-209, ⑪-320, ⑫-88, ⑬-238・319
薮孤山　⑩-135
薮市太郎　⑨-245
山内一豊妻（大槻清崇）　⑩-26・184, ⑪-250, ⑬-280
山内一豊妻（未詳）　⑨-239
山岡静山先生伝　⑪-48
山鹿素行　⑪-62
山口重政　⑨-239
山崎闇斎　⑩-138
山崎闇斎拒往教　⑨-83
山崎之戦　⑪-36
山路延太郎墓表　⑧-47
山田宿襴　⑪-9
山田長政伝（山田長正伝　山田長正）　⑨-45・270, ⑩-211, ⑪-52・310, ⑬-79・80・296・297
山田長政戦艦図　⑫-74
大和　⑫-278
日本武尊（青山延光）（日本武尊討熊襲）　⑩-166, ⑪-23
日本武尊（大槻清崇）　⑬-25
日本武尊（徳川光圀）　⑨-250
日本武尊（中井積善）　⑬-25
日本武尊平熊襲（青山延于）　⑨-77
日本武尊像　⑬-25
大和路上懐古　⑬-27
山中鹿介伝　⑨-201
山中鹿介拝月　⑧-255
山本晴行　⑨-233, ⑪-16
山本北山　⑩-134
山脇東洋　⑩-161
夜游孤山記　⑬-359
湯浅常山母　⑩-136, ⑬-268
鰷《あゆ》　⑫-280
遊嵐山　⑬-287・288
有為塾記　⑧-290
遊宇治　⑨-36
遊鴎水記　⑬-288
幽懐賦　⑪-440
遊学中第一緊要事　⑫-299
遊館山寺記（游館山寺記）　⑧-192・283
遊漢弁記　⑧-21・281, ⑪-300
有貴於己者　⑫-233
結城秀康　⑩-50
幽居　⑬-135
游侠伝序　⑨-412
遊鞍馬山　⑬-77
遊月波楼記　⑧-192
游黄渓記　⑨-156
游国府台記　⑨-74, ⑪-59, ⑬-318
有功不伐　⑩-84
遊金剛山記　⑨-206
游塩原記　⑪-317
勇士辞殉　⑧-189
勇者之甲　⑫-23
挹翠園記　⑫-62
猶水之就下　⑫-231
踰碓氷嶺過浅間山記　⑩-206
遊須磨記　⑧-193
熊説　⑩-99・149, ⑫-46・300
柚説　⑧-65
遊摂州記（遊摂津）　⑧-191, ⑨-166
游瀬戸記　⑪-49
遊千綿渓記　⑫-102
遊大滝記　⑫-83

有待楼記 ⑨-85・86
遊天王山記 ⑨-58, ⑪-292
遊東叡山記（游東叡山記） ⑨-172, ⑪-70, ⑬-85
友梅軒記 ⑧-75
遊瀑渓記 ⑧-281
熊斐画虎 ⑩-34
遊比叡山 ⑨-99
遊褒禅山記 ⑪-196
遊墨水記 ⑧-284, ⑨-313
有本者如是 ⑫-230
遊松島記（游松島記） ⑨-209, ⑪-300, ⑫-66
游松島 ⑨-125・126
遊箕面山遂入京記（游箕面山遂入京記） ⑨-57, ⑪-292, ⑬-110
遊妙義金洞山歌 ⑬-153
遊野圃記 ⑧-84
雄略帝 ⑩-43
雄略天皇 ⑩-139
游歴 ⑪-342
幸盛忠義 ⑫-286
喩言 ⑪-2・20
油断大敵 ⑩-39・85
与会沢恒蔵書 ⑨-109, ⑩-216
与青山総裁書 ⑫-94
楊惲報孫会宗書 ⑪-170
幼学綱要序 ⑩-204
幼学所当先 ⑫-350
養魚記 ⑧-23, ⑨-301
養浩然之気 ⑩-281, ⑫-226
用財 ⑩-140
榕樹 ⑪-213
楊震四知 ⑪-5
養親之志 ⑫-230
養竹説 ⑧-299
陽坡之狐 ⑧-190
用明天皇崇奉仏法 ⑫-50
楊雄諫不許単于朝書 ⑪-171
養老醴泉 ⑩-96
与王深父書 ⑧-87
与大久保子親書 ⑧-224・276, ⑨-321
与家渓琴報震災書 ⑨-32・33
与河田某 ⑧-29
与韓荊州書 ⑫-205
与神田実甫書 ⑧-88
与韓愈論史官書 ⑨-395, ⑩-261, ⑪-189・420
与韓愈論史書 ⑨-110
与久保仲通 ⑧-29・277
与高望公 ⑧-87
横須賀侯正議 ⑨-9
横浜 ⑫-273
与小松生論出処書 ⑧-161, ⑪-349
嘉明毀器 ⑪-10
義家 ⑩-51
義家兵略 ⑫-11
吉岡掃部寡婦妙林 ⑨-242
与塩谷毅侯 ⑧-89
吉川元春 ⑨-236
義貞挙義兵 ⑫-20
与四生上人 ⑧-87
吉田雨岡 ⑪-13
吉田佐久間二氏下獄 ⑫-332
吉田松陰 ⑪-39・245
吉田了以 ⑨-94・95
義経襲屋島（頼襄） ⑬-73・74
義経襲八島（巌垣松苗） ⑫-19
義経挑弓 ⑩-40
義経与景時論逆艫 ⑨-198
義直卓識 ⑩-85
義直封尾張 ⑫-282
義直容直言 ⑫-38

義仲戦死 ⑬-67
芳野懐古(菅晋卿) ⑬-99
芳野懐古(藤井啓) ⑬-99・324
芳野懐古(梁川孟緯) ⑬-324
義光義勇 ⑫-21
義光授秘曲(義光授笙)(服部元喬) ⑨-168, ⑩-103
義光伝秘曲(巌垣松苗) ⑫-11
義元誡子 ⑪-4
良基廉直 ⑧-254
与上甲師父書 ⑧-88
豫譲報讐 ⑬-147
豫讓論 ⑨-374
与谷藤川二子書 ⑧-88
与土井某 ⑧-30
与西坂夢錫書 ⑧-160
米沢 ⑫-275
与林長孺 ⑧-29・277
与坪仲隣 ⑧-29
与民同楽 ⑫-225
与山田琳卿書 ⑧-158
与頼山陽書 ⑧-88
与李鴻章書 ⑫-365
頼朝試諸弟 ⑩-33
頼朝狩富士野時所用古銅竃歌 ⑬-90
頼朝度量 ⑫-16
頼宣封紀伊 ⑫-281
頼宣攬涕 ⑪-10
頼光勇武 ⑩-110

〈ラ行〉

雷雨 ⑫-393
頼山陽 ⑬-43
頼春水 ⑩-135
頼千秋蔵詩扇帖後 ⑧-243
駱駝(博物新編) ⑬-282
駱駝説(駱駝)(斎藤正謙) ⑧-220・306, ⑨-288, ⑪-249, ⑫-46
洛陽城 ⑬-195
蘿径記 ⑧-200
羅馬《ローマ》 ⑫-301
羅馬人居室之概 ⑧-260
羅両峰登岱詩小叙 ⑧-67
蘭山博物 ⑫-271
蘭亭記 ⑩-307
蘭亭帖後 ⑧-244
藍田県丞庁壁記 ⑫-217
梨 ⑪-22
力士雷電之碑(力士雷電) ⑧-238, ⑪-47
利休 ⑧-255
六如居士集序 ⑧-265
陸文通先生墓表 ⑫-218
狸穴観菊記 ⑧-193
李斯上書 ⑩-221
李勣 ⑬-263
六国 ⑩-266
六国合従 ⑫-146
六国論 ⑨-377, ⑩-271, ⑪-195, ⑫-138・190, ⑬-217
立志(貝原篤信) ⑨-282
立志(佐藤坦) ⑬-301
立志説 ⑪-296
立志論 ⑧-292, ⑪-46
劉寛(小学) ⑪-7
劉寛(未詳) ⑩-70
劉向諫起昌陵疏 ⑪-163
劉歆責譲太常博士書 ⑪-165
龍吟 ⑧-49
留侯祠 ⑬-149
留侯論 ⑨-379, ⑩-268, ⑪-183, ⑬-149
柳子厚墓誌銘 ⑨-407, ⑩-287, ⑪-438,

⑫-219, ⑬-375
瘤者 ⑬-266
柳州羅池廟碑 ⑫-217
隆中之対 ⑬-342
流灯会之碑 ⑨-15, ⑪-294
柳玭 ⑪-40
劉備見諸葛亮於隆中 ⑫-122
両王子謝状 ⑪-43
梁恵王 ⑪-174
了伯聴平語 ⑩-173, ⑪-239
陵母伏剣 ⑪-11
良鷹蔵爪 ⑩-97
隣花楼記 ⑧-198, ⑨-181, ⑪-276
林谷山人詩集序 ⑧-10・269
藺《りん》相如完璧帰趙論 ⑨-370
臨洞庭 ⑬-371
倫敦《ロンドン》 ⑫-25・26
倫敦一巨商改行 ⑧-260
倫敦繁盛 ⑫-354
臨別受授兵器 ⑫-39
琉璃殿 ⑨-31
礼 ⑪-290
厲王弭謗 ⑩-219
伶官伝序(伶官伝叙論　五代史伶官伝序)
⑨-153・386, ⑪-359
霊芝記 ⑧-204
霊台 ⑪-174
零丁洋 ⑬-187
烈士喜剣碑 ⑧-237, ⑩-194, ⑬-124
烈女挺身蔽母 ⑧-187
烈奴 ⑪-217
烈婦蓮月 ⑧-189
烈幼女阿富伝 ⑧-34, ⑩-162
練心胆 ⑨-283
廉頗藺相如《れんぱりんしょうじょ》列伝(廉頗藺相如　相如賛)
⑨-356, ⑩-242, ⑪-112・391, ⑫-250,
⑬-204・205・207・331・332
朗詠集 ⑩-136
婁敬伝 ⑪-151
陋室銘 ⑨-408
老子猶龍説 ⑧-17・299
蝋燭記 ⑪-84・270
路温舒伝 ⑪-156
虜艦悉敗壊 ⑩-57
鹿 ⑫-277
廬山高 ⑬-190
驢穿獅皮 ⑬-265
魯仲連 ⑨-354
六角義郷 ⑩-86
論明智光秀 ⑧-61
論鴉片《アヘン》 ⑫-362
論桶峡 ⑫-71
論学弊 ⑧-163
論高祖斬丁公 ⑧-58
論周命三晋為諸侯 ⑪-350
論信陵君 ⑧-14
論選皇子疏 ⑪-191
論道 ⑪-303
論東漢教化之効 ⑪-347
論仏骨表 ⑩-257, ⑪-409, ⑫-209
論養士 ⑪-405, ⑫-188

〈ワ行〉

淮陰侯列伝 ⑩-250
淮上与友人別 ⑬-355
和歌浦 ⑩-18
若狭農夫 ⑩-134
和歌山 ⑫-282
稚郎子《わきいらつこ》譲位(稚郎子皇子譲位) ⑨-36,
⑪-26・243
和気清 ⑬-28